中华文化大博览丛书

千年悠韵的
古村古居

胡元斌　编著

中国出版集团　现代出版社

图书在版编目（ＣＩＰ）数据

千年悠韵的古村古居 / 胡元斌编著. -- 北京 ： 现代出版社，2017.8
ISBN 978-7-5143-6446-0

Ⅰ．①千… Ⅱ．①胡… Ⅲ．①村落－介绍－中国 Ⅳ．①K928.5

中国版本图书馆CIP数据核字(2017)第211538号

千年悠韵的古村古居

作　　者：胡元斌
责任编辑：李　鹏
出版发行：现代出版社
通讯地址：北京市定安门外安华里504号
邮政编码：100011
电　　话：010-64267325　64245264（传真）
网　　址：www.1980xd.com
电子邮箱：xiandai@vip.sina.com
印　　刷：天津兴湘印务有限公司
字　　数：380千字
开　　本：710mm×1000mm　1/16
印　　张：30
版　　次：2018年5月第1版　　2018年5月第1次印刷
书　　号：ISBN 978-7-5143-6446-0
定　　价：128.00元

习近平总书记在党的十九大报告中指出："深入挖掘中华优秀传统文化蕴含的思想观念、人文精神、道德规范，结合时代要求继承创新，让中华文化展现出永久魅力和时代风采。"同时习总书记指出："中国特色社会主义文化，源自于中华民族五千多年文明历史所孕育的中华优秀传统文化，熔铸于党领导人民在革命、建设、改革中创造的革命文化和社会主义先进文化，植根于中国特色社会主义伟大实践。"

我国经过改革开放的历程，推进了民族振兴、国家富强、人民幸福的"中国梦"，推进了伟大复兴的历史进程。文化是立国之根，实现"中国梦"也是我国文化实现伟大复兴的过程，并最终体现在文化的发展繁荣。博大精深的中国优秀传统文化是我们在世界文化激荡中站稳脚跟的根基。中华文化源远流长，积淀着中华民族最深层的精神追求，代表着中华民族独特的精神标识，为中华民族生生不息、发展壮大提供了丰厚滋养。我们要认识中华文化的独特创造、价值理念、鲜明特色，增强文化自信和价值自信。

如今，我们正处在改革开放攻坚和经济发展的转型时期，面对世界各国形形色色的文化现象，面对各种眼花缭乱的现代传媒，我们要坚持文化自信，古为今用、洋为中用、推陈出新，有鉴别地加以对待，有扬弃地予以继承，传承和升华中华优秀传统文化，发展中国特色社会主义文化，增强国家文化软实力。

浩浩历史长河，熊熊文明薪火，中华文化源远流长，滚滚黄河、滔滔长江，是最直接的源头，这两大文化浪涛经过千百年冲刷洗礼和不断交流、融合以及沉淀，最终形成了求同存异、兼收并蓄的辉煌灿烂的中华文明，也是世界上唯一绵延不绝的古老文化，并始终充满生机与活力。

中华文化曾是东方文化摇篮，也是推动世界文明不断前行的动力之一。早在五百年前，中华文化的四大发明催生了欧洲文艺复兴运动和地理大发现。中国四大发明先后传到西方，对于促进西方工业社会发展和形成，起到了重要作用。

中华文化的力量，已经深深熔铸到我们的生命力、创造力和凝聚力中，是我们民族的基因。中华民族的精神，业已深深植根于绵延数千年的优秀文化传统之中，是我们的精神家园。

总之，中国文化博大精深，是中华各族人民五千年来创造、传承下来的物质文明和精神文明的总和，其内容包罗万象，浩若星汉，具有很强的文化纵深，蕴含着丰富的宝藏。我们要实现中华文化的伟大复兴，首先要站在传统文化前沿，薪火相传，一脉相承，弘扬和发展五千年来优秀的、光明的、先进的、科学的、文明的和自豪的文化现象，融合古今中外一切文化精华，构建具有中国特色的现代民族文化，向世界和未来展示中华民族的文化力量、文化价值、文化形态与文化风采。

为此，在有关专家指导下，我们收集整理了大量古今资料和最新研究成果，特别编撰了本套大型书系。主要包括巧夺天工的古建杰作、承载历史的文化遗迹、人杰地灵的物华天宝、千年奇观的名胜古迹、天地精华的自然美景、淳朴浓郁的民风习俗、独具特色的语言文字、异彩纷呈的文学艺术、欢乐祥和的歌舞娱乐、生动感人的戏剧表演、辉煌灿烂的科技教育、修身养性的传统保健、至善至美的伦理道德、意蕴深邃的古老哲学、文明悠久的历史形态、群星闪耀的杰出人物等，充分显示了中华民族厚重的文化底蕴和强大的民族凝聚力，具有极强的系统性、广博性和规模性。

本套书系的特点是全景展现，纵横捭阖，内容采取讲故事的方式进行叙述，语言通俗，明白晓畅，图文并茂，形象直观，古风古韵，格调高雅，具有很强的可读性、欣赏性、知识性和延伸性，能够让广大读者全面触摸和感受中国文化的丰富内涵，增强中华儿女民族自尊心和文化自豪感，并能很好地继承和弘扬中国文化，创造具有中国特色的先进民族文化。

古村佳境 —— 人杰地灵的千年古村

大宅览胜 —— 宏大气派的大户宅第

古村佳境

人杰地灵的千年古村

婺源古村

　　江西省婺源地处赣东北，与皖南、浙西毗邻。婺源古村落的建筑，是当今我国古建筑保存最多、最完好的地方之一。已被国内外誉为"中国最美丽的农村"。

　　古村以山、水、竹、石、树、木、桥、亭、洞、滩、岩洞、飞瀑、舟渡、古民居为组合的景观，有着世外桃源般的意境，犹如一幅韵味无穷的山水画。

徽商和官员在婺源大建房屋

在我国古代，有两大著名的商派，他们是晋商和徽商。其中，徽商是当时商界的佼佼者，自古就有"无徽不成商"之说。

然而，徽商中最"厉害"的商人却在古徽州六县之一的婺源地区。为此，在徽商里又有"无婺不成徽"之说。

寂静的胡同

■ 婺源廊桥

不过，这出徽商的婺源地区最初的时候只是一个穷山沟。这里是：

　　　　　八分半山一分田，半分水路和庄园。

也就是说，这里山多地少，人口多。所以当地流传着一句俗话：

　　前世不修，生在徽州，十三四岁往外一丢。

从这句俗话中，我们可以知道，当时婺源男子的命运是非常苦的。为了生活得更好，古代的婺源人只能出去经商。

据说，古时的婺源人很多都是做茶叶和木材生

晋商 "晋"是山西的简称。晋商是"山西商人"的简称。通常意义的晋商指明清500年间的山西商人。晋商主要经营盐业、票号等商业，尤其以票号最为出名。历史上，晋商为我国留下了丰富的建筑遗产，著名的有乔家大院、常家庄园、曹家三多堂等。

宗祠 也称祠堂，是供奉祖先神主，进行祭祀的场所，被视为宗族的象征。宗庙制度产生于周代。上古时代，士大夫不敢建宗庙，宗庙为天子专有。后来宋代朱熹提倡建立家族祠堂。它是族权与神权交织的中心。

意的，这些生意人慢慢形成了一个商派，就是"徽商"。

话说，这婺源的商人们在外地挣了钱以后，便回到自己的家乡修造氏族宗祠和家室府第。由于去外地经商的人越来越多，所以回到婺源建房子的人也就越来越多，如此一来，婺源一带的房子也就渐渐地多了起来。

另一方面，在婺源本地也有一些不愿意经商的穷人，他们为了出人头地，便努力读书，考取功名，如此一来，婺源后来便出了很多读书人。这些读书人有的一举成名，当上了地方官。之后，他们也回到家乡建起了官邸，光宗耀祖。

修建的房子多了，渐渐地，婺源一带便成了一个著名的乡村，后来又变成了一个古老的县城。

婺源地区建立县制，是在1200多年前，据史书记

■ 婺源古建筑

■ 婺源古建筑

载，740年，为便于统治，唐玄宗李隆基决定设置婺源县，将安徽休宁县的回玉乡和江西乐平县的怀金乡划归婺源县管辖，县城设在清华镇。

到了901年，县城迁至弦高，即今紫阳镇。建县时，婺源隶属歙州管辖。

以后历经宋、元、明、清各代，尽管歙州的隶属有所变化，但是婺源隶属歙州的管辖一直没有变化。1121年，歙州改称徽州。

从婺源建县1200多年的历史来看，婺源地区归安徽管辖。也正是因为如此，婺源地区的古老村落至今仍完整地保持着徽派建筑的风貌。

这些古建筑群，是当今我国保存最多、最完好的古建筑之一。全县至今仍完好地保存着明清时代的古祠堂113座、古府第28栋、古民宅36幢和古桥187座。村庄一般都选择在前有流水、后靠青山的地方。

村前的小河、水口山、水口林和村后的后龙山上

婺源 位于江西省东北部，与安徽、浙江两省交界，素有"书乡""茶乡"之称，为古徽州的一部分。婺源是全国著名的文化与生态旅游县，被外界誉为"中国最美的乡村""一颗镶嵌在赣、浙、皖三省交界处的绿色明珠"。

中国最美农村
婺源古村

的林木，历来得到村民悉心保护，谁要是砍了山上的一竹一木，就要受到公众的谴责和乡规民约的处罚。

古村落选址一般按照阴阳五行学说，周密地观察自然和利用自然，以臻天时、地利、人和与诸吉兼备，达到"天人合一"的境界。

村落一般依山傍水，住宅多面临街巷，粉墙黛瓦，鳞次栉比，散落在山麓或丛林之间，浓绿与黑白相映，形成特色的风格。

同时有大量的文化建筑，如书院、楼阁、祠堂、牌坊、古塔和园林杂陈其间，使得整个环境富有文化气息和园林情趣。站在高处望村落，只见白墙青瓦，层层叠叠，跌宕起伏，错落有致。

走进古村落，可以看到爬满青藤的粉墙，长着青苔的黛瓦，飞檐斗角的精巧雕刻，剥落的雕梁画栋和门楣。古村落的民居建筑群，户连户，屋连屋，鳞次栉比，灰瓦叠叠，白墙片片，黑白相间，布局紧凑而

阴阳五行学说
是我国古代朴素的唯物论和自发的辩证法思想，它认为世界是物质的，物质世界是在阴阳二气作用的推动下滋生、发展和变化；并认为木、火、土、金、水五种最基本的物质是构成世界不可或缺的元素。这五种物质相互滋生、相互制约，处于不断的运动变化之中。

008

千年悠韵的古村古居

■ 婺源古村风貌

典雅。门前听流水，窗外闻鸟啼。

这些徽派建筑房屋多为1至3层穿斗式木构架，封火山墙，青瓦坡顶，清水砖墙或白粉墙。

房屋布局常为三开间，前后六井，格局严谨而又富有文化，善于结合自然环境组成和谐、有趣、统一的建筑空间。

在民居的外部造型上，层层迭落的马头墙高出屋脊，有的中间高两头低，微见屋脊坡顶，半掩半映，半藏半露，黑白分明；有的上端人字形斜下，两端跌落数阶，檐角青瓦起垫飞翘。

在蔚蓝的天际间，勾勒出民居墙头与天空的轮廓线，增加了空间的层次和韵律美，体现了天人之间的和谐。

这些民宅多为楼房，以"四水归堂"的开井院落为单元，少则两三个，多则十几个、二十几个，最多达三十六个。

■ 马头墙 又称封火墙、防火墙等。我国古建筑中屋面以中间横向正脊为界分前后两面坡，左右两面山墙或与屋面平齐，或高出屋面，使用马头墙时，两侧山墙高出屋面，并循屋顶坡度迭落呈水平阶梯形，而不像一般所见的山墙，上面是等腰三角形，下面是长方形。因形状酷似马头，故称"马头墙"。

门罩 其实指的就是较为简单的门楼，只不过在结构和造型上显得较为简洁一些。门罩通常只是在门头墙上用青砖垒砌出不同的形状，在顶部砌出仿木结构的屋檐，并镶刻砖雕作为装饰。门罩上常置屋檐，檐下有瓦，可以遮挡风雨，保护檐下构件和门头上方的墙面。

随着时间推移和人口增长，单元还可以不断增添、扩展和完善，符合徽人崇尚几代同堂、几房同堂的习俗。民居前后或侧旁，设有庭院和小花园，置石桌石凳，掘水井鱼池，植花卉果木，甚至叠果木、叠假山、造流泉、饰漏窗，尽量和自然谐和一体。

在内部装饰上力求精美，梁栋檩板无不描金绘彩，尤其是充分运用木、砖、石雕艺术，在斗拱飞檐、窗棂隔扇、门罩屋翎、花门栏杆、神位龛座，精雕细刻。

内容有日月云涛、山水楼台等景物，花草虫鱼、飞禽走兽等画面，传说故事、神话历史等戏文，还有耕织渔樵、仕学孝悌等民情。

题材广泛，内容丰富，雕刻精美，活生生一部明清风情长卷，赋予原本呆滞、单调的静体以生命，使之跃跃欲动，栩栩如生。

此外，村内还保存众多的明清祠堂、牌坊，建筑风格也颇具特色，与明清民居并称为"古建三绝"。

■ 婺源古村内砖雕

婺源延村木雕

蠹立于县城的许国石坊、北岸吴氏祠堂的石雕《百鹿图》和《西湖风景》，大阜潘氏祠堂的"五凤楼"砖雕和《百马图》木雕，分别体现了徽派"三雕"艺术的最高水平。

古村内明代建筑的风格疏朗高雅；清代建筑多纤巧精致。这些数百年前的古建筑是我国古代人民劳动和智慧的结晶，是不朽的艺术杰作，几经沧桑，得以留存至今，成为古建筑艺术不可多得的瑰宝。

阅读链接

关于婺源县名称的解释，众家说法不一。婺字的意义，《辞海》是这样说的：一、古星名，即"女宿"，旧时用作对妇人的颂词，如婺焕中天；二、水名，为对金华一江的别称。

《现代汉语词典》是这样说的：一、婺江，水名，在江西；二、指旧婺州，在浙江金华一带。

对婺源的解释，归纳各派说法，大致可以分为三种：一是以"婺水绕城三面"，所以叫这个名；二是"旧以县本休宁地，曾属婺州，取上应婺女之说"，所以叫婺源；三是"以县东大镛水流入婺州"，所以叫婺源。

朴素的明清古建筑遍布各村落

婆源是一个山明水秀的地方。它位于江西省东北部，与安徽、浙江两省交界，刚巧处于黄山、庐山、三清山和景德镇金三角区域。

作为一个历史悠久的古县，婆源自唐代建县以后，文风昌盛，先后养育了南宋理学大师朱熹、清代经学家江永、近代铁路工程大师詹天佑等一代名流。从宋到清，全县考取进士550人，明清朝竟有"一门九进士，六部四尚书"之说。

这里民风淳朴，文风鼎

■ 朱熹（1130—1200年），字元晦、一字仲晦，号晦庵、晦翁、考亭先生、云谷老人、沧州病叟、遁翁。祖籍南宋江南东路徽州府婆源县，出生于南剑州尤溪。19岁进士及第，曾任荆湖南路安抚使。南宋著名的理学家、思想家、哲学家、教育家、诗人、闽学派的代表人物，世称朱子，是孔子、孟子以来最杰出的弘扬儒学的大师。

■ 婺源江湾村牌坊

盛，名胜古迹遍布全县。有保持完美的明清古建筑，有田园牧歌式的氛围和景色。整个儿就是一幅未干的水粉画，又有莫奈的印象派的影子，被人称为"中国最美丽的农村"。

这里现存的江湾、汪口、延村和思溪、李坑等古村落，比较集中地体现了明清时期的徽州建筑风格。

其中，江湾是婺源地区的东大门，也是婺源通往皖、浙、赣三省水陆交通的要道。有一水湾，环村而过，村名云湾。后因这里江姓繁盛，于是改名江湾。

江湾村从北方后龙山到南西梨园河边，明晰地分成三个区域：山脚下保留着部分寨墙的区域称"古江湾"，明清商业街叫"老江湾"，临近河边是"新江湾"。

江湾村不仅风光旖旎，且物产也非常丰富，"江湾雪梨"久负盛名，是婺源"红绿黑白"四"色"中的一色。

尚书 古代官名。战国时亦作"掌书"，齐、秦均置。秦属少府，为低级官员，在皇宫的主要职责为发布文书。秦及汉初与尚冠、尚衣、尚食、尚浴和尚席，称为"六尚"。武帝时，选拔尚书、中书、侍中组成"中朝"或称"内朝"，成为实际上的中央决策机关，因系近臣，地位渐高。和御史、史书令史等都是由太史选拔。

■ 婺源古村内河道

千年悠韵的古村古居

所谓"四色"是指：红鱼、绿茶、龙尾砚、白梨。为此，江湾村由江西省人民政府命名为"历史文化名村"。

婺源的汪口村是个商埠名村。古建筑保存至今的有俞氏宗祠、养源书屋以及民居、商铺等260多幢。

其中，明代建筑10多幢，清代建筑250多幢。历史上这里有进士14人，任七品以上官员74人，村人共著有著作达27部。

汪口，古称"永川"，处于山水环抱之间。村落背靠的后龙山，呈五级升高的台地。江湾水汇入段莘水库以后，在村南侧由东向西流过，明净如练的河水因村对岸的向山阻拦出现U形弯曲，形成村前一条"腰带水"。

古时此地是徽州、饶州间的陆路要冲，也是婺源水路货运去乐平、鄱阳湖、九江的起点码头。

汪口是俞姓聚族而居的古村落，人烟稠密，商贾云集，是一个商业贸易集镇。

据清光绪年间书籍《婺源县志》中记载，当时，"船行止此"。再上溯，到北边的段莘、东边的江湾、大畈，只通竹筏。上游的木材，编排流放，到这里须解组重编，成为大排，继续漂流出去。从婺源到屯溪的古道，也要在此过渡。

光绪年间 光绪是清朝的第十一位皇帝爱新觉罗·载湉的年号，光绪年间指的是1875至1908年。光绪是道光帝的第七子醇亲王奕𫍯的儿子，慈禧太后外甥。同治皇帝病死后继位。为清入关第九帝，在位34年，病死，葬于崇陵。

汪口是一个重要的水陆码头。河中横卧了200多年的"江永堨"完好如初，它就是一座水坝，坝体提高了水位，东端连接河岸。

村东"俞氏宗祠"，是婺源现存宗祠中最完整、最华丽的一处，与黄村的"百柱厅"齐名。由大门、享堂、后寝组成，形制虽不甚特别，但享堂前与左右侧廊交接的阴角上，向院子挑出一个高翘的翼角，角梁下悬一个垂花柱，构架雕刻得很华丽。

俞氏宗祠总进深44米，大门处面阔15米，后寝处16米。这种做法出于堪舆要求，前小后大，形如口袋，利于聚财。反之，假如前大后小，形如簸箕，在建筑风水角度上说，就是散财的了，不吉利。

俞氏宗祠大门五开间，中央三间高起，歇山顶三楼牌楼式，谓之"五凤楼"。明间最高，用网状斗拱，次间用斜向的五跳插拱密密层层叠压。梢间向前突出，作青砖八字影壁。前檐柱之间设签子门。

雕刻 对雕、刻、塑三种创制方法的总称。指用各种可塑、可雕、可刻的硬质材料创造出具有一定空间的具有可视、可触的艺术形象，借以反映社会生活、表达艺术家的审美感受、审美情感和审美理想的艺术。历史悠久、技艺精湛的各种雕塑工艺，如牙雕、玉雕、木雕、石雕、泥雕、面雕、竹刻、骨刻、刻砚等，是我国工艺美术中一项珍贵的艺术遗产。

中国最美农村
婺源古村

■ 俞氏宗祠

古村的房屋雕梁

千年悠韵的古村古居

享堂 指供奉祖宗牌位或神鬼偶像的地方。它不同于祭堂，祭堂有的直接设在家里的，供着死者的牌位。享堂是人死后因为迷信等原因不能下葬，暂时或永久安放棺材用的房子。一般有两类：有些棺材安放一定时间后再下葬，有些棺材永远放在享堂不能下葬。

木排 指放在江河里的成排地结起来的木材。在我国古代，为了从林场外运输的方便，有水道的地方常把木材结成木排，使木材顺流而下。早在春秋时代，我国就有利用木排运送竹或木材等的记载。

大门的背面与前面基本相同，明间上方匾"生聚教训"。骑门梁中间开光盒子里以及明间、次间所的花枋，满雕人物故事、园林场景和各种吉祥纹样。

两廊各3间，前檐有过海梁。其他枋雕场景生动，构图宏伟。享堂主梁是一棵罕见巨大的银杏木，整个祠堂所用木材大多是樟木。

这里安静清洁，不积灰尘，连鸟儿也不来搭巢。据说是由于根据建筑物所处地理位置，对建筑结构精心设计，在祠堂某些空间形成特殊的空气旋流，加之樟木具有樟脑气味，才形成如此优异的保洁环境。

婺源境内的延村和思溪村，民居以优雅的儒商村落景观为特色。出婺源县城北便是延村。

延村，原名"延川"，明初起改叫延村。位于山谷平川里。南北两面不远就是山，山在村东互相逼近，挤成斜向东北的峡谷。村西是一片水田，一直铺开到里把路外的思溪村，再向西延伸。

一条溪水经思溪而来，贴村子南缘向东北冲进峡谷，水流湍急，翻着白花。据说从前一列列的木排就是顺着这条思溪水，漂向思口，漂向县城，下鄱阳湖，运达长江。

延村是茶商名村，婺源古属徽州，而延村、思溪的商人，就是当年"徽商"中的主力商贩。

往延村西边走一里多路就是思溪。延村在溪水北岸，思溪在南岸，同样是"腰带水"地形。

思溪村始建于1199年，先祖由长田村迁来。多俞姓，俞音谐鱼，鱼思溪水，故名思溪。

整个村子设计成了船形。村口有一座风雨桥。进村必须过桥。桥名"通济"，一墩两跨，桥上建有廊亭，八开间。桥面两侧有靠凳栏杆，是全村唯一公共交谊中心，也是一个商业点。

延村和思溪的民居规模庞大，造型考究。木制的二层品架，外围以高耸的出山马头封火墙。住宅紧挨着住宅，封火山墙也是宅第之间的界线。表条石门框门楣，水磨青砖雕琢镶嵌装饰的门楼。

堂屋有三间式、四合式、大厅式、穿堂式，均以"天井"采光和导引雨水。大户豪宅楼上楼下有房多达 20 余间，天井也有多个。

村中所有街巷，都是青石板铺墁。即使雨雪满天，在此串门入户，从村头到村尾，衣裳可以不湿。

内部的梁枋、斗拱、门楣、窗棂、雀替、护净之上，皆刻成雕满吉祥寓意的纹饰，表达主人良好的愿望和期许。

思溪延村的古建筑有一种集体的

中国最美农村

婺源古村

■ 思溪延村的牌坊

光禄大夫 古代官名。大夫为皇帝近臣，分中大夫、太中大夫和谏大夫，无固定人数和职务，依皇帝诏命行事。汉武帝时改中大夫为光禄大夫，为掌议论之官，大夫中以光禄大夫最显要。西汉后期，九卿等高官多由光禄大夫升迁上来。隋炀帝以九大夫和"八尉"构成本阶，九大夫便包括光禄大夫。

■ 李坑村的河道

美。2003年，延村由江西省人民政府命名为"历史文化名村"。

婺源的李坑村位于县城东北，属秋口镇。此村于1011年，李唐皇室后裔始建。其《家谱》载：

> 始迁祖洞公，字文瀚，名祁徽。生宋太祖开宝元年戊辰正月初七辰时。祥孚庚戌自祁浮溪新田迁婺东塔子山。辛亥迁于理源双峰下，改理源为理田。有记于盘谷道院。构书屋课子。

由此可见李氏聚居于此将近千年。一个小小的村落，宋代以后，竟出了12名进士，可谓文风鼎盛。

李仁，北宋天禧元年任征南先锋，以功封安南武毅大将军，加封光禄大夫。南宋乾道三年的武状元李

李坑村的牌坊

知诚，是位儒将，授忠翊，改武经郎，转军抚司事。

宋末，李苾，咸淳元年知临安府，为人忠直，不谄事贾似道，被黜，后任湖南镇抚使兼潭州知州，殉国后，赠端明殿水学士，谥忠节。李坑村有忠观阁，专为纪念他而建。

李坑村的主体位于一个东西狭长的山谷里。山谷东端是一个封闭的盆地，都是水田。两条小溪，都发源于盆地，一叫上边溪，一叫下边溪。上边溪流向正西，下边溪由南侧西流、转而偏西北。两溪在村中心汇合，汇合后继续西流。出村约百米，溪流折而向北去了。

风水学认为，"水向西流必富"。李坑的格局，很讲究风水。生于元末的李坑人李景溪，是著名的风水大师。他既然闻名全国，也就对家乡李坑的规划布局有所影响了。

李坑保存有明清建筑数十幢。四幢明代旧宅，都没有前院，附属建筑面积较小。其风格特点非常明显，与思溪延村的理坑不一样。

天井里有"冂"形且相当深的明沟，显见当年屋檐未置天沟。楼上和楼下高度相近，而不是上低下高，相差悬殊。厢房和正屋之间没有"退步"。隔扇朴素，隔心用横直桭子，没有雕饰。有的楼上的护净采用竹篾

李坑村的石桥

中国最美农村

婺源古村

李坑村的门窗

纺织成六角格眼。

李坑的明代建筑还有别于他处的特点：金砖铺地，即净不雕饰；本质柱础，而不用石础。其中，最富有情趣而明代的建筑特点却略显不足的是"鱼塘屋"。在东南角，是一座园林式的建筑物。3间正房，2层，尺度偏小，有前廊，但前檐柱间全作通间槛窗。

窗外是一方水池，石砌，围以石栏。绕池有卵石拼花小径，径外花坛，花木扶疏，有一棵高高的紫荆树，显现这里的确年代久远了。

园子里南墙外正是上边溪向西北的偏转处，对岸山坡有茂林修竹。鱼塘屋原是过去一处读书的轩，即《家谱》中所载的"上边坞学堂屋"。

值得一提的是，婺源县城乡今天人们建造的公寓、酒楼和民舍，也按县政府要求，均为清一色的明清式建筑，与古代的建筑相辉映。

阅读链接

婺源人说：婺源的古树无不具人文情怀。史载1176年，朱熹从福建返回祖籍婺源，曾入山扫墓，亲手栽杉24棵，当年县令派兵驻守，建"积庆亭"并立碑一方，上刻"枯枝败叶，不得挪动"。文公山古杉经历800多年，尚存16棵，棵棵古木，直插云霄，郁郁葱葱，成为江南罕见的古杉群。

这里的大沱香榧树，传说是明代户部尚书游应乾还乡扫墓时，嘉靖皇帝赏赐的树苗，含有"流芳千古"之意。游亲自栽在祖坟旁，迄今已400多年。

位于福建闽西客家山区的连城县，素以城东的冠豸山闻名遐迩。在县城西南方保存了一片明清的古民居建筑群，它就是由清一色的吴姓氏人所居住的村庄培田村。村庄始建于宋朝末年，至今已有800多年的历史。

古村主要由30幢高堂华屋、21座宗祠、6家书院和一条千米古街组成。村内以典型的客家"九厅十八井"的建筑特色闻名于世，它与客家土楼、围屋并称世界客家建筑三大奇葩。

福建客家庄园

培田古村

吴氏先祖先办书院再建庄园

　　培田古村坐落在福建龙岩连城县宣和乡境内，是一个已有800多年历史，至今却依然保存完好的连片成群、没有围墙的美丽客家庄园。

　　村庄内的古建筑群由30幢高堂华屋、21座古祠、6家书院、两道跨街牌坊和一条千米古街构成。最大的建筑九厅十八井，占地6900平方米。各座建筑布满浮雕、楹联、名匾等，工艺精巧、十分壮观。

房屋上漂亮的雕纹瓦

培田古村被称作是十大中国最美的村镇之一。一些建筑专家和国外友人前来考察后认为，这是人类建筑史上的一枝奇葩，是我国不可多得的历史文化遗产。

据说，关于这个村庄的始建要追溯到南宋时期，当时，这个村里有11个姓，吴姓的先祖于1344年迁至培田，后来，因吴姓中出了大官，逐渐昌盛，其他姓氏由于各种原因，陆续迁走，慢慢形成了全为吴姓的村落。

■ 镂空的手扶栏

在这里开基创业的吴氏先人，秉承中原儒家文化，重视教育，创办书院，几百年来人才辈出。

明成化年间，吴氏先祖伐木割草，创办"石头丘草堂"，聘进士出身的谢桃溪"课二三弟子以读诗书"，校园虽小，却是"开河源十三坊书香之祖"。

以后，"草堂"逐步扩大建筑面积，吸收更多的生源，最终成了著名的"南山书院"。此书院从1672年至1766年间，培养出190多位秀才。现有明代兵部尚书裴应章刻于书院大门两侧的赠联：

距汀城郭虽百里；
入孔门墙第一家。

明末，培田村又增开了"十倍山书院""云江书院""紫阳书院"等学堂。

秀才 别称茂才，原指才之秀者，始见于《管子·小匡》。汉代以来成荐举人才的科目之一。亦曾作为学校生员的专称。读书人被称为秀才始于明清时代，但"秀才"之名却源于南北朝时期。其实"秀才"原本并非泛指读书人，《礼记》称才能秀异之士为"秀士"，这是"秀才"一词的最早来源。最早有秀才之称的，是西汉初期的贾谊。

千年悠韵的古村古居

■ 飞檐翘角

飞檐翘角 飞檐是我国传统建筑檐部形式。多指屋檐特别是屋角的檐部向上翘起，若飞举之势，常用于亭、台、楼、阁、宫殿、庙宇等建筑的屋顶转角处，四角翘伸，形如飞鸟展翅，轻盈活泼，所以也常被称为飞檐翘角。通过檐部上的这种特殊处理和创造，不但扩大了采光面，还有利于排泄雨水。

正是由于这样的努力，才使他们的后世子孙能在后来的岁月中出人头地、光宗耀祖，实现他们的价值追求。村中那"九厅十八井"的建筑就代表着培田村这样的成功。

这"九厅十八井"简单说就是：9个厅堂，18个天井。其中，九厅，指的是门楼厅、下厅、中厅、后厅、楼下厅、楼上厅、楼背厅、左花厅、右花厅共9个正向大厅；十八井则是指厅堂之间的下水18口天井，5进厅共5井，横屋两直每边5井共10井，楼背厅有3井。

九厅十八井的设计构思秉承"先后有序、主次有别"的传统观念，厅堂内高大宽阔，纵主横次，厅厢配套、主体附房分离，采光通风排水卫生设施科学适度，墙体以砖木相互结构，利于防震防潮。

另外，它能够使各种人才施展在建筑技术方面的艺术才能，造出飞檐翘角、雕梁刻柱。

九厅各有功用。上厅供祭祀、议事，中厅接官议政，偏厅会客交友，楼厅藏书课子，厢房横屋起居炊沐，集政、住、居、教于一体。

厅堂后部往往有太师壁，供奉着神像或者是祖先的画像，墙上常常贴着书法或者对联。

据说，培田村在明清时期，地处长汀、连城两县官道的驿站上，同时又是汀州、龙岩等地竹、木、土纸及盐、油等日用百货的水陆中转站。

清代邮传部官员项朝兴为此在"至德居"题联：

庭中兰蕙秀；
户外市尘嚣。

对联如实描述了当时培田村庭内的优雅和街市的繁华。

村落结构中心是一条长长的古街，街西有二十几座宗祠，街东有三十几座民居和驿站。曲折的古街与

■ 古村房屋上漂亮的瓦当

武夷山 位于福建省武夷山市南郊，通常指位于福建省武夷山市西南15千米的小武夷山，称福建第一名山，属典型的丹霞地貌，素有"碧水丹山""奇秀甲东南"之美誉，是首批国家级重点风景名胜区之一。早在新石器时期，古越人就已在此繁衍生息。著名的客家庄园培田古村便坐落在武夷山附近。

幽深的巷道相通，把错落的民居建筑连为一体。

千米古街最盛时有多家商铺，至今仍保存完好的有二十几间。经营范围包括豆腐、肉类、酒类、花生糕饼、京果杂货、蜡烛、理发、裁缝、丝线绸布、竹木制品、纸业、医疗药品、客栈、轿行乃至赌庄，人类的衣食住行几乎无所不包。

这说明了在明清时期当地商品经济的发达和繁荣达到了空前的程度，也显示了客家村落包含的我国封建社会时期灿烂的农业文明。

同时，培田村还有着优越的自然地理环境。从西北方向蜿蜒而来的武夷山余脉南麓的松毛岭，挡住了西北的寒流与霜害，也恰好成了培田村的坐龙。村落绕着松毛岭东坡突出的高岭北、东、南三面环山布置，主要民居朝向东面和东南面。

汀江上游朋口溪的河源溪从北、东、南三面绕村而过，给古村落带来了丰足的水源。村落正东的笔架山防御着夏秋台风的侵袭，也成了古村落的朝山，笔

■ 具有吉祥意义的神兽

漂亮的木雕

架又体现了人们崇尚文化、"耕读传家"的传统理念。

正是培田村钟灵毓秀的自然环境和重要的地理位置，以及客家先祖长期耕读为本和勤勉立业的精神，历经百年风雨，最后形成了培田村深厚的历史文化和经济的空前鼎盛，并为后人留下了宝贵的明清客家乡土建筑群。

阅读链接

从明朝成化年间的石头丘草堂到清末的南山书院，培田代代出人才。在"学而优则仕"的选才制度下，从培田走出了很多精英人物。

清嘉庆年间，当朝宰相王杰，就试取了培田人吴腾林、吴元英为武秀才，吴发滋为文秀才。自乾隆到光绪年间，先后出了邑庠生、郡庠生、国学生、贡生等120人。

其中3名举人、1名翰林、1名武进士，有5名被诰封或敕赠大夫；有19人平步仕途：8人领九品衔、4人八品冠带、5人领五品衔、1人为三品宫廷内侍。这些都成为培田人的骄傲。

村内鳞次栉比的古建筑群

　　培田古村，被誉为"福建省民居第一村"，以古老的民居建筑闻名于世。

　　它们坐落在三面环山的一块狭长又较开阔平坦的地带上，青山下一条清澈的溪河依着山形地貌呈外弧形，玉带般的蜿蜒环绕村庄而过，把房屋和田园分开。

■培田村村口牌坊

村庄里气势宏大、鳞次栉比的明清古建筑组成的整体，简直是座迷宫。村内建筑，如大夫第、进士第、都阃府、官厅等，还有衍庆堂、济美堂、务本堂、思敬堂、敦朴堂、双善堂、教五堂，多为九厅十八井的格局。

培田村的村口矗立着一座古老的牌坊，这是培田村历史上最高位的官，也就是御前三品衔蓝翎侍卫吴拔祯得皇帝恩准，在光绪年间建造的。牌坊中间写着"恩荣"两个字，牌坊两侧的柱子上还有一副对联。

在清朝，不论文官武将到此，文官下轿，武官下马，一律步行。五品以上的官员可以从中间的大门走过，而五品以下的官员却只能走两侧的大门。透过它，我们可以看到培田先辈曾经有的辉煌。

从牌坊的中间大门进入，就可以看见飞檐翘角的文武庙。

此庙在培田村的西南方位，依傍在河源溪旁。庙内上祀文圣孔子，下祀武圣关羽，文武同庙，被誉为客家一绝而扬名中外。

在文武庙后面，是云霄庵和文昌阁。从文昌阁后

轿 一种靠人或畜扛、载而行，供人乘坐的交通工具，曾在东西方各国广泛流行。就其结构而言，轿子是安装在两根杠上可移动的床、座椅、坐兜或睡椅，有篷或无篷。轿子最早是由车演化而来。轿子在我国大约有四千多年的历史。据史书记载，轿子的原始雏形产生于夏朝初期。因其所处时代、地区、形制的不同而有不同的名称。如肩舆、兜子、眠轿、暖轿等。

■ 房檐下古老的浮雕饰品

挑梁式梁柽 从横墙内外伸挑梁，其上搁置楼板，这种结构布置简单、传力直接明确、梁柽长度与房间开间一致。为美观起见，可在挑梁端头设置面梁，既可以遮挡挑梁头，又可以承受梁柽栏杆重量，还可以加强梁柽的整体性。

面的村道继续向前，便是以"大夫第""官厅"、都阃府、双灼堂、吴家大院和进士第等为代表的居民建筑群。

其中，"大夫第"因主人吴昌同恩授奉直大夫，诰封昭武大夫而立，它又取中庸"善继人之志，善述人之事"又名"继述堂"。

此堂始建于1829年，于1840年建成。厅高堂阔，宴请120张桌客可不出户；设计构思秉承"先后有序、主次有别"的传统观念。纵主横次，厅、厢配套，主体、附房分离。通风、采光、排水、卫生，连同子孙的发展都纳入规划之中。

雕刻工匠，三代相传；"采柴""卖鱼""借伞""过檀溪"梁花、枋花幅幅藏典故、呈吉祥；挑梁式梁柽结构以其"墙倒屋不塌"特点被中外专家称为世界一流的防震建筑；科学的布局规划，舒适安逸的功效，精湛的工艺，使法国一位建筑博士三临考察，称赞它是"建筑工艺与科技的完美结合"。

大夫第距今已有170多年的历史，是继福建龙岩市永定土楼之后人们发现的又一处保存完好的客家民居，堪称建筑瑰宝。村庄内的"官厅"，原称"大屋"，相传为培田十四世祖吴纯熙而建。

据说，吴纯熙当年无意间得天意，挖到八桶金。他造屋的气魄也犹如天助，洋洋洒洒，一气建造了七幢大屋，其中"官厅"气势尤为恢宏，是培田古民居中的建筑精品。

在清代乾隆年间，大学士纪晓岚听说培田村以"文墨之乡"享誉汀连，不以为然，于是微服巡访，到了官厅，一见"业继治平""斗山并峙"的横匾，便为其笔墨间的气贯长虹之势所震撼。

入门后，纪晓岚又见中厅后堂设"三泰阶"，就是中厅地面高出一截，三品以上官员才能入座。连太师椅也分出官阶高低，不禁叹服，培田果然是钟灵毓秀，文儒之风盛行的宝地。

其实吴纯熙没做过什么大官，官厅原本也只是一座大屋，只是建筑的气势官气十足，足以接待各路官员，久而久之就成了"官厅"。

官厅的十足官气还见于细部装饰，漆色稳重和谐。梁柱窗雕全部

■ 纪晓岚（1724—1805年），名纪昀，字晓岚，一字春帆，晚号石云，道号观弈道人。纪晓岚一生经历过雍正、乾隆、嘉庆三朝，享年82岁。其"敏而好学可为文，授之以政无不达"，为人宽厚，学识渊博，是乾嘉时期官方学术名副其实的领军人物。据说，他在年轻时曾去福建微服巡访，当他路过培田村时，不禁为村内的建筑深深吸引。

透雕 一种雕塑形式。大体有两种：一是在浮雕的基础上，一般镂空其背景部分，有的为单面雕，有的为双面雕。一般有边框的称"镂空花板"。二是介于圆雕和浮雕之间的一种雕塑形式，也称凹雕、镂空雕，或者浮雕。另外，镂空核雕也属于透雕的一种。

鎏金，中厅隔扇绘刻"丹凤朝阳""龙腾虎跃""王侯福禄""孔雀开屏"的图案，均为九重镏金透雕，工艺精湛，堪为雕刻艺术精品。

当年的官厅是集政、经、居、教为一体的大宅。宅内设宗族议事厅，乡贤名绅休闲会馆、学馆、藏书阁等，楼上厅的藏书阁原有2万多册古籍，可惜已经因战乱遗失了。

纯熙公一生的理想都砌在这座大屋里。官厅历经几百年风风雨雨，如今虽少了当年的辉煌，但依然是培田的脸面。

培田村的都阃府又名世德堂，是一座三进三开间带单侧横屋的民居。都阃是官名，即都司，都阃府就是都司府。这是武进士吴拔祯父亲的宗祠，规模虽小，却很精细。

可惜该府第毁于一场大火，只剩下断壁残垣和几件遗留下来的东西，堪称一绝。

一是门口的两根石龙旗，也称石笔，顶塑笔锋，

■ 门窗镂刻

斗树龙旗，威武挺拔，直插云天，它是主人文武竞秀的象征。

二是前庭院也称雨坪中的用各式河卵石精铺而成的"鹤鹿同春图"。图中无论是鹤是鹿是松都形神毕肖、活灵活现。

三是一通介绍主人生平的共800余字的"墓志表"铜石碑。它是由清兵部尚书贵恒篆额，户部主事李英华撰文，泉州状元吴鲁作书，北京琉璃厂名师高学鸿刻石。此碑集四美于一体，通称四绝碑。

双灼堂是培田古民居中建筑最精湛、集科技与艺术为一体的"九厅十八井"式的合院建筑。它四进三开间带横屋对称布局，又因前方后圆的"围拢屋式"平面而别具一格。

此堂的门匾上写着"华屋万年"4个大字，上面隐藏着主人吴华年的名字，大门两侧有一副对联：

屋润小康迎瑞气；

万金广厦庇欢颜。

这副对联体现了客家人祈望安居，追求小康的纯朴愿望。

过了大门，进入一个中型庭院，门额上题"乐善好施"。庭院中

古村屋顶上的瓦当镂刻

阴阳 源自古代中国人民的自然观。古人观察到自然界中各种对立又相连的大自然现象，如天地、日月、昼夜、寒暑、男女、上下等，以哲学的思想方式，归纳出"阴阳"的概念。早至春秋时代的易传以及老子的道德经都有提到阴阳。阴阳理论已经渗透到中国传统文化的方方面面，包括宗教、哲学、历法、中医、书法、建筑堪舆、占卜等。

两厢照壁花木掩映，窗棂通透。左右相对的两幅题额："南山毓秀"与"北斗增辉"相映成趣。

庭院两侧对称设有一对侧厅堂，自成一厅两房带小天井布局，分别有小门与庭院和横屋联系。

过了前厅、中厅、后厅之后，进入一个横向庭院，也就是围拢屋的后龙，后龙设一厅十房，为家庭做杂物的小院。

双灼堂装饰的主要特色有：

一是建筑装饰精细。厅堂的屏风、窗扇、梁头、雀替等部位都精雕细刻，雕刻的图案栩栩如生、含义深刻。尤其是堂前8块精美的窗扇上每扇浮雕一个字，连起来为"礼、义、廉、耻、孝、悌、忠、信"，突出四维八德，训化以德治村，以德持家。

二是屋脊装饰考究。双灼堂的屋脊飞檐高挑，陶饰精细，明墙叠檐三折的曲线，左右对称昂首吞云的双龙，技艺精湛，令人叹服。

三是在厅堂上方梁间，飞檐椽头挂满了竹笋框。

古村内的吴家大院位于双灼堂左侧，是培田的中心区域。也是典型的九厅十八井结构的建筑类型。纵深六个院落。是培田住宿、吃饭休息的地方。

古村内的进士第是培田古村内保存最好的一幢民宅。它是武进士吴拔祯的祖屋。此宅始建于1876年。此建筑为二进四直横屋结构。

进士第大门为三合门，正门额上高挂"殿试三甲第八名武进士、钦点蓝翎侍卫"的进士匾——榜元。

正厅两旁各有两个客厅、花厅，厅前砌鱼池，天井搭花架。大厅天井内有娶亲时用的礼盒和一块几百斤重的练武石，刻有"吴拔祯"制。正厅匾额上书——务本堂，几个大字端庄气派。堂前左右两侧顺序排列太师椅。正中为阴阳太极圆桌，尽显昔日主人气派。

济美堂建于清光绪年间，为三进式厅堂加二直横屋结构。为祭祀、敬老、奖励、扶助等专用屋宇。

此堂是本地富甲的吴昌同生前所建的四座华堂之一。整座建筑中，厅堂的挑梁立柱窗屏雕刻多达20块。下厅屏扇用深浮雕手法以精致优美的圈纹图案衬托"孝、悌、忠、信、礼、义、廉、耻"等程朱理学信条。

■ 古村内石柱

■ 培田古村内古老
的房顶

廊庑 指"堂下周屋"，即堂下四周的廊屋。廊指房屋前檐伸出的部分，可避风雨，遮太阳；廊子。前廊后厦。庑下，殿下外屋。分别而言，廊无壁，仅作通道；庑则有壁，可以住人。

前厅与后厅隔扇窗刻有精美镂雕，尤其中堂天子壁4块双面镂空镏金雕刻，正面12幅人物故事，背后为古代先贤品德赞文，比喻主人生平功德，寓意深远隽永。堂内雕刻龙凤，花卉与十二生肖等，极具特色，甚为精美。

其风火墙檐口描有诸多诗画；厅前天井，巧绘梅花鹿，左右配砌两个"如意结"。

除大夫第、官厅、都阃府等居民建筑之外，培田村还有20多座百年古祠。由村口往下数分别是：天一公、隐南公、郭隆公、愈扬公、衡公、久公、在崇公、畏岩公、乐庵公、锦江公、文贵公等宗祠，其建筑之精、数量之多堪称中国之最。

在这些古老的祠堂中，始建于明正统年间的衍庆堂是培田村吴氏家族的总宗祠。此堂位于都阃府旁，于1762年扩建，距今已有近600年的历史。

门柱对联：

后座天波，四面名山皆辅佐；
前朝云霄，三枝秀笔启人文。

衍庆堂的位置正落在卧龙山、笔架山中峰的中轴线上，开创了培田居中为尊的建筑格局。大门前两只石狮威风凛凛地镇守两边。宗祠为5开间两进布局，前厅3开间，开敞明亮，两侧有房间。

衍庆堂的大门不正对大堂，而开在宅第的东南方，必须过一道内门，始见戏台、中厅及上厅。这种大门的结构与北京四合院相似。

门口有一宽敞雨坪，原立两对旌表、四副石桅杆，阴刻本族进士、举人、秀才各学位功名。明墙"书香绵远"。

石桅杆 也称石楣杆、石旗杆或石桅樯，是用花岗岩石条凿成方形、圆状石柱，柱上雕刻各种图案，分若干层竖起，像一支笔故称为"石笔"，又貌似船上的桅樯，故名为石桅杆。旗杆有石制和木制两种，一般高5至6米。

■ 培田古村的堂屋构造

■ 培田古村房顶上的神兽

三从四德 是指我国古时候为妇女设立的道德标准。但在女性地位逐渐降低的封建社会中渐渐成为束缚妇女的工具。它是根据"内外有别""男尊女卑"的原则，由儒家礼教对妇女的一生在道德、行为、修养进行的规范要求。三从是未嫁从父、既嫁从夫、夫死从子，四德是妇德、妇言、妇容、妇功。

衍庆堂的厅堂，可容几百人拜祖餐饮。原挂有雕龙绘彩镶边功名匾额40多块和学位金牌，现仅存1734年立"蛟腾凤起"牌匾。此外，厅内还存有光绪年间阳刻进士金匾一块、神龛、谱案、相匣、石香炉等。

古村内的久公祠是村中保存最完好、雕刻最精美的祖祠之一。此祠堂是奉直大夫吴九同的公祠，也称"敬承堂"，为三开间两进布局。大门前有一廊庑，建双重门槛。外门槛立四根石柱，两方两圆。

方柱上刻"祖训书墙牖；家声继蕙兰"，表达了客家人尊祖敬宗、光耀门庭的愿望。内门槛是木门槛，设大门。门槛上方的五重斗拱精美绝伦，有大唐遗风。这种双重门槛的设计极为少见。

前厅虽然只有三开间，由于开敞连通，并不显小。过天井上一台阶是大厅，供奉着久公这一支吴氏先祖。大厅两侧为卧室，后面有一小庭院，是厨房。

大厅梁架是民居中少见的抬梁式构架，因为在关键部位少去了两根檐柱，使得大厅融会贯通，宽敞宜人。厅内的装修豪华精致、富丽堂皇。

和久公祠相邻的衡公祠，门庐斗拱上也镶嵌着的彩漆画，上面的三国故事图案历经300余年而颜色不衰不褪，依然图案线条清晰，人物栩栩如生。

两祠分别建于乾隆年间与光绪年间。门楼同是三山斗拱，祠内设有祭奉祖先的金漆神龙。是客家宗祠典型建造方式。两祠相邻，雍容典雅。容庵公祠在都阃府和继述堂的夹缝中，门户对联：

> 三让遗徽，挹三台而毓秀；
> 六支衍脉，傍六世以承先。

在培田古建筑体系中，书院群落是一个重要组成部分。这些书院建筑群中，最为出名的，当属处于村南的"南山书院"。书院始建于清顺治年间，书院房屋并不显得仄仄逼人，屋内有着古色古香的题字和精巧可供休憩的回廊。

培田古村风貌

除了南山书院之外，培田古村还有容膝居和敦朴堂等学习文化的特殊建筑。其中，容膝居是培田最早的女子学堂。此建筑的照墙上，赫然刻着4个大字"可谈风月"。

这座咸丰年间由吴昌同捐建的妇女学馆，让同样受三从四德礼教禁锢的培田妇女，不仅可以学习识字断文、烹饪女红，更可谈风月，在那个年代乃至今天，都浪漫得近乎创举。

敦朴堂建于1882年，建成于1892年，堂屋主人以"耕读为本"农工商学并举。堂屋的主人是贡生吴瑛，他点明培田文化传统是"兴养立教"，他在世时，曾出任"南山书院"新学制校长，族内书香传承，书画人才辈出，堂号寓意"斯室之成，实忠厚勤俭所致"。

此堂的云墙上题联"毋忘三命"，以及厅中悬挂的诸多书画作品，浓郁的书卷气息中烘托出独特的文化氛围。

另外，在培田这样偏僻的小山村里，还有一个完全由民间自发的拯婴社，此社始建于咸丰至光绪年间，这在许多西方学者眼里，简直是不可思议的奇迹。

在重男轻女的封建时代，从培田人的拯婴社，足可以看到培田文化的闪光点，确实令人温暖。

阅读链接

据说，进士第屋里的匾牌——榜元，是吴拔祯高中武进士后才挂上去的。

吴拔祯自小文武兼修。他参加殿试时，考试是射3支箭。

吴拔祯射出的头两支箭全都命中靶心，正当他准备发射第三支箭的时候，在一旁监考的光绪皇帝突然在他肩头拍了一掌。尽管事出意外，吴拔祯仍然心不慌，手不抖，一箭中的。

光绪皇帝没想到一个文举人竟有如此武功，龙颜大悦，当即钦点吴拔祯为御前带刀随殿侍卫。

安徽宏村

　　宏村，古代取"宏广发达"之意，称为弘村，位于安徽省黄山西南麓，距黟县县城11千米，是古黟桃花源里一座奇特的牛形古村落。

　　古村始建于1131年，距今有900多年的历史。最早称为"泓村"，清乾隆年间更名为宏村。

　　整个村落枕雷岗面南湖，山水明秀，享有"中国画里的乡村"之美称。

汪姓祖先为避难搬家宏村

我国三山五岳中三山之一的黄山，古称黟山，安徽的黟县因山而得名。黟县境内的群峰与黄山连为一体，在历史上曾因碍了古黟与外部交往，造就了黟县"世外桃源"般的生态环境。

在黟山脚下，也就是黟县的西北角，有一个古老村落宏村，像一只昂首奋蹄的大水牛，被誉为"建筑史上一大奇观"。

宏村又名泓村，始建于北宋年间，距今已有近千年的历史。关于此座村庄的建立，那还要从1131年说起。

当时，黟县一个名叫汪彦济的人，家里遭遇了一场火灾。大火烧毁了汪家许多房屋财产，汪彦济无奈之下，举家从黟县奇墅村沿溪河而上，在雷岗

村里的牌坊楼

■ 宁静的古村

山下怡溪河边，围着一眼天然泉水，建造了13间房屋。这便是宏村的原始雏形。汪彦济还在村口兴建睢阳亭，作为入村标志性建筑。

随着封建经济的发展，文化的繁荣，作为程朱理学发祥地的徽州也达到了极盛时期。汪姓祖先在外做官、营商的人数逐渐增加，他们积累了大量的资金财富，为光宗耀祖，纷纷在家乡购田置屋，修桥铺路，形成了1401年和1796在宏村建设房屋的两次高潮。

1403年至1424年，汪姓家族汪思齐、汪升平父子，请风水先生何可达"遍阅山川，详审脉络"，引西溪水入村，开凿百丈水圳，扩建了约1000平方米的月沼。此后100多年，宏村人口繁衍，建筑密集。

宏村的水圳又称作牛肠水道，它是利用牛的生物机理来布置的水系。南湖只是牛的双胃中的一个，还有一个是位于宏村中央的月沼。连接两池的是遍布全

三山五岳 分别指我国的几座名山。现今一般认为三山是安徽黄山、江西庐山、浙江雁荡山，五岳则是位于山东的东岳泰山、湖南的南岳衡山、陕西的西岳华山、山西的北岳恒山和河南的中岳嵩山。这里的三山又指传说中的蓬莱、瀛洲和方丈三山。

房檐上的木雕

村的水圳，人们又把水圳称为牛肠。

这牛肠九曲十弯，全长400余米，宏村的房屋全都围绕牛胃和牛肠来建造。村中路路有渠，家家有水，营造了良好的生活环境。

宏村人的祖先很会利用自然溪水来做文章，他们在宏村的上首浥溪河上拦河建石坝，用石块砌成的数米宽的人工水渠，利用地势落差，把一泓碧水引入村中。

水圳九曲十弯，穿堂过屋，经月沼，最后注入南湖，出南湖，灌农田，浇果木，重新流入濉溪，滋润得满村清凉，使静谧的山村有了动感，创造一种良好的环境。

更为奇妙的是，这牛肠的水位，不论天晴还是下雨，总是保持在一定的高度，即水位总是低于小桥以下一点，不多不少，十分奇特。

宏村内现存的月沼呈半月形，是在村中央原有的一眼天然泉窟上扩掘而成，也称为牛胃。这里是全村的核心地带，身份重要的人物才有资格住在附近。

月沼又称月塘，老百姓称作牛小肚。月沼建成后，其后裔汪升平等人投资万余金，继续挖掘修建半月形池塘，完成了前人未完成的月沼。实际上，月塘四围成了人们的共享空间，展示风俗民情的露天舞台，村民自发地聚会其间。

1607年汪氏大小族长集资，购秧田数百亩，凿深、掘通村南大小洞、泉、窟、滩田呈环状池塘，形成南湖。至此形成全村完整的水利系统。

1814年秋，浙江钱塘名士吴锡麟游南湖后，撰文述道：宏村南湖游迹之盛堪比浙江西湖，因而南湖又有黄山脚下小西湖之称。

1425年至1596年的170余年间，宏村以东土道制、南土水制、北土土制和西土佛制为水口布局。东方建筑龙排庙；南方引水至红杨树、白果树；北方至雷阜榛子林；西方建造观音亭等作为风水屏障。

这样就营建了乐叙堂、太子庙、正义堂等祠堂、庙宇，至此，宏村逐渐形成了以血缘和地缘关系聚合的同宗同姓的民居集落。

族长 亦称"宗长"，指一个宗族中行辈、地位最尊的人。是封建社会中家族的首领。通常由家族内辈分最高、年龄最大且有权势的人担任。族长总管全族事务，是族人共同行为规范、宗规族约的主持人和监督人。

中国画里的乡村

安徽宏村

■ 宏村内的乐叙堂

1662年至1911年，宏村南湖书院、树人堂、乐贤堂、承志堂等大型书院和宅第相继修建，到明万历年间，村内建筑达到150余间。

但是，至此宏村的水系建设还没有完成，1607年，在宏村族人汪奎元主持倡议之下，汪氏大小族长集资，在村南征得秧田数百亩，凿深数丈，又开辟出一个1.8万多平方米的硕大南湖来。

人们把南湖和村中的月沼通过水圳连接相通，至此，在宏村的土地上，终于建成了一个完整的世所罕见的水系，宏村村落的牛状图腾便形成了。

古宏村人独出机杼，开"仿生学"之先河，规划并建造了堪称"中华一绝"的牛形村落和人工水系，整个村庄从高处看，宛若一头斜卧山前溪边的青牛。

这种别出心裁的村落水系设计，不仅为村民生产、生活用水和消防用水提供了方便，而且调节了气温和环境。古宏村人规划、建造的仿生学牛形村落和人工水系，是当今"建筑史上一大奇观"。

千年悠韵的古村古居

阅读链接

宏村还有另外一个名字，叫作"牛形村"。能把一个村庄设计成牛的形状，这位设计师可不简单，更何况，她还是一位女性。

在宏村祠堂里可以见到这位女设计师的画像，画像上的她温良贤淑，是当时一位官员的妻子。

据介绍，这位女性知书达礼，对风水学很有研究。当时，她请人设计这个水系，主要是用于村里消防，因为这里的建筑多为木石结构，很容易引起火灾。

著名的徽派古建筑及其特色

　　宏村始建于南宋，距今已近千年历史，为汪姓聚居之地，它背倚黄山余脉羊栈岭、雷岗山等，地势较高。特别是整个村子呈牛形结构布局，更是被誉为当今世界历史文化遗产的一大奇迹。

　　那巍峨苍翠的雷岗当为牛首，参天古木是牛角，由东而西错落有

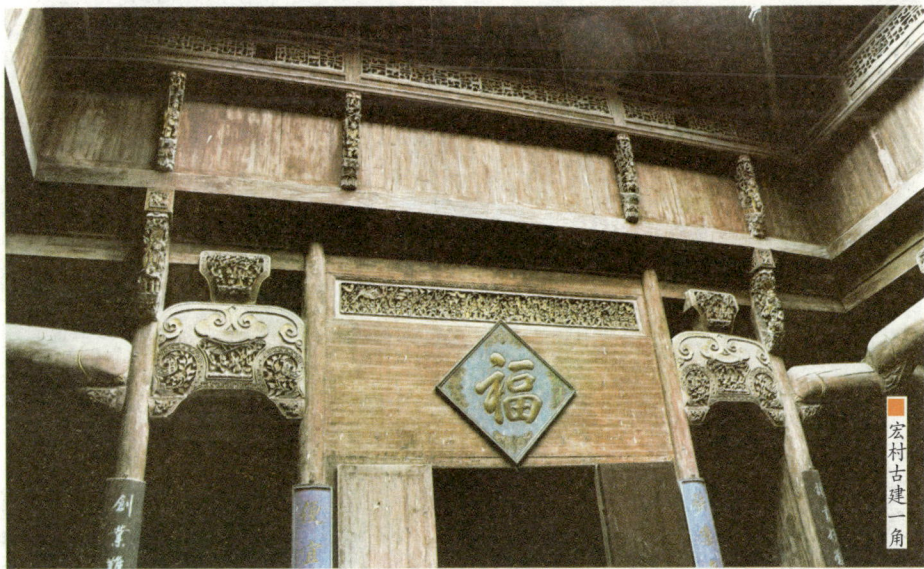

宏村古建一角

千年悠韵的古村古居

■ 宏村内古老的建筑群

致的民居群宛如庞大的牛躯。以村西北一溪凿圳绕屋过户，九曲十弯的水渠，聚村中天然泉水汇合蓄成一口斗月形的池塘，形如牛肠和牛胃。水渠最后注入村南的湖泊，鸽称牛肚。

接着，人们又在绕村溪河上先后架起了4座桥梁，作为牛腿。历经数年，一幅牛的图腾跃然而出，创造了一种良好环境。

在皖南众多风格独特的徽派民居村落中，宏村是最具代表性的。村中各户皆有水道相连，汩汩清泉潺潺从门前流过，层楼叠院与湖光山色交相辉映，处处是景，步步入画。

全村现完好保存着乐叙堂、承志堂、树人堂、乐贤堂、德义堂、敬德堂、桃园居、敬修堂和南湖书院等明清民居140余幢，此外，还有著名景点南湖、月沼、水圳、木坑、奇墅湖和红白古树等。

■ 宏村汪氏宗祠乐叙堂

其中，乐叙堂又名众家厅，是宏村的汪氏宗祠，位于宏村中月塘北畔正中，与月塘同建于明永乐年间，历来是汪氏族人祭祖和庆典聚会的场所。

乐叙堂由门楼、大厅、祀堂3部分组成，后进正堂原有楼，大门砖雕贴墙牌坊雕饰得异常精美。

乐叙堂前进门楼基本保持原貌，梁架具有典型的明代风格，月梁、叉手、雀替、平盘斗等建筑构件雕刻精美，具有很高的艺术水准。乐叙堂与村内的月沼组成宏村八景之一。

古村内的承志堂是清末汪姓巨商汪定贵所建，该堂位于宏村的牛肠中段，建于1855年，承志堂顾名思义，意为缅怀祖宗、继承先志之意。

进入承志堂，目光所及，尽是木雕镂空门窗，图案层次分明，栩栩如生，让人叹为观止。

祭祖 是我国的传统风俗之一。我国人有慎终追远的传统，过节总不会忘记祭拜死去的先人。为此，祭祖时间一般在春节。除夕到来之前，家家户户都要把家谱、祖先像、牌位等供于家中上厅，安放供桌，摆好香炉、供品。由家长主祭，烧三炷香，叩拜后，祈求丰收，最后烧纸，俗称送钱粮。

■ 宏村承志堂

栏板 是建筑物中起到围护作用的一种构件，供人在正常使用建筑物时防止坠落的防护措施，是一种板状护栏设施，封闭连续，一般用在阳台或屋面女儿墙部位，高度一般在1米左右。栏板一般是用水泥、大理石等材料铺成，牢固性较高，方便站立。

承志堂占地2000多平方米，有60多个房间，为砖木结构楼房。承志堂气势恢宏，工艺精细，其正厅横梁、斗拱、花门、窗棂上的木刻，层次繁复，人物众多，人不同面，面不同神，堪称徽派"三雕"艺术中的木雕精品。

树人堂是由清敕授奉政大夫诰赠朝仪大夫汪星聚于1862年所建。

此堂也称民间艺术收藏馆，是房主汪升第九十五代孙汪森强的私人收藏馆。为弘扬徽州的历史文化，树人堂的主人多年来从民间及博物馆收集了明清民间时期老作坊机械、石制器具、徽州版画、民俗用品、徽商书信用具、宏村族谱等，再现了当年徽州社会生活的一些侧面。

树人堂全屋宅基呈六边形，取六合大顺之意。正厅偏厅背靠水圳，坐北朝南。天花彩绘，飞金重彩。

厅堂东边利用有限空地，建一小水塘，活水长流，外门为八字门楼内置悬坊栏板。

树人堂楼上收藏有宏村人经商的路线图，即徽商遗踪，体现当年商运老大桥码头繁忙景色的画，一封1919年黟县人在京做保险的书信，承志堂主人巨贾商人汪定贵的遗像、生平、家赞和讣闻，当年的银票、书信，及以前出外经商时用的手提箱及鞋架和耙犁、锄头、蓑衣等一些农具。

明清时期，徽州的版画达到了鼎盛时期，徽州刻书遍布江浙和徽州。桌台上陈列有徽州版画的木雕板，上面雕刻有年画、广告画和水车的模型图。

套色水印和拱花印刷式在中华印刷史上有划时代的意义。著名的作家鲁迅先生为了抢救这一艺术，曾鼎力支持印制《十竹斋书画谱》。

明清民间时期老作坊机械藏品，还有当时官宦人家及富商家用的小型石磨（称为虎头磨），织布机，制茶用的揉茶机，豆腐坊用的手

清晨宏村

魏碑 是我国南北朝时期北朝文字刻石的通称，大体可分为碑刻、墓志、造像题记和摩崖刻石四种。北魏书法是一种承前启后、继往开来的过渡性书法体系，对当时的隋和唐楷书体的形成产生了巨大影响。历代的书法家在创新变革中也多从其中汲取有益的精髓。

■ 宏村内祠堂

推磨和腰磨，旧时家庭所用的器具，如打草鞋的木模子，以及烧水的铜壶、石具牛碾、花岗浴缸、青石鱼缸，以及揉茶的石板。

宏村保留的书面资料有族谱的祖传手抄本《祖宗家赞》《先贤大略》《摩萝别墅陈钞》《古宏村河道变迁》和《宏村水系民居平面图》等。

乐贤堂位于宏村正街，始建于1699年，占地400多平方米，建筑面积900多平方米，是宏村清初汪氏后裔所建的三大堂屋之一。

德义堂也是典型园中水、水中园的徽派庭院式民居，它建于1815年，系两楼三开间建筑，厅堂前有16扇半幢莲花门，室内和室外都有通道。

德义堂位于水圳大道边，大门并不显眼，普通的木雕莲花门，突出的是大理石门楣石刻。黄山著名书法家黄树先生题写的"德义堂"3个魏碑风格的大字非常显眼。

德义堂正厅坐南朝北，为二楼三间结构。该堂正屋东西两边分设有一明一暗两个花园，两个花园隔墙处有圆形漏窗，不但具有借景之作用，而且极富装饰之美。

墙上攀着一棵皖南猕猴桃藤，生机勃勃，满园都染上透绿的青春色彩。院东西两个花园，一明一隐，内植果木繁花，四时花卉各异，其景也不相同。

堂前庭院称水园，水园、水圳、方塘相通，鱼缸、水榭点缀其中。园中流水、水中有园，游鱼戏水，粉墙青瓦，花窗点眼，此情此景使人们感受到步移景异，美不胜收。水榭内有桌椅，闲情雅趣俱佳，可在此招待宾客，德义堂是徽派私家园林的典型代表。

德义堂前庭院，开一鱼池，水塘有暗沟与水圳相通，水塘周围，设四季盆景，院内繁花疏木、绿荫丛丛，可称"露天花厅"。不难看出栖居者生活情思和审美情趣，表现出德义堂主人对理想生活环境的一种追求。

德义堂的庭院，因受建筑空间的限制，空间较小，但聪明的古人却设计出漏窗分隔法，使狭小的庭院分多个层次，不让人一览无余，同时在园中配上生动的题额，使庭院充溢着文化气息。

江南民居中的园林，从风格上可分为两种：一是商人追求的楼台亭榭，画梁雕栋，尽显富贵气派；二是官宦文人追求的环境的优雅，情调的创造。德义堂庭院园林无疑应该归属后者，文化氛围与风光特色更加突出。

村内科学的排水设施

敬德堂位于宏村牛肠水圳下游转弯处，建于清初顺治年间。

敬德堂整幢建筑装饰简朴，屋柱为方形，是宏村明末清初民居的代表作，可以了解普通商人的生活情况和徽州明、清建筑的格局。

厅堂背向排列，前厅和后厅均有天井，采光性能好，两侧为厢房，南侧为前院，北侧为厨房，厨房里还有一个小天井，东侧还有一座面西朝东的小偏厅和大花园。

敬德堂的"敬"与积累的"积"读音相近，反映堂屋主人希望自己的后人能积德行善。主人喜好种植花草盆景，在正屋前留有充裕的地方，并在院子左边放置一间木制小房，相当于温室，冬季时把盆景放在房内。

徽州人十分重视门楼的修建，有"千金门楼，

厢房 又称护龙，是指正房两旁的房屋，经常出现在三合院、四合院中，正房坐北朝南，厢房多为在东西两旁相对而立，我国传统文化中以左为尊，所以一般来说东厢房的等级要高于西厢房，而且在建筑上东西厢房高度也有所差别，东厢房略高于西厢房，但是差别很小，肉眼看不出来。

■ 村外的拱月桥

四两屋"之说，听起来有些夸张，但可以反映出门楼是身份地位的象征。

敬德堂门楼上雕刻的图案就有很多象征意义。楼角处有鳌鱼和龙头鱼尾，表示希望自己的子孙能独占鳌头。其中，鳌鱼的下方是梅兰竹菊四喜图，梅兰竹菊四君子代表着坚韧不拔的意志和高洁的品质。

门楼最下层左右两下角的吉祥水兽图，形为滚滚的波涛之中，两条鲫鱼在艰难地跃出水面，鲫鱼跳龙门，即希望能在官场上有一席之地。

屋内正厅东西两侧各有六扇莲花门，中间栏板上雕刻有蝙蝠，而且都是5只，称之为"五蝠奉寿，万福万行"之意。东西厢房是主人休息的卧房，厢房窗子上镂空雕刻铜钱图案，窗下栏板上雕刻的万字图案，意为多财多福。

敬德堂用天井通风采光，天井下方的左右两侧各有一根木头，在烈日炎炎的夏日，阳光直射在家中十分炎热，主人就在木条上穿上铁环，挂上布帘，挡住强烈的阳光。厅前有一副楹联：

立志不随流俗转；
留心学到古人难。

■ 宏村内的敬修堂

万字 又作卍字、卐字。卍字的符号，有的向右旋，有的向左旋。在近代，右旋或左旋，时有争论。而大多数都认为右旋是对的，左旋是错的。卍字用来表示佛的智慧与慈悲无限。旋回表示佛力的无限运作，向西方无限地延伸、无尽地展现，无休无止地救济十方无量的众生。

■ 宏村漂亮的马头墙

冬瓜梁 我国徽派古建筑以砖、木、石为原料，以木构架为主。梁架多用料硕大，且注重装饰。其横梁中部略微拱起，故民间俗称为"冬瓜梁"，两端雕出扁圆形或圆形花纹，中段常雕有多种图案，通体显得恢宏、华丽、壮美。立柱用料也颇粗大，上部稍细。

古村内明朝房子式样、布局简单，支柱是正方形，清朝则为圆柱；一般房子都为两层，明朝房子上下两层的高度相当，而清朝的底层高大宽敞，大多采用形似冬瓜形的粗大梁。

明朝的房子装饰简单，清朝徽商到了鼎盛时期，特别注重雕梁画栋。徽派建筑把楼梯口和楼梯前隐藏在门的背后，起到了美观的作用。

楼梯间作为储藏室，充分利用了空间。楼梯的台阶一般有16个，商人注重聚财，按五行来设计，金木水火土，第一个台阶为金，而最后也为金，金碰金，意为财运广通。

桃园居建于1860年，因房东曾于院内植一稀有品种的桃树而得名。桃园居虽说规模不大，但门楼砖雕和室内木雕堪称精品。

门楼上的砖雕刻得精细，而且层次比较多，青狮白象等动物形象生动，尤为独特的是门楼上部用水磨砖砌一弧形门额，类似室内厅堂上方前部的冬瓜梁，门额中间镶嵌一块大形弧形砖雕，这是一般古民居所少见的。

室内木雕花样繁多，技法多变，内容丰富，寓意深刻，其特点主要表现在大厅房门及窗户和书厅雕花门上。

桃园居大厅门、窗主图案为宝鼎、宝瓶，窗户开口为挂络式，两边窗户上方各有两个守窗童子，窗栏板上的4只喜鹊，6只麒麟犹如活的一般，寓为"四喜六顺"。

房门上部为藤结花，每扇门上的花心板上的人物均为历史典故，其中东房门里扇花心板上为"羲之戏鹅"，其他典故有待考证，另外两厢的葡萄挂络，双

■ 宏村门楼上的砖雕

典故 原指旧制、旧例，也是汉代掌管礼乐制度等史实者的官名。后来一种常见的意义是指关于历史人物、典章制度等的故事或传说。典故这个名称，由来已久。最早可追溯到汉朝，《后汉书·东平宪王苍传》中记载："亲屈至尊，降礼下臣，每赐宴见，辄兴席改容，中宫亲拜，事过典故。"

057

中国画里的乡村

安徽宏村

■ 宏村内的敬修堂

千年悠韵的古村古居

石雕 造型艺术的一种。又称雕刻，是雕、刻、塑三种创制方法的总称。指用各种可塑材料，如石膏、树脂、黏土等，或可雕、可刻的硬质材料，如木材、石头、金属、玉块、玛瑙等，创造出具有一定空间的可视、可触的艺术形象。雕刻传统技艺始于汉，成熟于魏晋，盛于唐。

狮雀替均属珍品，挂络中的飞马寓飞黄腾达之意。

书房中的4扇雕花门，可以说是全村最为精美的雕花门。4扇门的上半部从上而下为"蝙蝠奉寿""八骏马"和"人间仙境"雕版，大片雕花为"松鼠葡萄"，4扇门的腰板上分别雕有"岳母刺字""王祥求鲤""季子挂剑"和"孔融让梨"4个历史典故，这4个典故又因此表现忠、孝、节、义4种意义。

值得一提的是，大厅和书房的雕花门上部精雕细刻，而下部除一简单线条外几乎为平板一块，这充分表现艺人的匠心：即繁简结合，精细共存。

另外，一般民居中的房门腰板和窗栏板的底部为平板一块，而桃园居房门腰板和窗栏板的底部却刻有十分细致的菊花图案。

敬修堂是宏村典型的清代民居，坐落在月沼北侧西首，始建于道光年间，距今已有180多年的历史。

敬修堂占地面积280多平方米，建筑面积450多平方米，屋基高出"月沼"近1米，整个房子坐北朝南，正厅前为庭院。与其他民居不同是院门外留有10平方米的空地，俗称厅坦，是夏日纳凉、冬天晒太阳及小憩聚会之处。

进入庭院，只见粉墙左右回抄，庭院内靠墙石砌花坛，置石鱼池；院内西侧两株百年牡丹，每年花开季节百朵簇拥；院内许多建筑布局及雕刻寓意深远。

庭院地面有一块铺得四四方方的石板，四周砌得非常方整，前对一个"福"字，正中对着正厅大门，这是180多年前主人有意设计的，寓意四方是福，四方进财。

正厅的大门门罩上均镶有玉器花瓶、"松鹤同庆""福寿双全""麒麟送子"等石雕图案，飘逸淡雅，含义深刻。

麒麟是我国古籍中记载的一种动物，与凤、龟、龙共称为"四灵"，传说是神的坐骑。我国古人把麒麟当作仁兽和瑞兽。雄性称麒，雌性称麟，是一种吉祥的神兽，主宰太平和长寿。因为有深厚的文化内涵，我国传统民俗礼仪中，麒麟的形象被制成各种饰物和摆件用于佩戴和安置家中，有祈福和安佑的用意。

中国画里的乡村

安徽宏村

■ 宏村内清澈的环村湖

千年悠韵的古村古居

■ 敬修堂内的古老
福字

八仙桌 指桌面
四边长度相等
的、桌面较宽的
方桌，大方桌四
边，每边可坐二
人，四边围坐八
人，犹如八仙，
故民间雅称八仙
桌。八仙桌结构
简单，用料经
济，一件家具仅
三个部件：腿、
边、牙板。桌子
的名称在五代时
方才产生。现在
可考的八仙桌至
少在辽金时代就
已经出现，明清
盛行。

正厅为前后二单元、三间二楼结构，厅内两侧莲花门雕饰端庄别致，左右对称，雕刻的有"福在眼前""平安富贵""福寿双全""草龙托寿"等图案。

整个厅堂基本保持原貌，从八仙桌、八仙椅、茶几以及楹联、字画等摆设中可看出主人的文化素质和经济实力。厅堂摆设有花梨木古桌，坚硬沉重，乌黑明亮，造型独特，保存完好，实属民间罕见。

厅堂上方所挂的楹联：

事业从五伦做起；
文章本六经得来。

"五伦"即为君臣、父子、兄弟、夫妻、朋友5种人伦关系。而"六经"即为诗、书、礼、易、乐、春秋。传说千古一帝秦始皇当年焚书坑儒烧掉了乐经，到西汉以后重视以孝治天下，故把孝经也列入六经之内。

两侧挂楹联：

淡泊明志；
清白传家。

表达出主人淡于名和利，追求自己志向的心愿。

几百年来，徽商不仅经商挣钱，而且重视儒家思想，把读书和经商融为一体。整个厅堂处处雕有寓意深刻的吉祥图案，厅堂挂彩灯的灯钩木托上面镂空雕刻着双龙戏珠、福、禄、寿、喜等图案。

在宏村内，除了乐叙堂、承志堂、树人堂等古民居建筑之外，还有一所规模极大的私塾——南湖书院。

徽商 即徽州商人，又称"新安商人"，俗称"徽帮"，是旧徽州府籍的商人或商人集团的总称。徽商最兴盛时期是在明代。徽商经营品种广泛，盐、棉布、粮食、典当、文具笔墨无所不包。"徽商精神"一直是人们崇尚的商业精神，如爱国、进取、竞争、勤俭、奉献，以及团队精神等。

中国画里的乡村
安徽宏村

■ 亭台水榭的村楼

千年悠韵的古村古居

■ 南湖书院

假山 园林中以造景为目的，用土、石等材料构筑的山称为假山。我国在园林中造假山始于秦汉。秦汉时的假山从"筑土为山"到"构石为山"。由于魏晋南北朝山水诗和山水画对园林创作的影响，唐宋时园林中建造假山之风大盛，出现了专门堆筑假山的能工巧匠。

此书院始建于明朝末年，位于南湖北畔，初建时是六所私塾，称为"依湖六院"。清嘉庆年间，汪家人花了4年的时间，将六院合并重建为一所规模极大的私塾，取名"以文家塾"，又名"南湖书院"。

这是一座具有浓厚徽州建筑风格的古建筑，面积10余亩，外面与一湖碧水相邻，里面有玲珑的假山，场上有株百年圆柏松。书院由志道堂、文昌阁、启蒙阁、会文阁、望湖楼、祗园6部分组成。

志道堂是先生讲学之场所；文昌阁奉设孔子文位，供学生瞻仰膜拜；启蒙阁乃启蒙读书之处；会文阁供学子阅览四书五经；望湖楼为教学闲暇观景休息之地；祗园则为内苑。

书院前临一湖碧水，后依连栋楼舍，粉墙黛瓦、碧水蓝天交相辉映。书院大厅巍峨壮观，门楼保存完好，原有"以文家塾"金色匾额，是清朝翰林院侍讲、大书法家梁同书93岁时所书。

西侧有望湖阁，卷棚式屋顶，楼窗面临南湖，上挂一匾——湖光山色。

距宏村近5千米处，位于深山之中，有一片茫茫竹海，名为木坑，也称木坑竹海。竹林深处有一片民居，建筑风格与一般的徽派民居截然不同。

除了这片竹海，宏村的奇墅湖和红白古树也非常有特色。

奇墅湖位于宏村东南，沿宏村东口土路而行，碧水蜿蜒于右，植被颜色纷呈，步行半小时后水面豁然开阔，这便是奇墅湖，现在是水库的一部分。

红白古树在宏村村口，一眼望去，可见到两棵有500多年树龄的古树。这两棵大树，一棵叫枫杨树，村民们叫红杨树；一棵叫银杏树，村民们叫白果树。

梁同书 字元颖，号山舟，晚年自署不翁、新吾长，钱塘人。大学士梁诗正之子。梁同书生性重孝，以书法著名。他主张不拘泥于前人的成法，强调在创作中自出胸臆。著有《频罗庵遗集》《频罗庵论书》《直语补证》《频罗庵书画跋》等。

■ 安徽宏村美景

北侧的红杨树需四五个人才能合抱，树冠形状像一把巨伞，把这村口田地笼罩在绿荫之中。

南侧的白果树形如利剑，直刺天空，因为银杏是世界上稀有的树种，而这棵银杏树又有500多年，所以宏村人把这棵银杏树称为"村口瑰宝"。

村前河上有石拱桥3座，桥身空透，桥栏低平，宛若彩虹落地，把宏村装扮得分外妖娆。我国科学院建筑设计家俞家怡的一首诗，描绘了宏村的秀丽景色：

青山绿水本无价，谁引碧渠到百家？
洗出粉墙片片清，映红南湖六月花。

另外，在宏村周围还有闻名遐迩的雉山木雕楼、塔川秋色、万村明祠"爱敬堂"等景观。

1999年，国家建设部、文物管理局等有关部门组成专家评委会对宏村进行实地考察，全面通过了《宏村保护与发展规划》。2000年，宏村被联合国教科文组织列入了世界文化遗产名录。

2003年，宏村被评为全国首批12个历史文化名村之一。

阅读链接

宏村的红白古树是这牛形村的牛角，村民们视为风水树，也是一种吉祥象征。

按照宏村过去的风俗，村中老百姓办喜事，新娘的花轿要绕着红杨树转个大圈，这预示着新人百年好合，洪福齐天；高寿老翁辞世办丧事，要抬着寿棺绕着白果树转个大圈，寓示着子孙满堂，高福高寿。

安徽西递

　　西递村是安徽省南部黟县的一个村庄。坐落于黄山南麓，距黄山风景区40千米，素有"桃花源里人家"之称，始建于北宋皇祐年间，发展于明朝景泰中叶，鼎盛于清朝初期，至今已有900余年历史。

　　村落平面呈船形，村内至今仍保存着古朴典雅的明清民居近200幢。是我国首批AAAAA级旅游景区。

帝王后裔为避难隐居建村寨

西递旧称西川，3条溪流由东而西穿村而过，因水闻名；又因在村西处是古代的驿站，又称"铺递所"，西递之名由此而来。

西递村是一个由胡氏家族几十代子孙繁衍绵延而形成的古村落，西递村奠基于北宋皇祐年间，发展于明朝景泰中叶，鼎盛于清初雍正、乾隆时期，距今已有900多年。

据胡氏宗谱记载，西递胡氏的始祖是唐昭宗李晔之子，904年，唐昭宗迫于梁王朱全忠的威逼，仓皇出逃，皇后何氏在行程中生下一个男婴。

在随行的侍从中，有个徽州的婺源人胡三宦。胡三宦就

西递民居

秘密将太子抱回徽州婺源考水抚养，并给太子取名昌翼，改姓胡。胡昌翼就是明经胡氏的始祖。

1047年，胡昌翼后代胡士良因公往金陵，途经西递铺时，见此地群山环抱、风景秀丽、土质肥沃，遂举家从婺源考水迁至西递村。从此在西递村耕读并举，繁衍生息。

1465年之后，西递村人口剧增，西递村胡氏祖先开始"亦儒亦商"跻身于徽商行列，西递村的财富迅速积累，大量的住宅、祠堂、牌坊开始兴建。

1573年至1620年，西递村重修了会源桥和古来桥，并在两桥之间沿河渠建造了一批住宅。

明经胡氏十世祖胡仕亨后代在其旧居基址上建起敬爱堂后，西递村的中心就渐渐地从东边移至会源、古来两桥之间。

西递村的敬爱堂是胡仕亨的享堂，始建于1600年。他的3个儿子，为表示互敬互爱，故将享堂改建成祠堂，取名"敬爱堂"。

该祠堂是西递村现存最大的祠堂。前置飞檐翘角门楼，中设祭祀大厅，上下庭间开大型天井，左右分设东西两庑，配以高耸的大理石柱；后为楼阁建筑，楼下作为先人父母的享堂，楼上供奉列祖列宗神位。

后厅有一个斗大的"孝"字，是大理学家朱熹所

■ 安徽西递古建筑

徽派建筑典范

安徽西递

朱全忠 原名朱温，归唐后赐名朱全忠，称帝后又改名朱晃。907年，朱温废唐哀帝，自行称帝，改名晃，建都开封，国号为"大梁"，史称"后梁"，后人称为梁太祖。封李柷为济阴王，第二年又杀李柷，自此唐朝结束统治，我国进入五代十国时期。

书。此字从后看，像是一个俊俏后生，跪地作揖。而从前看，则是一个桀骜不驯的猴子嘴脸，字画一体，字中有画，画中有字。寓意为孝敬长辈则为好儿孙，反之就退化为猢狲。以此来对族人进行警示，告诫后人要尊重祖先、尊重长辈。

1662年至1850年，胡氏家族在经商、仕途上一帆风顺。西递村在人口、经济和建设的发展达到了鼎盛阶段。

据说，胡贯三祖孙5代是西递徽商的佼佼者，也是"商、儒、官"三位融为一体的典型代表。胡贯三经商数十年，号称拥有"七条半街"店铺，"三十六典当"资产，一生最讲究商德和修养。

■ 西递敬爱堂

同时，胡贯三不仅经济实力雄厚，而且与当朝宰相曹振镛结为亲家，地位相当稳固。为迎接亲家三朝宰相曹振镛来西递村，他还在村口兴建走马楼，村中建迪吉堂等建筑，以示其荣，以显其富。

其中，走马楼又称"凌云阁"，建于1787年。当年，曹振镛目睹此景，赞不绝口："此楼又长又宽，连马都可以在上面跑呢！"从此，凌云阁改称为走马楼。

西递村现存的走马楼是依据当年的布局重新修复的，走马楼分上下两层，粉墙墨瓦，飞檐翘角。现走马楼内表演黄梅戏、抛彩球、茶道等节目。

楼下有单孔石拱桥，名为梧赓古桥。西溪流水环绕走马楼，穿桥而过，在这里可领略到"西递八景"之一的"梧桥夜月"美景。

和走马楼同时修建的迪吉堂，又称官厅，是接待达官贵人的厅堂场所。此堂气度端庄，古朴典雅，建于1664年，距今已300余年。

胡贯三自从与朝中重臣成为了亲家，生意更加蒸蒸日上，很快就成为了江南六大巨富之一，儿子也被委以杭州知府。

■ 西递古镇

阅读链接

西递村原名西川，为何又叫西递呢？有两种说法：

一种是：以前这里是交通要道，政府在此处设有驿站，用于传递公文和供来往官员暂时休息，驿站在古代又称为"递铺"，所以西川又称为"西递铺"。

另一种是：我国大地上的河流都是向东去的，而西递周围的河水却是往西流的，"东水西递"，所以西川也就被称为西递了。

保存至今的明清古建筑群

千年悠韵的古村古居

　　西递是安徽黄山市最具代表性的古民居，素有"桃花源里人家"之称。

　　这个村子的兴衰与胡家的命运紧密相连。古村从形成至今，经历了数百年的社会动荡，风雨侵袭，虽半数以上的古民居、祠堂、书

安徽西递古建内景

院、牌坊已毁，但仍保留下数百幢古民居，从整体上保留下明清村落的基本面貌和特征。

西递村中一条主道贯穿东西，与其两侧各一条与之平行的街道一起穿过很多窄巷。村庄是引溪水入村的长条形村落，流水、民居相间，建筑群落整体性极佳，给人以紧凑精美的感觉。

整个村落空间变化韵味有致，建筑色调朴素淡雅。至今尚保存古朴典雅的明清民居中，大量的砖、木、石雕等艺术佳作点缀其间。

村内的古老的建筑有胡文光牌坊、追慕堂、旷古斋、瑞玉庭、桃李园、西园与东园、膺福堂、履福堂、笃敬堂、青云轩、惇仁堂、尚德堂、仰高堂、村绣楼和大夫第等。

西递村的胡文光牌坊俗称西递牌楼。建于1578年，距今已有400多年的历史。这座牌坊是三间四柱五楼单体仿木石雕牌坊，通体采用当地的大理石雕筑而成。

整个牌坊上下用典型的具有徽派特色的浮雕、透雕、圆雕等工艺装饰出各种图案，而每一处图案都蕴

四柱五楼 我国古牌坊的一种形式。四柱指有三间的四根立柱，五楼指屋顶包括主楼一个，边楼两个，夹楼两个，形成一个层进面。一般说来，古牌坊顶上的楼数，有一楼、三楼、五楼、七楼、九楼等形式。我国的古牌楼中，规模最大的是"五间六柱十一楼"。

书法 文中特指中国书法。中国书法是一门古老的汉字的书写艺术，是一种很独特的视觉艺术。书法是我国特有的艺术，从甲骨文开始，便形成有书法艺术，所以书法也代表了我国文化博大精深和民族文化的永恒魅力。

涵有极深刻的寓意。胡文光牌坊造型庄重、典雅，石刻技艺出众，堪称明代徽派石坊的代表作。

这座牌楼是明神宗恩准为其四品大员胡文光建造的，横梁西向刻字"胶州刺史"，东向刻字"荆藩首相"。胡文光进士及第，入仕后官位累升至山东胶州刺史，他为官勤勉，政绩卓著。后得到明神宗的叔父长沙王的赏识，将其调任王府长史，总管一应事务。王府长史也称王府首相。

据载，历史上西递村曾有13座牌楼。12座已消失牌楼的主人中，地位、权势比胡文光高的不止一位。但胡文光的身价最高，牌楼的规格最高，留存于世的时间也最长。

追慕堂位于西递村大路街上方，建于清朝乾隆甲寅年（1794），用以追思慕念胡氏先祖，使后人勿忘当年的李胡渊源。

■ 安徽西递宏村全景

追慕堂屋顶为飞檐翘角，八字形大门楼，檐下三元门外设有木栏，八字墙用整块打磨光滑的黟县大理石制成，风格独特，极为精美壮观。

西递村的旷古斋建于清康熙年间，是一幢清朝时期典型的徽派庭院式的私家宅院。

斋内的砖、木、石三雕都基本保持原样，正厅堂前摆放有西递古村落全景大沙盘，形象地再现了古村落的整个布局和山形地貌。

瑞玉庭位于西递村横路街口，建于清朝咸丰年间，是一座具有代表性的徽商住宅。

从上而下整体看来似"商"字形状，当人从下穿过时就与其组成了完整的商字，寓含着人人皆经商之意，这是徽派民居厅堂里的一个独例。

西递的桃李园位于村内横路街中部，建于清朝咸丰年间，由正屋和庭院组成，是胡贯三的第三个儿子

漆雕 是我国传统工艺美术品，也叫剔红，其技艺始于唐代，工艺流程极其复杂。制漆、制胎、打磨、做里退光等，过程繁复，用时很长。因此大型漆雕也极其昂贵，在古代也一直是皇室贵胄的陈设品。它与景泰蓝、牙雕、玉雕并称北京四大特种工艺品。

徽派建筑典范

安徽西递

倒爬狮 是我国古建筑的特色构件之一，相当于雀替中的一种。倒爬于房屋建筑的大梁柱之前，主要起到固定建筑物的作用。“倒爬狮”是木质结构，形状如倒爬的狮子，属于徽派建筑物的特有装饰。进入现代，随着徽文化热的兴起，“倒爬狮”的价值也在不断地飙升。

胡元熙的旧宅，也是西递唯一的住宅与书馆相结合的建筑。

后进厅堂两侧有雕花木板，上面依次镶有书法漆雕《醉翁亭记》全文，这些雕花木板出自康熙年间古黟县书法家黄元治之手，十分珍贵。

西递的西园在村内中横路街上，建于清朝雍正年间，距今有260多年历史，是清朝道光年间四品官胡文照的私宅。

庭院分前、中、后三进，以低墙相隔，院内有花草树木、鱼池假山、匾额漏窗，用的是典型的徽派造园手法。东园与西园相对应，是一组多单元的古老住宅，风格古朴，不饰华丽。

膺福堂是西递官职最高的清二品官员胡尚熷的私邸。建于清朝康熙年间，为三进三楼结构。

膺福堂是典型的徽派四合院，屋内的隔扇门皆雕

西递村膺福堂

成莲花状，精制典雅，天井四周的雀替木雕呈倒爬狮，尽显官商府第的辉煌气派。

履福堂，建于1684年，距今300多年，是胡贯三的孙子清代收藏家胡积堂的故居，也是西递村中一座典型的书香宅第。

此堂是一座三间三楼结构的大房子，屋内厅堂摆设典雅，充满书香气息。前厅堂前挂有"履福堂"匾额，两侧有木刻楹联反映出主人的伦理观念：

■ 西递古镇

世事让三分天宽地阔，心田存一点子种孙耕；

几百年人家无非积善，第一等好事只是读书。

此外，前堂还挂有数幅字画、楹联，其中有一副内涵丰富，很有哲理的楹联：

读书好，营商好，效好便好；

创业难，守业难，知难不难。

这副对联显示了儒学向建筑的渗透。

厅堂前的长条案桌上东侧放着一只大花瓶，西侧

儒学 亦称儒家学说，起源于东周春秋时期，和"道家""墨家""法家""阴阳家"等一起成为诸子百家，汉朝汉武帝时期起，成为我国社会的正统思想，如果从孔子算起，绵延至今已有两千五百余年的历史了。随着社会的变迁与发展，儒学从内容、形式到社会功能也在不断地发生变化。

■ 西递古村马头墙

放着一面镜子，取谐音"东平西静"之意；中间放着自鸣钟，当自鸣钟响起，取"终生平静"的谐音，体现了主人对生活的一种希望。

钟两侧各有瓷制"帽筒"一只，古时的男人戴着西瓜皮帽子，一当坐下来就顺手把帽子往帽筒上一放，故称帽筒。

堂前两边还挂有奇特的撕画、烧画，它是用笔绘出却如用火烧烙，再用手撕并合而成。

进入后堂，有一用于扇风的板扇悬于半空，一边刻有"清风徐来"4个大字，一边刻着"凌云"两个大字，一扯动绳子，板扇即轻轻来回摆动。

天井两旁各有12扇木门，雕刻了花草、飞禽、走兽，每扇门中段各雕一则孝义故事，正反两面合起来，是一幅完整的《二十四孝图》，这也是西递灿烂的古文化遗产。整座宅居古风盎然，书香扑鼻，具有我国古代典型的书香门第风貌。

在履福堂的旁边，还有一处笃敬堂，建于1703年，距今已有300余年。这也是胡积堂曾经居住过的地方。

笃敬堂为四合院二楼结构。正屋前，有一个小庭院。庭院左边，又有一间书房。中间正屋厅堂上，最醒目的便是一组祖传画像，正中为胡积堂，被朝廷封为正三品。画像左边年轻者，为胡积堂的原配夫人。右边年长者，为继配。她们颈挂朝珠，享受着丈夫的三品待遇。

青云轩建于清朝同治年间，是西递村整体民居的一个书厅，又叫便厅，至今已有140多年的历史。

虽然青云轩也是一座徽派民宅，但它是仿照北方四合院的形制，在西递古民居中别具一格。据说，该宅的主人祖上曾经在京城经营钱庄生意，因为喜欢北方的四合院，所以就在家乡投资兴建了这座特殊的小院。该院建于清同治年间，建筑是二楼结构，两侧平房，环绕一小庭院，便厅居中，院门临巷设有门亭。

沿蹬道拾级而上，进入小院首先映入眼帘的是一株茂盛的牡丹花。这株牡丹是主人从洛阳带回的秧苗，与小院同龄。

朝珠 是清朝礼服的一种佩挂物，挂在颈项垂于胸前。朝珠共108颗，每27颗间穿入一粒大珠，大珠共4颗，称分珠。据说，这朝珠象征着四季，而朝珠的质料也不尽相同。由于清朝皇帝笃信佛教，凡皇帝、后妃、文官五品及武官四品以上，侍卫和京官等，均可佩挂朝珠。皇帝也将其作为赏赐的物品。

徽派建筑典范

安徽西递

■ 西递古村落

千年悠韵的古村古居

■ 西递村的惇仁堂

与牡丹相对的是一扇月亮圆门，门框由6块"黟县青"石块组成，这种月亮门在西递民居中比较罕见。每年牡丹花盛开的季节，怒放的鲜花与满月形的圆月构成了"花好月圆"的美好意境。

最为奇特的是月亮门门口摆放的青云轩的镇宅之宝，一块海蚌化石，也是主人在外地做生意的时候带回来的，现成为青云轩的又一标志性物品。

进入院中，右侧是主人吃饭起居的地方，左侧是一条回廊，下雨时在院内可以不走湿路。

穿过月亮门进入正厅，正厅与其他徽派民居摆设并无大的差异，但青云轩最有特色之处也恰恰就在正厅里。厅堂正中地面上有一个小圆洞，上面放着石盖，冬天掀开，暖气上升；夏天掀开，凉风送爽，如同一个天然空调，令人称奇。

■ 西递村民居

另外，由于这家主人祖上是经营钱庄的，钱庄当然和铜钱打交道，为此，在青云轩的月亮门和地窖口上，均为外圆内方的铜钱形状，这又是徽文化的一大特色。

惇仁堂位于西递村大夫第后弄的前边溪畔，建于清朝康熙年间，原为村中徽商泰斗，有江南六富之一美誉的胡贯三晚年的居所。

此建筑古朴典雅，房屋是五间二楼结构。惇仁堂后来还是1906年在西递创办黟县第一所女子学堂的大家闺秀黄杏仙的故居。

尚德堂位于西递村前边溪上游，始建于明朝万历年间，距今约有400多年的历史，是目前西递古村落里尚存的最古老的明代民居建筑。

西递村的仰高堂位于尚德堂的上侧。建于明代万

黄杏仙 女，安徽黟县黄村人。她出身大家闺秀，幼年时，随父就读于江西景德镇，对于算盘、书字、花鸟画以及刺绣、毛织、草编等工艺，能细心揣摩，熟练精通。20岁，出嫁西递村胡大衍为妻。于1906年在西递村开办黟县第一所女校"崇德女校"。后改称西递女子小学校。

■ 西递民居

历年间，屋宇为3层，在内部格局上，把厅堂移至二楼，这种"楼上厅"的现象，是明代民居建筑的一大特色。有学者写诗称赞道：

钟情西递访遗踪，仰慕先贤兴趣浓。

代有儿孙勤建业，名垂青史大家风。

裙板格扇 这里的"裙板"又称踢脚板，是地面和墙面相交处的一个重要构造节点。"格扇"则是指带空栏格子的门扇或窗扇，这是我国传统建筑中的装饰构件之一，从民居到皇家宫殿都可以看到，是我国建筑中不可或缺的东西。

绣楼位于西递村大路街与横路街交会处的大夫第边，传说原胡家小姐曾在此楼上抛绣球择婿，因而又被称为小姐绣楼，绣楼设计巧妙，布局合理，建造精巧，十分玲珑典雅。

除了以上这些建筑，在西递村中，还有一处宅院叫大夫第，建于1691年，为胡文照祖居，后因官封四品，因而在大门上首嵌砌砖雕"大夫第"3字。正厅堂额为"大雅堂"，天井四周的裙板格扇均为木雕冰梅图案，取"十年寒窗"之意。楼上绕天井一周装饰有"美人靠"雕栏，梁上雀替为象征权贵的倒爬狮。

楼额悬有"桃花源里人家"6个大字。"大夫第"门额下还有"做退一步想"的题字，语意双关，耐人寻味。

另外，西递古民居内大都设有"天井"，这是徽派建筑的一大特色。天井的设置，一般3间屋在厅前，四合屋在厅中，起到采光、通气诸功用。

因过去徽商巨贾为了藏富防盗之需，其住宅大都建有高大封闭的屋墙，很少向外开窗。设置天井，可以把大自然融入屋中，使"天人合一"，足不出户，也可见天日。还有一种说法，就是商人以积聚为本，总怕财源外流，造就天井，可"四水归堂"，即四方之财如房顶上的雨水，汇集于天井内，不至于外流他家，俗称"肥水不外流"。

四水归堂 江南民居普遍的平面布局方式，和北方的四合院大致相同，只是一般布置紧凑，院落占地面积较小，以适应当地人口密度较高，要求少占农田的特点。由四合房围成的小院子通称天井，仅作采光和排水用。因为屋顶内侧坡的雨水从四面流入天井，所以这种住宅布局俗称"四水归堂"。

081

徽派建筑典范

安徽西递

■ 绣楼外檐精美的雕刻

此外，西递的街巷同样很美，一般来说要比宏村的街巷宽些，可能是因为西递村当官的人官位高、读书的人名气大、经商的人钱更多的原因吧，所以房屋街巷都建得更气派些。

要说历史呢，胡氏迁居西递要早于汪氏迁居宏村近百年，胡氏祖先又是皇家后裔，所以，处处高人一头也是理所当然的。

历史悠久、古朴典雅、风光秀丽的西递村，1986年被定为安徽省重点文物保护单位。村内保存完整的120多幢古建筑被誉为"中国传统文化的缩影""中国明清民居博物馆""世界上最美的村庄"。

2011年，西递村景区被国家旅游局正式授予"国家AAAAA级旅游景区"称号。

阅读链接

在西递村中大夫第的观景楼匾额上，知府大人胡文照为什么会在自己的匾额上留下"做退一步想"的题字呢？

原来，在他刚做知府的时候，曾经大刀阔斧地整顿吏治腐败，得罪了许多官员。这些官员勾结起来诬陷他，欲置他于死地，把他整得几乎丢了官。

这时，幸亏有一位绍兴师爷从中点拨，劝他做退一步想，先保住官职，再循序渐进。虽然胡文照按照这位师爷的劝告，在整治开封的贪官污吏方面取得了一些成绩，但也因此遭到昏庸贪官的排挤和打击，从此在官场上，官职再也没有得到升迁的机会。

胡文照在开封知府位上，一任十多年未见提拔重用。遂使他产生对官宦生活的厌倦，由此，他产生了及早隐退故里的念头，便在自己观景楼匾额上留下了"做退一步想"的题字。

丁村，位于山西省临汾市襄汾县城汾河河畔，北起史村，南至柴庄。这里地势东高西低，气候温和，水土丰茂，自古就是人类活动的地区之一，全国著名的重点文物保护单位旧石器时代的"丁村人"及其文化遗址就分布在它的周围。

以丁村为中心的丁村遗址，于1961年被列为第一批全国重点文物保护单位，丁村民宅于1988年被列为第三批全国重点文物保护单位。

北方农民宫殿

山西丁村

丁氏祖先从河南迁入古村

　　在山西省临汾市襄汾县有个村庄，名叫丁村。村子不大，却非常有名，这是为什么呢？原来，这座村庄的历史非常悠久，最早的丁村文化遗址竟然在远古的旧石器时代。

丁村民居门楼

1953年，我国考古学家在这里发现了这个村落的远古文化，1954年，专家学者们又发现了化石地点14处，石器地点11处，同时发现了人类化石，计门齿2颗、臼齿一颗，1976年又发现婴儿顶骨一件。

这些古老的文物证明这座古村庄从旧石器时代起便有人居住了。可是，丁村到底始建于哪一年呢？现在并没有确切的文字资料记载。不过，丁村丁氏的家族渊源可以追溯至始迁祖丁复。在保存至今的丁氏1754年《家谱》中称：

■ 丁村内石刻

> 太邑汾东，有庄曰丁村，余家是居是庄，由来久矣。始于何祖，方自何朝，余固不得而知也。每阅祖遗家谱，自始祖复递传至今，已十有一世矣。

这段《家谱》告诉我们，在1754年时，已经是丁氏家族的第十一代了，如此说来，丁氏祖先丁复应该是从明代初年迁入此地的，可是他们到底是从哪里迁入的呢？《家谱》记载：

> 丁姓各省俱有，惟豫章称繁族，亦属耳闻，余并未亲到。独中州襄邑城内以及乡庄约有十余家，与余久有宗谊之亲，至今称好，其余虽有，并未识面。

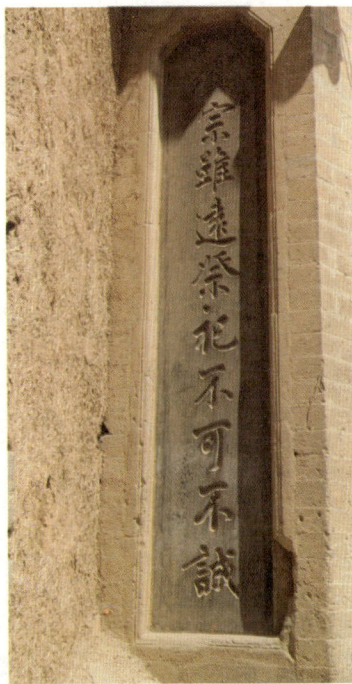

旧石器时代 在古地理学上是指人类开始以石器为主要劳动工具的文明发展阶段，是石器时代的早期阶段。地质时代属于上新世晚期更新世。其时期划分一般采用三分法，即旧石器时代早期、中期和晚期，大体上分别对应于人类体质进化的能人和直立人阶段、早期智人阶段、晚期智人阶段。

另外,在1789年民居的主人丁克长过寿时,襄邑族人所赠的寿瓶上刻有寿文,其中有"派出济阳,世居山右"的记载。济阳是河南的开封、兰考县一带。

由此可见,丁村的丁氏宗族与河南襄邑的丁氏应当同属一宗,均迁于河南开封和兰考县一带。于是,从这里我们可以知道,丁氏始祖是从河南一带迁入山西的。

当丁氏始祖在山西得以安身立命之后,出于传统的聚族而居的习惯,又有同宗的丁氏族人相继迁到该处,并且各自繁衍下来,形成丁村。

丁氏宗族自丁复起至明代万历年间,已经有了相当的规模,就丁氏谱系来看,当时族属庞大,人口繁盛,另建了一批房屋,并重修或建造了一部分庙宇。丁村的村落结构也初步形成。

后来,有部分丁氏后人把自己生产的粮食、布

■ 丁村的阁楼民居

■ 丁村民居石柱

匹送到甘肃宁夏，把甘肃宁夏的中草药，比如冬虫夏草、大黄、枸杞等贩回来，运往广东，又把广东的稀罕物品，诸如洋货什么的贩回来。这样，就形成了一支晋南商帮中实力最强的"太平帮"。

这些靠着经商发财的丁家人在外地赚钱以后，就回家不断地买地，然后盖房娶妻生子。到了清代，丁氏宗族分为六支，即北院、中院、南院、窑顶上、西头和门楼里。

清代丁氏宗族经济模式发生转变，由纯农业生产走上了农官商相结合的道路，部分支系有了较雄厚的经济实力，同时由于人口的增加，这段时期又形成一个建造房屋的高潮，丁氏的村落结构初步定型。

丁氏族人买地盖房，历史上主要分3个时期，也就是现在分的3个家族支系的大兴土木过程：明代万历年间兴建的北院；清雍乾时兴建的中院；清晚期咸

宗族 人类学术语，一种社会单位。指拥有共同祖先的人群集合，通常在同一聚居地，形成大的聚落，属于现代意义上模糊的族群概念。类似用语还有"家族"，小范围内有时"宗族"和"家族"互相混淆使用。一个宗族通常表现为一个姓氏，并构成的居住聚落；一个宗族可以包括很多家族。

丰道光年间兴建的南院。另外，还有散乱的许多院落，共40余座。

现存的丁村最具观赏价值的是村内古老的民居，这里保留了自明代万历年间至清代末年的大量房屋家宅。这些家宅是可以和晋中的乔家大院、渠家大院、曹家大院竞相媲美的大院，又不是单一的大院。一座一座既分散坐落，又有序分布的四合院，形成了一个村落。

如果说去乔家、渠家、曹家等地方是看大院家宅，那么到丁村则是看大院村落了。这样的大院村落，不只在北方，即使在南方，在全国也是罕见的。

丁村民宅，它不同于官宦和豪商巨宅，更不同于皇家建筑和宗教庙宇，说到底它是老百姓的宅院。但是，就丁村民宅的建筑理念、分布格局、砖雕木刻，以及它所包含的古朴的传统文化、民俗风情内容而言，它又绝对堪称是一座古代民间建筑博物馆，一座农民的宫殿。

阅读链接

据说，丁村在形成之初，是一个家族或丁氏的数个家族组成。村落形态也比较简单，丁氏宗族每一支系家庭都不断进行着由核心家庭、主干家庭的裂变，一对夫妻组成的核心家庭积累一定数量的资财后，就会在他们居住的房屋旁再立新宅。

丁氏宗谱中有一典型例子："余支于村内独占尽东一边，有地20余亩，俱系余支房屋场基、牛园、并无他人基业。临街西面公建大门、二门、门楼各一座，至今人称余支为大门里。余支就有老院四所，书院一处，前后左右相连，俱系卿祖置。"

"翰卿祖生高祖辈兄弟4人，昔居时各授全院一所，卿祖与老祖姚两人独居书院，以终余年。长房伯祖诚分东北院一所，本村地数十亩。后诚祖于伊居旧院东边相连建新院……"

这样几代下去，就形成了以"祖屋"为核心的丁村村落。

由四大群组构成的古建筑

丁村位于襄汾县城南部，是一个聚落结构随着历史的变迁，已发展成为比较完善的宗族乡村。村内遗存有明、清时代的民居院落40多座，建筑类型包括民居、宗祠、厅堂、戏台、庙宇、寨门、城墙、商铺、粮仓等。

几乎包括了宗族制度下纯农业血缘村落的所有基本建筑类型。是我国北方地区现存规模较大、保存较为完整的明清民居建筑群。

丁村民宅建筑群呈东北西南向分布，分北院、中院、南院、西院四大组。由于宗族的繁衍发展，反映在院落群坐落上的时代差异特别明显。这四大群组以村中心明代建筑观音堂为领首，以丁字小街为经

丁村内威严的大门

千年悠韵的古村古居

丁村古建筑雕刻

纬，分布于北南西三方。

　　村落集中在明崇祯年间所筑的一道"四角俱正，唯缺东南"的土寨墙内，当地人称这个土寨墙为"城墙"。在这道土寨墙的南北方向分别筑了两个楼阁式"城门"，北门匾是"向都山"，南门匾是"宅明都"，东门因与邻村有地亩之争，只券了门洞就封起来了，而西门根本就没有建。

　　从空中俯瞰，丁村人说丁村的形状是"金龟戏水"。原来，在丁村寨外的四角分别有魁星阁、财神阁、文昌阁、玉皇庙4座殿阁是为龟足，东有狼虎庙，西有弥陀院为龟的首尾，再西有汾河。若以村寨为龟身，就正像一只大龟爬在沙滩上。

　　龟，在我国古代的传说中是4种神兽龙、凤、龟、麟之一，丁氏族人之所以把村庄的形状建成龟形，是祈愿村寨安全久远、富贵平安。

　　在丁村，村子里不留十字路口，全是丁字路口，

魁星 是我国神话中所说的主宰文章兴衰的神，即文昌帝君。旧时很多地方都有魁星楼、魁星阁等建筑物。由于魁星掌主文运，深受读书人的崇拜。因"魁"又有"鬼"抢"斗"之意，故魁星又被形象化成一副张牙舞爪的形象。同时还是我国古代星宿的名称。

而且逢丁字路口的顶头，就建一座庙或者戏台，这样可以防风。

丁村内现存的四座小庙，三义庙、三慈殿、菩萨庙、千手千眼观音庙，都处在主要的丁字路口。

丁村村中心的观音堂，始建于1605年，现存建筑为1769年重修建筑，里面供的是南海观音，也叫渡海观音。

观音堂前，过去东、西、北三条路口，都各建石牌坊一座，东边牌坊上写着"慈航普度"，西边写着"汾水带萦"，北边写着"古今晋杰"。

观音堂内，正中悬"观音堂"匾额，两侧各悬"德水常清""宛然南海"金匾，石柱楹联：

殿座池塘漫云宝筏消逑少；
堂临冲要俱是金绳引路多。

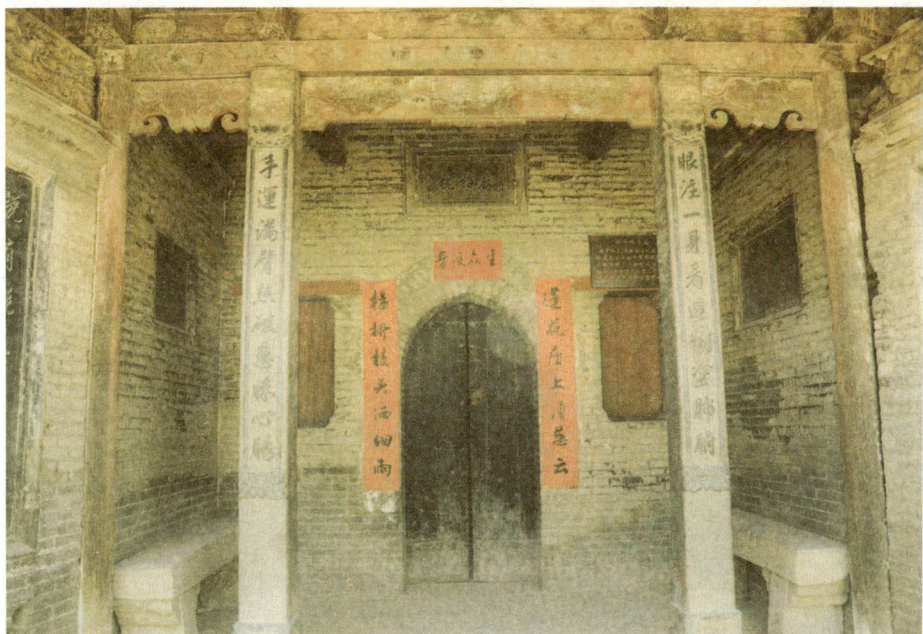

财神 是我国民间旧时普遍供奉的一种主管财富的神明。财神是道教俗神，民间流传着多种不同版本的说法，月财神赵公明被奉为正财神，李诡祖、比干、范蠡、刘海被奉为文财神，钟馗和关公被奉为赐福镇宅的武财神。日春神青帝和月财神赵公明合称为"春福"，日月二神过年时常贴在门上。

091
北方农民宫殿
山西丁村

千年悠韵的古村古居

这些匾额和楹联都是中院捐职州同丁溪莲父亲的手笔。

村西头的三义庙，是丁村古建筑的鼻祖，是1342年修建的，距现在600多年了。庙内供奉的是桃园结义的刘关张三兄弟。

在过去，人们出门在外，靠的就是老乡、朋友，所以常常有人结拜金兰之好。有意思的是，丁村这个三义庙，根据历代重修碑记，早期主持修庙的人中姓丁的并不多，到后来就越来越多了，这也验证了丁姓族人的发展。

三慈殿，处在村西南角小巷丁字路口，是清代早期建筑，供奉的是观音、文殊、普贤三位心慈面善的菩萨。现存1798年重修碑记，碑文是村里当时的举人老爷丁溪贤写的。

丁村村南头小庙，也称千手观音堂，始建于明

■ 丁村古民居

代，现存清代顺治、康熙、道光年间重修的碑记。

从丁村的4个小庙可以看出，丁村明清祖先的生活理念和追求，不外乎祈福祈寿保平安。三义堂，最初是因为丁村商人参加太平帮行走江湖，结交结拜朋友，共闯天下的祈福场所。

丁村过去有很多人都外出经商、打工，有的人家不太富足，家里的几亩薄田就留给了妇道人家和年幼的孩子，这种现象，也许就是修建三慈殿的原因了。至于说南海观音和千手观音，当然是村民为了祈求佛祖保佑，祈求平安幸福。

在村中心观音堂后面，有一座观景楼，是清道光年间修建的。这座楼的屋顶是圆的，像一张席子卷在屋顶，这叫卷棚顶。这种卷棚顶的建筑，一般用在庙宇、园林、甚至皇家建筑里，在民居中不多见。

以这座建筑"观景楼"为屏障，以正面3座牌坊为前界，形成了一个前有三枋相拱，后有高楼为屏的

南海观音 据《悲华经》的记载，观世音无量劫前是转轮圣王无净念的太子，名不拘。他立下宏愿，生大悲心断绝众，勇猛丈夫观世音，生诸苦及烦恼，使众生常住安乐。为此宝藏如来给他起名叫观世音。南山与观音，因缘殊胜。据说，观音菩萨有十二心愿，其第二愿就是"愿长居南海"，故称南海观世音。

鳌山 元宵节用彩灯堆叠成的山，像传说中的巨鳌形状。鳌山寓意大鳌出山，风调雨顺。关于鳌有多种说法：一种说法是鳌是龟头鲤鱼尾的鱼龙；另一种说法是鳌是海里的大龟；还有一种说法是鳌是龙之九子的老大，相传"龙生九子鳌占头"，为龙头，龟身，麒麟尾。

丁字形小广场，是丁氏族人的聚会场所。每年春节元宵，张灯结彩，架设鳌山，锣鼓喧天，灯火辉煌。

高高树立的门灯架上的"天下太平"，在灯光照耀下闪闪发光，人们扶老携幼，前呼后拥，一派赏心乐事，表现着太平盛世人们的欢娱心情。当年之盛，可见一斑。

丁村的建筑共分为北院、中院、南院、西北院四大组，其中北院以明代建筑为主，中院以清代雍正、乾隆年间的建筑为主，南院以道光、咸丰年间的建筑居多，西北院则是乾隆、嘉庆时所筑。

北院以明代建筑为主，均建于万历年间，最早建房题记为1593年。基本上是八品寿官丁翰卿一支的产业，后在乾隆年间又有大批续建，但仍系丁翰卿之子孙所为。

其中，建于1593年，位于丁村东北隅，是一组四

■ 丁村民居内景

合院，大门设在东南角，正屋3间，东西厢房及倒座
各为两间，按传统习惯根据木构架分间，应是3间，
可能是由于木构架开间过小，不利于布置室内火炕，
所以分作两间使用。

■ 私塾内的泥人

正屋、两厢和倒座之间并无廊子连接。其形制符
合明代庶民屋舍的规定，只是正屋梁上有单色勾绘的
密锦纹团科纹饰，似稍有逾制之嫌。

另一座建于1612年，位于前座宅的东侧。由两进
院落组成，现仅存大门及里进院，两院之间的垂花门
也已毁去。从现存建筑看，平面布置后者比前者多建
外面一进，其余基本相同。

由于山西属大陆性气候，冬季寒冷，故两宅内院
南北狭长，以取阳光。墙体较厚，可以保温御寒。由
于当地雨量稀少，所以修建的房屋仅用仰瓦铺设，省

垂花门 是我国古
代建筑院落内部
的门，因其檐柱
不落地，垂吊在
屋檐下，称为垂
柱，其下有一垂
珠，通常彩绘为
花瓣的形式，故
被称为垂花门。
它是四合院中一
道很讲究的门，
它是内宅与外宅
的分界线和唯一
通道。

千年悠韵的古村古居

■ 丁村古老的民居建筑

去盖瓦。据风水学说，正房在北，大门在东南的布局属于"坎宅巽门"的吉宅。

中院以清代雍正、乾隆年间所建居多，系北院丁翰卿之同宗兄弟丁松清之子孙丁衔武、丁坤等人所建，后有道光年间建者，亦系丁坤之重孙丁庭柱等人所为。

南院的情况较为复杂，既有丁玉恩建于明万历四十八年，也就是1620年的，也有其重孙丁建文、丁建武等建于乾隆二十年，也就是1755年，更多的则是由丁建文之孙丁殿清等建于道光咸丰年的，但均系一脉相承，与北院中院没有明显关系。乾隆时的丁世德在为丁比彭所纂《家谱》序中曾说：

丁氏一庄，宗分脉异安知其始非一本所衍也？但无谱可稽⋯⋯

西北院较为分散，留存民宅较少，以乾隆、嘉庆年间者为主，其谱系至今尚无更多资料可供研究。

在现存的40座院落中，据其建筑本身自留的建房题记可知，建于明万历的6座，清雍正的3座，乾隆的11座，嘉庆的2座，道光的2座，咸丰的3座，宣统的1座。另有20世纪初的2座，未发现纪年但建筑风格类清的10座。

另一方面，丁村的民宅，延续几百年，不同时期还有着不同的格局和风格。

■ 丁村古墙石刻

格局基本上是这样的：明代的建筑都是单个的四合院，清代早期出现了前后两进的四合院，到了晚期的时候还出现了院落合围的城堡式建筑。

这些院落的格局，很讲究实用性，基本都是以北为上，上房基本不住人，中厅一般用来待客，北厅用以祭祀祖宗，楼上当作库房，东西厢房住人，而且对称排列。

大门开在东南或南，因为从八卦上讲，坎宅开巽门比较好。但如果受地理位置局限，院门的方位也就不一定，但还是要做些处理的。

比如说院门不得不开在西南的院子，就会以东为上，把东房建成上房；有的甚至把南房往里收，留出一个通道，从西南转到东南，然后再进院子。

家谱 又称族谱、家乘、祖谱、宗谱等。一种以表谱形式，记载一个以血缘关系为主体的家族世系繁衍和重要人物事迹的特殊图书体裁。家谱是一种特殊的文献，就其内容而言，是我国5000年文明史中最具有平民特色的文献，记载的是同宗共祖血缘集团世系人物和事迹等方面情况。

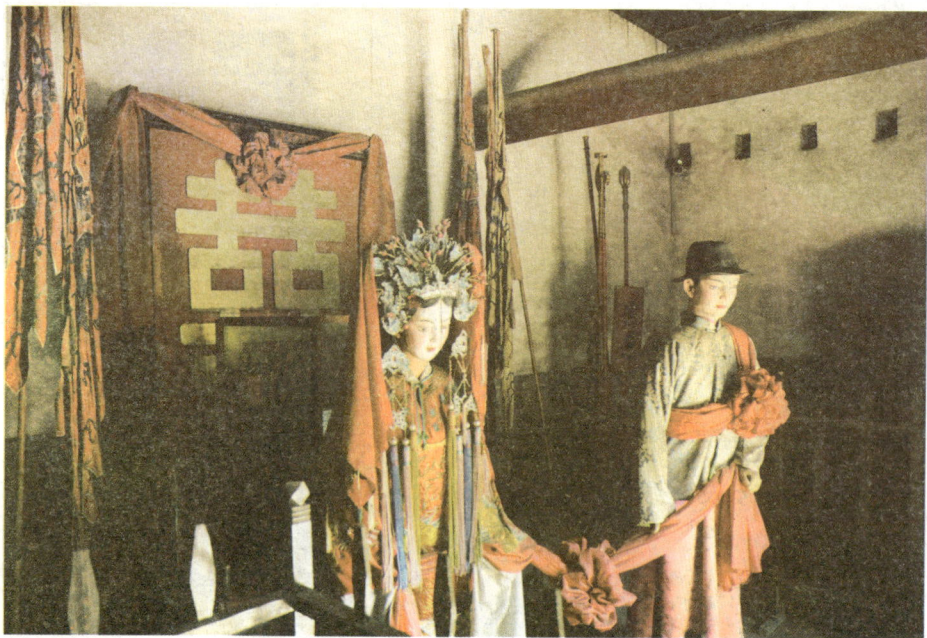

丁村居民婚俗

鞭炮 起源至今有2000多年的历史。最早称为"爆竹"，是指燃竹而爆，因竹子焚烧发出噼噼啪啪的响声，故称爆竹。鞭炮最开始主要用于驱魔辟邪，而在现代，在传统节日、婚礼喜庆、各类庆典、庙会活动等场合几乎都会燃放鞭炮，特别是在春节期间，鞭炮的使用量超过全年用量的一半。

这也就说明，风水观念在丁氏族人的脑子里，还是占一定地位的。

不过，清代早期这组院子，并不是统一设计、统一修建的，基本是品字形相继兴建的，有的院子从兴建开始，时断时续，历经10多年甚至20多年，主要还是因为财力不济，耕读之家，钱势不大。

所谓的品字形就是说，中心的院子主人为最长者等到儿孙满堂，住不下了，就往两边发展，然后依次修建。它们以前互不连接，但每个院子的四角基本都留有小门儿，有的门上还有砖雕的门匾，比如"引曲""通幽"等，其实也像我们现在剧院里的安全门，那是在出现危险的时候，可以迅速自由地出走。

矗立在第一座院门前的牌坊是"宣德郎"牌坊。它是宅主丁溪连捐买了官位后，为夸耀先祖被乾隆帝追封为"宣德郎"而立，是其"耀祖光宗"心态的反映。大门楹柱上悬挂着朱红金字对联：

　　　醴泉无源芝草无根人贵自立；
　　　流水不腐户枢不蠹民生在勤。

　　表现了主人的持家方略和精神境界。它与影壁上斗大的"福"字和院中鞭炮、香炉、东西厢房窗户上各种各样的剪纸，悬挂在北廊的彩灯，形成了一派浓郁的民间节日气氛。

　　在1771年所建的前后两进的院子里，陈列着晋南城乡广为流传的刺绣、剪纸、木版画等民间工艺品以及歌舞、小戏、皮影戏、木偶戏的实物和资料。此外，还有民间书画、民间镜子、民用瓷器和生产用具等展览室。

　　这些建筑的突出特点是注重装饰，在建筑的各个部位，多有木、石、砖雕，尤其是木雕，举目皆是。在斗拱、雀替、博风板、门楣、窗棂、影壁、匾额上无处不点缀着雕品，就连柱基、阶石和小门墩上，都装饰得美观大方。那些琳琅满目的浮雕、阴雕、阳雕，人物、鸟兽、花草、静物，单浮雕、组雕、连环雕，都巧夺天工。

　　丁村民宅作为我国北方民族四合院建筑的典型标本，其历史年代

阴雕 是雕刻的一种，又称沉雕，将雕刻材质表面刻入形成凹陷，使文字或图案凹于钩边下比材质平面要低的一种雕刻手法，依赖熟练和准确的技法，使线条有起讫和顿挫、深浅的效果。大多用于建筑物墙面装饰的雕刻和碑塔、牌坊、墓葬、摩崖石刻、宅居楹联、匾额以及工艺品等的题刻。

民居大门前的石鼓门墩

民居廊道门洞

跨度大，建造别致，风格各异，且其价值意义是多元的。

民宅建造布局和实用性较完备，反映了晋西南地区汉民族的心理、爱好、信仰、风尚、习俗及情操，它是我们研究传统建筑民俗的珍贵标本；从建筑艺术讲，它采众家之长，适一方水土之要求。

木雕、砖雕、石刻表现在建筑构件上，多而不絮，精美大方，内容丰富多彩。从生活到礼法，寓意深刻；从戏曲到社火，华而朴实；从民俗到治家，洋洋大方，是我国珍贵的民俗"活化石"。

1961年，丁村明清民宅就被山西省确定为重点文物保护单位，1988年，丁村被公布为全国重点文物保护单位。

阅读链接

在丁村内，有一座卷棚顶的建筑观景楼，关于它的来历，还有这样一个故事。

据说，在清代时，丁村有一位举人叫丁溪贤，他的号叫作钓台。当时县志有关他的记载，都称他为丁善人。

当他老了的时候，就想在村中的这个池塘边建一座观景楼，观街景看风情，安享晚年。但由于这地方地处村中要冲，又属于公地，直至1834年他去世的时候，这楼也没建起来，临死也没闭上眼。

后来他的两个儿子，为了完成父亲的夙愿，就花了很多银子，买下这块地方，用了7年建成了这座观景楼，又把丁溪贤的灵柩在里面放了3年，直至1844年，丁举人才入土为安。

在我国贵州省西部，巍峨峻峭的大山里，保存着一个距今600多年的地方民俗——屯堡文化，这个地方被称为屯堡文化村。

该村的屯堡人仍旧身穿明朝的长衣大袖；仍旧跳着明朝的军傩舞；仍旧沉眠于老祖宗"插标为界，跑马圈地"的荣耀之中。他们的语言、服饰、民居建筑及娱乐方式都沿袭着明代的文化习俗，演绎着一幕幕明代历史的活剧。

屯堡文化村

朱元璋为稳定西南屯兵安顺

在贵州省的安顺地区，聚居着一支与众不同的群体，他们叫屯堡人，这一独特的文化现象被称为"屯堡文化"。这些屯堡人居住的地方便是屯堡文化村。

屯堡村落内的古老民居

■ 屯堡村落内的古院落

关于这个村庄的建立，要从我国明朝初期说起。

1381年，为了维护大明王朝的一统天下，平定西南动乱，明太祖朱元璋在这一年派大将傅友德和沐英率30万大军征南，经过3个月的战争，平定了动乱。

经过这次事件，朱元璋认识到了西南稳定的重要性，于是命30万大军就地屯军。

为了巩固征南战争的胜利成果，使屯戍士兵安心边陲，朱元璋又以"调北填南"的举措，从中原、湖广、江南等省强行征调大批农民、工匠、役夫、商贾、犯官等迁来黔中，名为"移民就宽乡"。

发给农具、耕牛、种子、田地，以3年不纳税的优惠政策，就地聚族而居，与屯军一起，进一步壮大了屯堡的势力，形成军屯军堡、民屯民堡、商屯商

傅友德 明朝开国名将。元末参加刘福通军，随李喜喜进入四川。旋率部归朱元璋，1367年从徐达北上伐元，第二次北征北元七战七胜而平定甘肃，第四次北征北元以副帅之职连败元军，第五次北征北元任副帅职，第七次北征北元以副帅之职大胜元军，后与汤和分南北两路取四川，朱元璋盛赞傅友德功勋第一。

千年悠韵的古村古居

■ 安顺屯堡里的胡同

堡，构成安顺一带独特的汉族社会群体——安顺屯堡。

这些人从此扎根边地，世代延续，形成现在散见于贵州各地的屯堡村落和屯堡人。

关于这段历史，在《安顺府志 —— 风俗志》中记载：

屯军堡子，皆奉洪武敕调北征南……散处屯堡各乡，家人随之至黔。屯堡人即明代屯军之裔嗣也。

在今天的安顺，许多大家族的族谱，记载均与史料相同。《叶氏家谱》载：

自明太祖朱元璋洪武初年被派遣南征。平服世乱之后……令屯军为民、垦田为生。

在漫长的岁月中，征南大军及家口带来的各自的文化与当地文化融合，经过600多年的传承、发展和演变，"屯堡文化"因此而形成。

屯堡文化既有自己独立发展、不断丰富的历程，也有中原

■ 屯堡村落内的古老民居

文化、江南文化的遗存，既有地域文化特点，又有中国传统文化的内涵。

一方面，他们执着地保留着其先民们的文化个性。另一方面，在长期的耕战耕读生活中，他们又创造了自己的地域文化。

屯堡人的语言经过数百年变迁未被周围的语言同化；屯堡妇女的装束沿袭了明清江南汉族服饰的特征；屯堡食品具有易于长久储存和收藏，便于长期征战给养的特征；屯堡人的宗教信仰与中国汉民族的多神信仰一脉相承；屯堡人的花灯和曲调还带有江南小曲的韵味；屯堡人的地戏原始粗犷，对战争的反映栩栩如生，被誉为"戏剧活化石"；屯堡人以石木为主营造的既高雅美观又具独特防御性的民居建筑构成安顺所特有的地方民居风格……

花灯 又名灯笼、彩灯，是我国传统农业时代的文化产物，兼具生活功能与艺术特色。在我国古代，其主要作用是照明，由纸或者绢作为灯笼的外皮，骨架通常使用竹或木条制作，中间放上蜡烛或者灯泡，成为照明工具。它是汉民族数千年来重要的娱乐文化，它酬神娱人，是汉民族民间文化的瑰宝。

屯堡地戏面具

安顺屯堡文化最具有代表性的要数西秀区七眼桥镇以云山、本寨、雷屯为主的云峰屯堡文化风景区。

该景区位于安顺市东面，景区自开发以来，引起了国内外专家学者的重视，他们认为云山、本寨的明代古城墙、古箭楼、古巷道、民宅、古堡等，保存良好，具有较高的学术价值和旅游价值。

阅读链接

除史书记载外，众多家谱的记载，足以证实安顺屯堡人实系"明代屯军之裔嗣"。随着时代的变迁、屯田的废除、移民的拥入，本来意义上的屯堡有所扩大，在以安顺为中心，东至平坝，西至镇宁和关岭，南至紫云，北至普定，方圆1300多平方千米的土地上，散布屯堡村寨达数百个，人口约30万。

明朝皇帝"养兵而不病于农者，莫如屯田"的举措，不仅实现了明王朝镇压反叛、巩固统治的军事目的，而且屯军移民带来的江南先进耕作技术，也促进了安顺的发展。

以石木结构为主的石头城堡

从贵阳市往西行进约70千米，进入安顺市所辖平坝县范围内，路两侧可见山谷盆地间绿树掩映着一片片银色的石头建筑的世界。

那就是屯堡人用岁月的钢凿打造的赖以生存的自由空间——屯

屯堡民居的院内布局

堡村寨，以它无声的语言向人们讲述600年来的风云际会与坎坷历程。

这些屯堡村落以屯、堡、驿、哨、所、旗、关、卡等命名，体现出军事建制特征，并相对集中分布于以安顺为中心的1300多平方千米的土地上，大小300多个，人口达30多万人，成为一个与周边少数民族和其他汉族迥然不同的文化社区。

依山傍水建造的一栋栋石木结构的房屋，错落有致，连片成趣。走进村寨，那"石头的路面石头墙，石头的瓦盖石头房，石头的碾子石头的磨，石头的板凳石头缸"的石头世界，令人赞叹。

屯堡民居最大的特点是石头的广泛应用。一户民宅就是一座石头的城堡，一个村庄就是一座纯粹的石头城，屯堡是一个防御敌人的整体，而屯堡民居就是组成这个整体的一个个细胞，既可以各自为战，又可以互相支援友邻，既保证一宅一户私密性和安全感，同时又维系各家之间必要的联系。

屯堡建筑把石头工艺发挥到极致，从高向下放眼望去，白晃晃的

屯堡地戏

一片，错落有致。

屯堡居民的建筑成四合院，既有江南四合院的特点，又有华东四合院的布局，但最突出的特点是全封闭的格局。

这些房子从燕窝式到城堡式到城堡碉堡连接体式。在各种式样的独立庭院中，天井不仅是家庭活动的场地，更是防止进犯敌人纵火的措施。屯堡人的建筑观念，把防卫放在首要的位置上。

在房屋平面布局上，屯堡民居强调中轴对称、主次分明，屋面覆盖的石板讲究美学的几何结构，体现了儒家思想的平稳和谐、包容宽纳的审美观念。

其住房分配既讲究实用性又充分体现内外、长幼、主宾的儒家纲常伦理，从而制约和维系着家庭和社会的人际关系。

居民建筑分朝门、正房、厢房，朝门成雄伟的大"八"字形，两边巨石勾垒，支撑着精雕的门头，门

屯堡民居的院内布局

天井 四面有房屋、三面有房屋，另一面有围墙或两面有房屋另两面有围墙时中间的空地。天井是南方房屋结构中的组成部分，一般设在单进或多进房屋中前后正间中间，两边为厢房包围，宽与正间同，进深与厢房等长。天井不同于院子，因其面积较小，光线被高屋围堵显得较暗，状如深井，故名。

贵州民俗古村 屯堡文化村

■ 狭窄的胡同

千年悠韵的古村古居

头上雕有垂花柱或面具等装饰品。

正房高大雄伟，在木制的窗棂、门簪上雕刻着许多象征吉祥如意的图案。厢房紧依正房两边而建，前面为倒座，形成四合，中间为天井，天井是用1尺厚的石头拼成，四周有雕刻着"古老钱"的水漏图像。

石头建筑的屯堡居民，具有强烈的军事色彩，村寨内部的巷子互相连接，纵横交错，巷子又直通寨中的街道，形成"点、线、面"结合的防御体系。

靠巷子的墙体，还留着较小的窗户，既可以采光，又形成了遍布于巷子中的深邃枪眼。同时，低矮的石门，有一夫当关、万夫莫开的军事功能。

这一切无不显示，当时战争所需的建筑构式和屯军备武的思想。现在屯堡村寨中，至今残存着许多垛口、炮台供人们欣赏。

屯堡建筑的选地是很讲究风水理论的。靠山不近山，临水不傍水，地势干燥，视野开阔，水源方便。左右有大山"关拦"，坐向以南北为宜，符合"前朱雀，后玄武，左青龙，右白虎"，"山管人丁水管财"的五行学说要求。

对于屯堡人来说，传统的天文地理对人生命运的影响是至关重要的，被视为"万年龙窝"的居住屋，如果不讲究风水，不注重相生相克，不仅会影响自身的财源命运，还会牵连到全村寨的兴旺发达。这种习俗心理无疑对促进屯堡人的内聚力起到无形的作用。

另一方面，在现存的安顺屯堡文化区，共有300多个屯堡村寨，现存屯堡文化保存较完整的主要是安顺市西秀区大西桥镇的九溪村，七眼桥镇"云峰八寨"中的本寨、云山屯，平坝县的天龙镇。

其中，号称"屯堡第一村"的九溪村坐落在九溪汇流的河边，是安顺屯堡文化区最大的自然村寨，清朝时有"九溪是座城，只比安平少三人"之说。这里的安平则是指平坝县城。

九溪村是屯堡文化最为深厚的地方。九溪村外的小李山上留有城堡遗迹。

九溪看上去不像村，倒像小镇，有长长的商业主

玄武 是一种由龟和蛇组合成的一种灵物。玄武的本意就是玄冥，武、冥古音是相通的。玄，是黑的意思；冥，就是阴的意思。玄冥起初是对龟卜的形容：龟背是黑色的，龟卜就是请龟到冥间去诣问祖先，将答案带回来，以卜兆的形式显给世人们。因此说，最早的玄武就是乌龟。

贵州民俗古村

屯堡文化村

■ 屯堡村落的砖石房屋

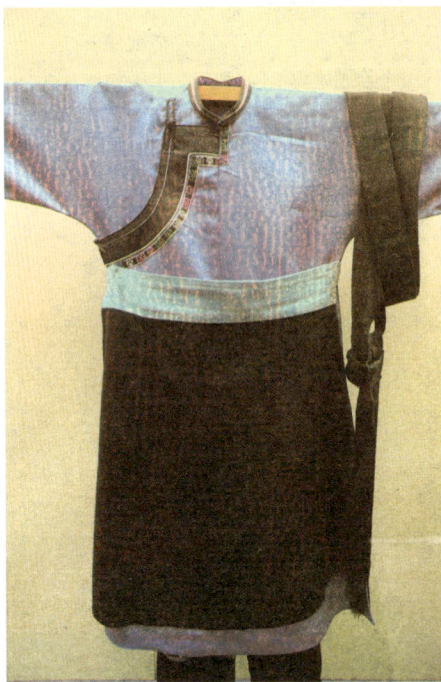
屯堡传统服饰

照壁 古称萧墙，是我国传统建筑中用于遮挡视线的墙壁。影壁也有其功能上的作用，那就是遮挡住外人的视线，即使大门敞开，外人也看不到宅内。影壁还可以烘托气氛，增加住宅气势。影壁可位于大门内，也可位于大门外，前者称为内影壁，后者称为外影壁。

街，街上有屯堡风味餐饮店和银器、铁木等作坊，大多的小店、作坊都还保留着古老的石头柜台。屯堡古建筑就分布在主街两侧。

在现存的九溪中，原有的寨墙已被拆除，但在主街两侧都有深深的门洞，门洞上的半边式骑楼是守备点。街中段有口古井，井口石栏已被井绳磨出了一道道痕迹。

穿过一个门洞，就进入曲折、仄狭的街巷，两边是片石砌成的高墙，墙上齐胸处留有十字形射击孔，民房都是两层楼，小小的窗户高高在上，完全是一种防御式建筑。

马家院、宋家院等较大的四合院另筑有防守门洞。四合院的内部已显得颇为破旧，石头墙内包裹了徽派建筑风格，一厅两厢一照壁、镂雕木格窗、刻花石柱础、木雕雀替。九溪原有5座寺庙，现存3座，龙泉寺的花灯古戏台雕刻精致。

平坝县天龙屯距贵阳市区50多千米，是目前最有名的屯堡。

天龙屯从元代起就是驿站和屯兵重地。从新建的牌楼进去，就进入天龙镇，转过弯，一处明代驿站茶坊引人注目，一身"凤阳汉装"的妇女当炉烹茶，老式茶坊灶具和几条方凳、粗陶碗，可以让人们领略到真正的古茶坊韵味。

天龙屯堡古镇牌楼

沿溪多为石砌柜台的商户人家，老人们三三两两地坐在桥头上闲聊。虽然整个镇区新老建筑杂陈，让人觉得遗憾，但跨过小桥钻入小巷还能看到明代军事机关重重的民居建筑概貌。

其中的九道坎巷要穿过狭窄低矮、两边布置枪眼的过街门洞。街尽头是文物保护单位天龙小学，仍然保留着明末清初的建筑风格。镇北残存着一段古驿道、一座古驿桥。

天龙屯周围的山上留下了大量的屯堡历史遗存：古城墙围绕天台山，从半山腰用垒石建起的城堡式伍龙寺古刹群下临绝壁，现在是全国重点文物保护单位，被建筑大师张开济赞为"中国古代山地石头建筑的一组绝唱"。

山背后有明朝军队的兵器加工场遗址；烟堆山上有明代烽火台残垒；龙眼山屯还有清朝时期修建的城墙、垛口、炮台、瞭望哨等残垣。

■ 烽火台 又称烽燧，俗称烽堠、烟墩、墩台。古时用于点燃烟火传递重要消息的高台，系古代重要军事防御设施，是为防止敌人入侵而建的，遇有敌情发生，则白天施烟，夜间点火，台台相连，传递消息。是最古老但行之有效的消息传递方式。

千年悠韵的古村古居

■ 碉楼是一种特殊
的民居建筑特色，
因形状似碉堡而得
名。在我国分布具
有很强的地域性。
其形成与发展是与
自然环境与社会环
境综合作用的结
果。它综合地反映
了地域居民的传统
文化特色。在我国
不同的地方，人们
出于战争、防守等
不同的目的，其建
筑风格、艺术追求
是不同的。

被称为"峡谷古城堡"云山屯是屯堡文化村落中
最完整地保存着石砌屯门、城楼、垛口、寨墙等古代
军屯防御设施的村寨。

云山屯坐落在云鹫山峡谷中，寨前古树浓荫，两
山夹峙，山势险峻，仅有一条盘山磴道可进入屯门，
门洞深数十米，上有歇山顶箭楼高耸雄踞，一旦有战
事则吞屯门关闭，易于防守。

屯门两侧依据山岩地势砌成高6米、长10余米的
石墙连接悬崖，并如长城般在两侧陡峭的高山上蜿蜒
合围。各显要位置分布14个哨棚。一条东西向石头主
街纵贯全村，街两侧有高台戏楼、财神爷庙、祠堂以
及老字号"德生昌"中药铺。每到节日，屯中人来人
往，做买做卖，一派热闹景象。

数条弯曲的小巷巧妙地将各家各户串联起来，住

宅、碉楼等大部分建筑依山势的起伏呈阶梯状分布于两侧山腰，整个村落布局、道路设施和院落结构绝妙地完成了三重封闭性防御体系。

历史上这里曾商贾云集，现在店铺已不足百户，而且夹杂了不少新建筑，影响了景观的整体性。

屯堡文化村的本寨村落背靠云鹫峰，左右两边分别是姐妹顶山和青龙山，而宽敞清澈的三汊河，成为本寨正面的天然屏障。

这座村寨虽不大，但屯堡建筑格局保存最完整，现代建筑最少。在寨外远远望去，就能看到一片石板瓦顶上高耸着七八座碉楼，与周边的山川景色互相呼应，融为和谐胡整体。

本寨村的四合院建筑比九溪村考究，因年代没有九溪那么久远，因而内部结构都还比较完好。钻进窄窄的巷道，穿过一户人家的过厅，天井对面突然耸起一座带有围墙的碉楼，碉楼的炮眼正对门厅。转过围墙是碉楼正门，垂花门楼，门楼上部还有供人休息的"美人靠"。

■ 身穿明代服饰的屯堡村民

美人靠 是徽州民宅楼上天井四周设置的靠椅的雅称。也叫飞来椅、吴王靠，学名鹅颈椅，是一种下设条凳，上连靠栏的木制建筑，因向外探出的靠背弯曲似鹅颈，故名。古代闺中女子轻易不能下楼外出，寂寞时只能倚靠在天井四周的椅子上，遥望外面的世界，或窥视楼下迎来送往的应酬，故雅称此椅为"美人靠"。

走进碉楼，是一个小小的下沉式天井，天井中用片石砌出八卦图案，四周用青石筑起半米多高的屋基，两侧是半圆形雕花台阶，通主房的石级雕刻了精美的吉祥图案，连石屋基的侧面也刻有图案，房主可谓费尽心机。

主房和碉楼连成一体，楼梯在主房后部，无法进去。据估计，碉楼原为主人住宅，外围的厢房是下人住房。碉楼后还留有一段高高的石头寨墙。

在屯堡文化古村，除了与众不同的建筑群体之外，还有特色的娱乐、语言、服饰、宗教信仰和饮食等屯堡文化。

在娱乐方面，屯堡人的活动主要有地戏、花灯和唱山歌。地戏可以说是屯堡文化中最具魅力的民俗奇观，它与屯堡人亦兵亦农的生活紧密相连，是屯堡人情感的张扬和寄托。

■ 屯堡的传统民居

贵州民俗古村

屯堡文化村

屯堡人尊崇儒、道、释之教义，以儒教为主，释、道为辅，坚持忠君报国、忠孝传家、仁义待人、尊老爱幼的儒家传统。

■ 屯堡村落的石头房屋

在语言方面，屯堡人始终坚持自己的江淮母语特征，发音中翘舌音和儿化音很明显，日常口语对话中大量使用谚语、歇后语和圆子话，显得生动活泼、幽默有趣。

在衣饰方面，屯堡妇女坚持古朴健俏的"凤阳汉装"，穿长衣大袖、系青丝腰带、穿鞋尖起翘的绣花鞋，头上绾圆髻，别银钗玉簪，保存了江淮古风。

在饮食习俗方面，屯堡人创造了自己的特色食品，如鸡辣子、腊肉血豆腐、油炸山药块和松糕、枣子糖、窝丝糖等。

总之，屯堡文化是一种个性鲜明、内涵深邃的地方文化。是江南文化在贵州高原不可多得的历史遗

歇后语 是我国人民在生活实践中创造的一种特殊语言形式，是一种短小、风趣、形象的语句。它由前后两部分组成：前一部分起"引子"作用，像谜语，后一部分起"后衬"的作用，像谜底，十分自然贴切。在一定的语言环境中，通常说出前半截，"歇"去后半截，就可以领会和猜想出它的本意，所以称为歇后语。

存，其中许多现象值得深入研究。

2001年，国务院将至今保存最为完整的屯堡村落云山屯、本寨古建筑群批准为全国第五批重点文物保护单位。

2002年，在安顺七眼桥镇出土的明代率军南征将军傅友德、沐英将军捐资建庙的石碑，证实了屯堡文化古村的来历。

2007年，七眼桥镇以"规模最大的保存最完整的明初文化村落群——"屯堡"被列为大世界吉尼斯之最。

气派的大门

阅读链接

在屯堡文化村落，还有与众不同的宗教文化。

屯堡人所信奉的神灵主要是以历史上有关军事方面的人物以及汉族所普遍崇拜的诸般信仰。如崇拜关羽、道士、巫婆、阴阳端公、山神等。

每逢农历五月十三日，屯堡人便要举行一次大规模的"迎菩萨"活动。彼时，各个村寨的屯堡人都举着用木头雕刻的"关圣帝"塑像，游场串坝，以供人瞻仰。

在屯堡。几乎每个村寨的大姓家族都设有祠堂、祭庙。而每家的堂屋正壁上均设有神龛，神龛下面又设置有神坛。

屯堡人供奉的神龛显得丰富而又复杂。既有佛教人物，又有坛神赵侯，还有祖先及有关诸神。在屯堡，随处可见大大小小的庙宇。

位于广西壮族自治区灵山县，县城东郊外有一座号称"中国荔枝之乡的荔枝村""水果之乡的水果村"的大芦村。此村内外，从山坡、田垌到农家的庭院，满目果树葱茏，一年四季花果飘香。

大芦村始建于1546年，是广西目前较大的明清民居建筑群之一。古村内古宅共有9个群落，分别建于明清两代。最宝贵的是这里藏有300多副明清时期创作的传世楹联，有着珍贵的人文历史研究价值和欣赏价值。

大芦村

山东劳氏祖先始建大芦村

千年悠韵的古村古居

　　大芦村位于广西灵山县县城东郊，是广西3个著名古村之一。此村庄以古建筑、古文化、古树名列广西3个古村镇之首，具有民宅建筑古老、文化内容丰富、古树参天、生态环境良好4个特点。

村子柱石上的浮雕

■ 大芦村民居的古
院落

相传，大芦村这里原本是芦荻丛生的荒芜之地，15世纪中期才开始有人烟，经过该村劳氏先民们的辛勤开发，到17世纪初已发展建设成为拥有15个姓氏人家并和睦共处的富庶之乡，为了使后辈不忘当初的创业艰辛，故而给村子取名"大芦村"。

大芦村的村内多以劳姓为主，而其祖先劳氏就是大芦村的创始人。据当地族谱的记载和口碑资料，大芦村劳氏先祖原在山东蓬莱洲的墨劳山，依山而姓"劳"。自隋朝进入中原寓居山阴。

宋末元初辗转到灵山县。明嘉靖年间，一位名叫劳经的儒生在大芦村建了镂耳楼，他的后代又建了三达堂等8组建筑群落。

各个群落的围墙内分别因地势由内而外依次降低的三五个四合院串联。每个群落内对长幼起居，男女、主仆进退都有严格的规定。

儒生 指我国封建时期官名。在上古时代儒生是专门职业人才，从事国家祭祀的礼仪，也就是祭司。到孔子的时候，集历代之大成，整理了《易经》《尚书》《礼乐》《诗经》《春秋》五大经典，也称"五经"。狭义儒生指信奉这些儒家经典的人，广义儒生指精通经典和知识渊博的读书人。

广西楹联第一村

大芦村

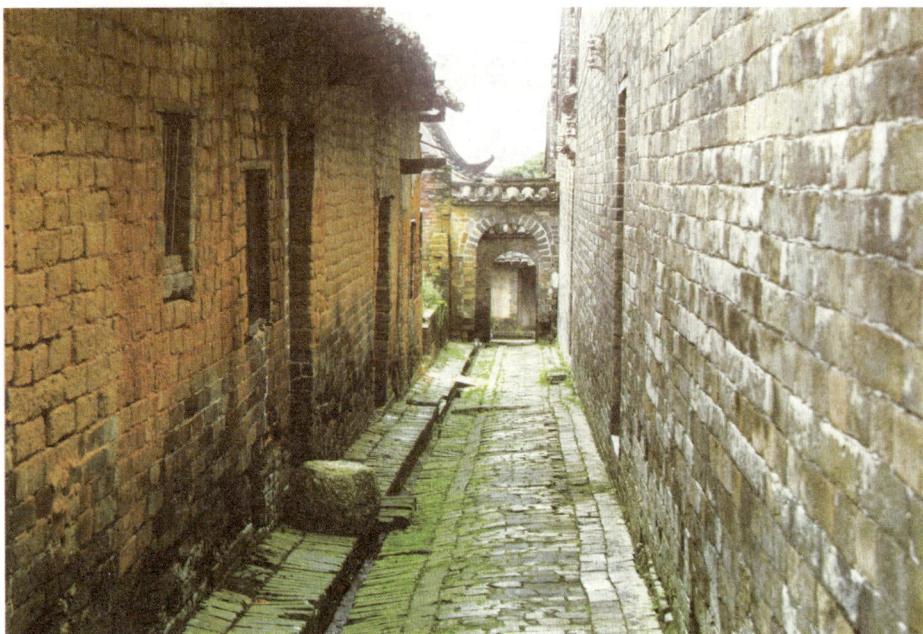

■ 狭窄的胡同

柱础 是我国古代建筑构件的一种，又称磉盘，或柱础石，它是承受屋柱压力的奠基石，凡是木架结构的房屋，可谓柱柱皆有，缺一不可。我国古人为使落地屋柱不使潮湿腐烂，在柱脚上添上一块石墩，就使柱脚与地坪隔离，起到绝对的防潮作用；同时，又加强柱基的承压力。因此，对础石的使用均十分重视。

建筑群落的房梁、柱础、檐饰、木雕寓意吉祥，构图精美，彰显"十里不同风，百里不同俗"的习俗，堪称当时社会历史的缩影。

现存的大芦村劳氏古宅共有9个群落，从1546年至1826年才逐步建成。

劳氏先人自建造第一个宅院伊始，就刻意营造与周围环境和谐协调的优生养息氛围。"艺苑先设"，"健翮凌云"，优良的生态环境和优秀的人才造就，相得益彰。

到19世纪末，人口累计总数不足800人的大芦村劳氏家族，拥有良田千顷，培育出县、府儒学和国子监文武生员102人，47人出仕做官，78人次获得明、清历代王朝封赠。富而思进，科宦之众，使得这个家族的基业得到不断的充实和扩展。

现在，古意盎然的大芦村拥有一座座已有百年以上历史的青砖建造的大宅院，院内雕梁画栋，古色古香。村边和村外，从山坡、田垌到农家的庭院旁，则是满目果树葱茏，一年四季花果飘香。几百年来的蓬勃发展使大芦村逐渐成为一个有着将近5000人口的大村场。

这些古宅都根据地形傍山建设，山环路转，并且都是在宅前低洼地就地取材挖泥烧砖烧瓦，之后附形造势，蓄水为湖。

各居民点间以几个人工湖分隔，相距咫尺，又可守望相助，而且又各以始建时所在地的物产或地形标志命名，如樟木屋、杉木园、丹竹园、沙梨园、荔枝园、陈卓园、榕树塘、水井塘、牛路塘等。

同时，每当家族添丁，芦村人又必定依照灵山传统习俗，栽种几棵品种优良的荔枝树，因此形成了现

国子监 我国隋朝以后的中央官学，为我国古代教育体系中的最高学府，又称国子学或国子寺。明朝时期行使双京制，在南京、北京分别都设有国子监，设在南京的国子监被称为"南监"或"南雍"，设在北京的国子监则被称为"北监"或"北雍"。

123

广西楹联第一村

大芦村

■ 砖石结构的古窗

千年悠韵的古村古居

指用于拦洪蓄水和调节水流的水利工程建筑物，可以用来灌溉和养鱼。在某些地方，人工湖是以一种景观、建筑等方式存在的。这类湖一般是人们有计划、有目的挖掘出来的一种湖泊，非自然环境下产生的。它体现了人类利用和改造自然的智慧。大芦村内的众多湖泊以人工湖居多。

■ 大芦村内独特的马头墙

在所见的一系列由大大小小的人工湖分隔开来，湛水蓝天，绿树古宅相映成趣，占地面积3万多平方米，具有岭南建筑风格，荔乡风韵的古宅群。

不过，大芦村古宅群积淀的民俗文化，最惹人注目的是那些传世楹联，也就是我们俗称的对联。据考证，大芦村的古宅中有300多副明清时期创作，世代承传，沿用至今的楹联。

古宅中人逢年过节或喜事庆典，总是用鲜墨红纸将传世楹联重书一番，郑重其事地贴在约定俗成的位置上，几百年里从不更改。在我们现代人看来，这是一道古朴清新、琳琅满目的民俗文化风景线，可在古宅中人心里的分量，那是先辈的遗泽，情感的寄托。

这些传世楹联，教诲人们修身养性，严于律己；劝导人们立身处世，德才为先；晓谕人们笃学励志，利己利国。

大芦村的古宅中人用楹联把门面、厅堂"包装"

起来，不仅仅是"孤芳自赏"和家人受益，他们耳濡目染，潜移默化，陶冶情操，奉为行为规范，形成传统风尚。

这些传世楹联在过去几百年里以其独特的艺术感染力，曾经使乡亲邻里同感共染，产生共鸣，同获教益。是芦村人自我勉励、自我教育的有力工具，在现在，客观上仍然起到激励人、联络人、团结人的社会教育作用，具有促进村风村貌，推动人们与时俱进，发展生产经济的社会感应功能，具有普遍的教育性和实用性。

砖石结构的柱子

阅读链接

由劳宏道于1684年栽种在三达堂古宅前西侧的两棵香樟树以及位于村后的以北斗七星布局的七棵大椊树（大叶榕），是大芦古宅以外又一道耀眼的风景，这些参天的古树都见证了大芦古宅的辉煌和变迁。

就像记载着大芦村历史的一本本古书，无声地倾诉着古宅中漫长的历史；想当初，大芦古宅中人，种植这几棵樟树和椊树，除了以椊树来弥补"背后靠山"不足以外，其中还隐含了一种"笔（椊树）墨（村前池塘）文章（樟树）"的地理文化环境。

如今，这些古树大的要十几个、小的要五六个成年人才能合抱，但其仍然长得枝繁叶茂，生机盎然，且庄严肃穆，令人起敬。

著名的明清古建筑和楹联

规模宏大的大芦村明清古建筑群,是大芦劳氏祖先自明朝嘉靖年间迁至大芦村后,创业守承,逐年建立的。这些建筑群虽然历经了几百年风雨洗礼,至今仍完整地保持着明清时期岭南建筑风格。

最具典型的建筑是镬耳楼、三达堂、双庆堂、东园别墅、东明堂、蟠龙塘、陈卓园、富春园和沙梨园等九个群落,以及中公祠堂。

■ 别具一格的马头墙

其中，劳氏祖居镀耳楼、三达堂、双庆堂3个院落均为东南朝向，平衡紧靠，组成一个民居区，三个院落之间有内门相通。东园为一个院落，坐东向西，自成一个民居区。两个民居区几近相望，中间有数个池塘相隔。

这些建筑群的主体部分居中，各有5座，每座3间，地势由头座而下依次递低。头座正中为一间神厅，其余各座中间为过厅，俗称二厅、三厅、四厅、前厅，两侧均为厢房。

■ 巷道内的门

由神厅至前厅为整体建筑物的中轴线，两侧的建筑物皆呈对称结构。座与座之间，中部为天井，两侧为耳房，不仅利于采光，且形成一个四水归堂寄托聚财观念的格局。

附属建筑部分，由两旁及后背连成一个凹形的廊屋，前面有堡墙及堡门。两侧廊屋与主体之间各有一条甬道，并有横门相通，神厅后背及大门前各一个长方形围院。

屋顶结构主体部分为硬山顶，廊屋为悬山顶。个别过厅内有柱架或设有内檐。建筑材料多用土砖、火砖、木材、陶瓦、石块等，人们在檐房、斗拱、柱础、屏风、门窗等构件的雕刻上十分讲究，内容也非常丰富。

屏风 古时建筑物内部挡风用的一种家具，所谓"屏其风也"。屏风作为传统家具的重要组成部分，历史由来已久。屏风一般陈设于室内的显著位置，起到分隔、美化、挡风、协调等作用。它与古典家具相互辉映，相得益彰，浑然一体，成为家居装饰不可分割的整体，而呈现出一种和谐之美、宁静之美。

千年悠韵的古村古居

■ 大芦村民居屋顶上的顶瓦

大芦古村传统建筑群的厅门、堂内和楼房等处悬挂的牌匾均是清朝时期所遗留下来的。这些牌匾雕刻手法不同，尺寸大小不一，皆有深刻的历史背景和文化内涵。

建筑材料有土砖、火砖、木材、陶瓦、石块等，装饰讲究，梁柱、斗拱、檐沿、墙头、柱础、屏风、门窗等有许多精美的艺术装饰。此外，厅门、堂内及楼房等处还悬挂牌匾多块，有诰封匾、贺赠匾、科名匾、家训匾等。

这九个古建筑院落的建筑布局严谨，构思巧妙，功能合理。木构架榫衔接，梁柱檩椽组成框架，抗震性好，空间上主次分明，内外有别，进出有序。

主建筑镬耳楼的结构功能最齐全，恪守规制，透露出浓烈的封建家族宗法观念气息，什么身份的家庭成员住哪种房间，从哪个门口进出，走哪一条路线，泾渭分明。

庠生 在我国古代，把"学校"称"庠"，称"学生"为"庠生"，是明清科举制度中府、州、县学生员的别称。庠生也就是秀才之意，庠序即学校，明清时期叫州县学为"邑庠"，所以秀才也叫"邑庠生"，或叫"茂才"。秀才向官署呈文时自称庠生、生员等。

大芦村的9个古建群中，镬耳楼是大芦村劳氏家族的发祥地，即祖屋，又名"四美堂"。其建筑布局按国字形建造，由前门楼、主屋、辅屋、斗底屋、廊屋和围墙构成。1546年始建，1641年于前门楼和主屋第二进营造镬耳状封火墙，至1719年完成这一群落的整体建设。

镬耳楼具有浓烈的宗法制度气息，这与其屋主的身份地位不无关系。该楼的始建者劳经，在明朝嘉靖年间为县儒学庠生，大芦劳氏第四代世祖劳弦于明朝崇祯年间考选拔贡，由国子监毕业后，授内阁中书舍人，不久升至兵部职方司主政，并准请朝廷封赠三代祖先，将祖屋第四进"官厅"和前门楼的封火墙建成镬耳把手形，镬耳楼由此得名。

镬耳楼除在建筑结构上体现了宗法的严谨，从其悬挂的楹联也能看出当时家教森严，如，在祖屋四座

兵部职方司主政 兵部，是我国古代官署名，六部之一。职方司，全称"职方清吏司"，是明清兵部四司之一。掌理各省地图、武职官之叙功、核过、赏罚、抚恤与军旅之检阅、考验等事。至清朝时，兼掌关禁、海禁。主政，为各部司官中最低一级，掌章奏文移及缮写诸事，协助郎中处理该司各项事务。

■ 广西灵山大芦村

■ 民居屋顶

檐柱上，有这样一副对联：

天叙五伦惟孝友于兄弟；
家传一忍以能保我子孙。

在祖屋四座顶梁上，又有这样一副对联：

知稼穑之艰难克勤克俭；
守高曾其规矩不愆不忘。

祖屋四座川柱上的对联，这样写道：

勤与俭治家上策；
和而忍处世良规。

镬耳 镬，是古时的一种大锅，镬耳屋，因此亦称"锅耳屋"。镬耳状建筑具有防火，通风性能良好等特点。火灾时，高耸的山墙可阻止火势蔓延和侵入；微风吹动时，山墙可挡风入巷道，进而通过门、窗流入屋内。民间还有"镬耳屋"蕴含富贵吉祥，丰衣足食一说。镬耳屋以广府风格的民居建筑为主要代表。

镬耳楼因其两边山墙形似铁镬两边的耳朵而得名。明清时期的钦州灵山，官越大，屋山墙上的镬耳越大，这是其住宅的一种标志。

大芦村的劳氏第四代劳统在明末时期任三品官，所以屋山墙上的镬耳特别壮观。几百年来，大芦村的镬耳楼因其屋山墙的耳大而流传广泛。

大芦村的三达堂是古村内劳氏老二房发祥地，原名"灰沙地院"，是1694年至1719建造的，占地4400平方米。

1746年大芦村劳氏开基200周年之际，老二房以孙子辈首发三支，对应当时由老长房居住的祖屋称谓"四美堂"，取达德、达材、达智之义为居所起堂号"三达堂"，寓意"三俊"。

大芦村的双庆堂为大芦劳氏第十代的劳常福、劳常佑兄弟俩亲建于1826年，寓意"兄发弟泰，才行并关"，门户自成体系，且有过道相通，占地总面积约2900平方米。

房屋高广、宽敞、明亮，注重居所的实用性和舒适感。脊饰、檐饰、和椅、床榻、器具精工雕绘，讲究气派和排场。

镬耳楼的一角

院子里的夹墙

由于三达堂与双庆堂在建筑风格上均追求优雅与精致，于是在这两座建筑的堂内对联就比其他群落的对联雅气许多，如三达堂四座水柱外侧的对联为：

> 堂上椿萱辉旭日；
> 阶前兰桂长春风。

三达堂横门及院门对联为：

> 门前琪树双环翠；
> 户外方塘一鉴清。

大芦村的东园别墅是劳氏第八代孙劳自荣建于1747年。此建筑群占地7750平方米，由前门楼，院落，三位一体的老四座、新四座、桂香堂及其附属建筑组成。

整体的布局犹如迷宫，局部的设置典雅别致，装饰工艺精湛，气氛祥和，是古代因地制宜营造法式和书香世家的综合体现。

东园别墅的建筑风格与其屋主劳自荣性情廉洁、器量宽宏、崇尚实行追求脱俗的性格相呼应，如：上书房对联为：

涵养功深心似镜；

揣摩历久笔生花。

下书房对联：

鱼跃莺飞皆性道；

水流花放是文章。

二座对联：

东壁书有典有则；

园庭诲是训是行。

■ 大芦村的古屋

■ 嘉庆皇帝（1760—1820年），全名爱新觉罗·颙琰，原名永琰，清朝第七位皇帝，乾隆帝第十五子。年号嘉庆，他惩治贪官和珅，整肃清了吏治。他在位期间清朝统治危机出现。他继续推行闭关锁国和重农抑商政策，导致清朝落后世界大潮，留下千古遗恨。

别墅的主人劳自荣自幼英敏，以诗文见长，20岁即创建犹如迷宫般的"东园别墅"。别墅内张挂的对联：

积善之家必有余庆；
资富能训唯以永年。

据说，这副对联是嘉庆皇帝的御师冯敏昌创作并亲笔书写赠给劳自荣的。劳自荣59岁任修职佐郎时，与老乡冯敏昌在京城相会认识，并结为忘年之交。于是，冯敏昌便书写了上面这副对联赠予劳自荣。

劳自荣对冯敏昌的墨宝珍惜有加，带回家后，填其真迹在木板上，雕刻制成凸金字匾，作为故居第五座的顶梁对。

大芦村民居的正房

大芦村古建筑群，蕴含着丰厚的民族文化，而楹联文化在其中占了很大的分量。

如果将大芦村的古建筑看作一幅风景画，那么那些挂于门楣、楹柱上的楹联绝对是其中的点睛之笔。

现在，人们在大芦村共搜集到新老楹联共173副，这其中有自明清以来沿用了数百年、位置相对固定的古联。这些对联的内容涉及天文、地理、历史、生活等多方面。从内容上来看，可分为祖籍联、春联和其他联三大部分。

其中，祖籍联可分为大门对和顶梁对两种；春联可分为福、禄、寿、喜联，平安吉祥联，迎春接福联，心愿期望联，孝悌报国联，安居乐业联和勤俭持家联，劝学长志、修身养性和乐善好施联，以及天伦礼仪和和睦相处联等八种；其他类分为堂室联、祝寿联和挽联等。

■ 房屋的门窗

祖籍大门联，如镂耳楼的大门对联为：

武阳世泽；江左家风。

双庆堂的大门对联为：

书田种粟；心地栽兰。

大芦村的顶梁对多是写家族祖先的功德和勋劳的。如镂耳楼太公座顶梁对联为：

祖有德宗有功惟烈惟光永保衣冠联后裔；
左为昭右为穆以缵以袍长承俎豆振前徽。

楹柱 建筑名词，专指古代大型建筑门前的两根柱子。如大殿门前左右各一根立柱，威武而有气势。另外，这里的"楹"在我国古代常做计算房屋单位的量词，一列为一楹。门楹则指堂屋前部的柱子。古人习惯把对联贴到楹柱上，称为"楹联"，即对联。

楹联是我国文学艺术的组成部分，也是建筑艺术的组成部分。它还可以融书法、雕刻的技巧为一体，美化建筑的形象，给人们以美的享受。

综观大芦村这些延续了几百年的传世楹联，既有写景状物，抒情寄怀；也有教诲人们修身养性，严于律己，持家报国的。这些对联传承了劳氏家族治家、治学和为人处世的理念。它们是一道古朴清新、琳琅满目的民俗文化风景线，是古宅群内丰厚的文化积淀。为此，1999年，大芦村被授予广西"楹联第一村"荣誉称号。

此外，在大芦村宅院的前后、水岸边，还有众多吸纳了几百年日月精华和山水灵气的荔枝树、香樟树、楗木树，它们树皮苍裂，斑斑驳驳，枝干如虬，或高大挺拔，或曲干而探枝，苍翠盘郁，就像一座座巨型盆景，似一幅幅立体的图画，如一首首具有生命的诗歌。

2005年大芦村被国家旅游局评为"全国农业示范点"。2007年，再次被国家旅游局评为第三批"历史文化名村"。

阅读链接

在大芦村，除了拥有古老的建筑群、对联和古树之外，还保留着许多特别的风俗习惯。自从1659年在北京兵部职方司主政任上急流勇退的第四代祖劳弦，在渡洞庭湖遭遇狂风暴雨大难不死，每年农历七月十四全族吃茄瓜粥"以示不忘祖德"，至今不改。

每年农历八月十八"大芦村八月庙"的晚上，在镬耳楼和三达堂背后参天楗木下，古宅中人世代传授的"老师班"，在月光下，敲锣打鼓吹唢呐，戴着面具"跳岭头"，亲朋好友及乡里乡邻，欢聚一堂。

党家村

党家村位于陕西省韩城市区东北，泌水河谷的北侧，呈葫芦的形状。是国内迄今为止保存最好的明清建筑村寨。被称为"东方人类古代传统居住村寨的活化石"。

该村始建于1331年，距今有670年的历史，全村绝大部分为党姓和贾姓。党家村的民居四合院为韩城民居的典型代表，党家村在清代因农商并重经济发达而又被称为"小韩城"。

以四合院建筑的民居闻名

陕西是中华民族发祥地之一，这块土地曾是西周、秦、汉、隋、唐等13个朝代建都的地方。

韩城地处陕西东部黄河之滨，古有"关中四塞之国""秦塞雄都"等美誉，是一座历史文化名城，又是伟大的文学家、史学家司马迁的

鸟瞰党家村

故乡。在韩城东北方向，有一座被称为"东方人类传统民居的活化石"的村庄，它的名字叫党家村。

关于这座村庄的来历，还要从元朝至顺年间说起。

1331年，党族始祖党恕轩由陕西省原朝邑县逃荒迁至此定居。党恕轩迎娶了邻村樊氏女为妻，生有四子，除四子君明赴甘肃河洲"屯田"未归外，长子君显为长门，次子君仁为二门，三子君义为三门。他们都人丁兴旺，绵延至今，已传25世。

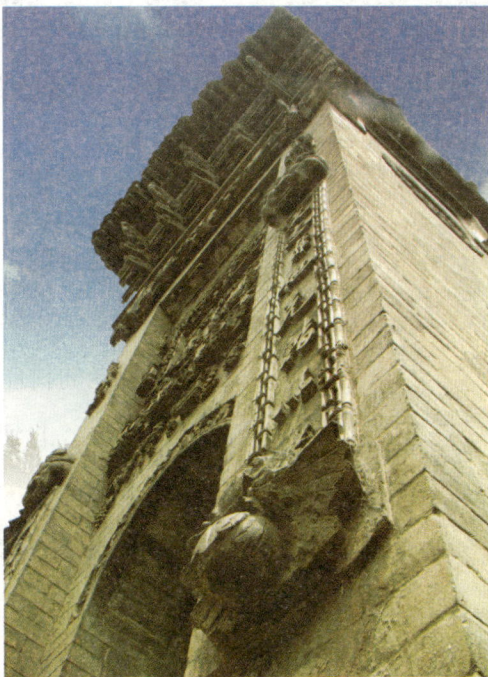
■ 门楼上的雕刻

元末明初，贾族始祖贾伯通由山西洪洞迁居韩城，先栖居县城、贾村等处。其第五世贾连娶党姓女，生子贾璋。

1525年，贾璋以甥舅之亲定居党家村，兴家立业，他们仍奉贾伯通为始祖，也子孙繁衍至今，已传24世。从"辈分"来说，贾姓第六世相当党姓第七世，相互兄弟相称，直至现在保持不乱。

清朝前期，党家村党贾两姓分几处在豫鄂交界的唐、白河流域经商。由于能抓住时机，经营得法，都取得了很大成功。

嘉庆、道光、咸丰三朝是党家村经济史上的黄金时代，据传往老家运送银两的镖驮络绎于道，号称

139

朝邑县 《朝邑县志》载，"朝邑"一名始于540年，是因西靠朝坂而得名。朝邑古称临晋、五泉、河西，西墕，左冯翊。朝邑古城先建在朝坂墕上。后迁至朝坂墕下。遗址位于距大荔县16千米处黄河老岸崖下。1958年撤销朝邑县，并入大荔县，改为朝邑镇。

风水塔 塔是一种特殊建筑，属阳宅建筑之一。凡是有风水意义的塔，诸如镇山、镇水、镇邪、点缀河山、显示教化等，我们都称之为风水塔。风水塔一般修在水口，作为一邑一郡一乡之华表。有些塔是为了弥补地形缺陷。

■ **贞节牌坊** 指古时用来表彰女性从一而终的门楼。通常是我国古代时用来表彰一些或死了丈夫长年不改嫁，或自杀殉葬，而符合当时道德要求，流传特异事迹的女性，为其兴建的牌坊建筑。

"日进白银千两"。与此同步，党家村翻旧盖新，进入了一个持续百年的修建四合院高潮时期，一并筑起了祠堂、庙宇、文星阁等配套建筑。

咸丰初年，村中集资筑建泌阳堡，同时建起了寨堡中几十座四合院。至此，党家村就以富有和住宅好闻名遐迩了。

这座古老的村庄，东自泌阳堡，西至西坊塬边，南起南塬崖畔，北到泌阳堡北城墙，总面积1200平方米。村里主要有党、贾两族，320户人家。

村中有建于680多年前100多套"四合院"和保存完整的城堡、暗道、风水塔、贞节牌坊、家祠、哨楼等建筑以及祖谱、村史。

村中街道为"井"字、"T"字、"十"字形，用青石铺就。房屋建筑多为四合院和三合院。

其中，党家村的四合院一般都是一个独立的院

■ 院子里的石凳

落，占地四分，虽有带后院、偏院的，但数量较少。

上首的厅房和下首门房都将地基的横向基本占尽，两侧厢房嵌在二者之间，围在中间的院落比较狭窄。厅房门房前坡的大部分檐水，先要流入厢房山墙上用砖悬砌的紧承着屋檐的水槽（俗称"筒槽"），再流泻下来。也有的筒槽是檩上架椽、筒瓦包沟结构，高度与砖结构的相同，但要宽得多。院中全部青砖铺地。

四面房子的背墙和厅房门房的山墙一起，构成院子的界墙。即使有人得到一块较大的房基地，也都是遵循这一格局，只是两院三院地并排修建而已。党家村四合院的厢房，绝大多数是两坡水。

为节约地基，相邻院落间为厢房后坡檐水留的水道仅仅一尺来宽，檐水落地后直接排入巷道，或者拐

牌坊 又叫牌楼，是封建社会为表彰功勋、学业有成、为官清廉以及忠孝节义所立的建筑物。也有一些宫观寺庙以牌坊作为山门的，还有的是用来标明地名的。牌坊的样子看起来像大门，宣扬封建礼教，标榜功德。一般情况下，牌坊都建在当道的地方。

古村磨坊一角

堪舆家 古时为占候、卜筮者之一种。后专称以相地看风水为职业者，俗称"风水先生"。历来堪舆家公认的始祖是秦代的樗里子。相传晋代的郭璞著有《葬书锦囊经》，陶侃著有《捉脉赋》。所谓捉脉就是捉"龙脉"。后来流行最广的有《水龙经》等书籍。

入自家院中；有的甚而将两院厢房背墙筑得挨在一起，把水道修到墙顶上，后檐檐水由水道汇入筒槽后再分别下泻到自家院中。

跟北京四合院相比，北京四合院要大得多，面积一个抵这儿三五个，总有一个狭窄的前院，多带偏院，穿过"垂花门"才能进入内院，内院又是通道又是花树，要宽敞豁亮得多，除过临街一面，一般还有专门修筑的界墙。不论院子面积、院中格局，还是相邻院落间距离，差别都是很大的。

党家村四合院院门分墙门和走马门楼两类。墙门窄小朴素；走马门楼高大气派。门大多开在门房偏左或偏右的一间上，中门较少。

据说，家里出了有"功名"的人，才能开中门，所以中门外面，往往竖有旗杆。但是，有"功名"的人家多数并不开中门。

这里也有"堪舆家"所谓的"风水"问题，即中门直，易"泄气"，偏门曲，可"聚气"。就实用讲，中门面对巷道，路人可直接窥视堂奥，所以中门之内又设一道屏门，平时关闭，人走左右，有重要宾客，才开屏门迎送，而北京四合院的门，总开在门房右侧。

北京四合院的建筑工艺比较集中地显示在通向内院的"垂花门"上，党家村则比较集中在走马门楼上。走马门安在门房背墙内缩七八尺处，门外房下的空间称"外门道"。

外门道上有阁楼，阁楼向外一面堆叠起来的枋木称为门楣，门楣有略施藻绘，也有全部透花饰以枫拱和垂花的。两侧下起墙裙，上与门框等高处，用做有纹线的花砖圈出两方很大的"框壁"，框中用砖做成各种图案。

"框壁"外侧左右各有一根一半墙内一半墙外的通柱，柱下有石础，是逢年过节、红白喜事粘贴对联的地方。

党家村两柱外侧以及同列山墙，墙头都砌着宽约一尺的"螭头子"。"螭头子"呈弧形，支撑房檐，也起装饰作用。古书上把无角的龙叫"螭"。"螭头子"下部为座

门楣　古代社会正门上方门框上部的横梁，一般都是粗重实木制就。我国古代按照建制，只有朝廷官吏所居府邸才能在正门之上标示门楣，一般平民百姓是不准有门楣的，哪怕你是大户人家，富甲一方，没有官面上的身份，也一样不能在宅门上标示门楣，所以门楣是身份地位的象征。

■ 党家村的古胡同

■ 党家村内的古老磨盘

神龛 也叫神楼，是放置神佛塑像和祖宗灵牌的小阁。神龛大小规格不一，依祠庙厅堂宽狭和神的多少而定。大的神龛均有底座，上置龛。神像龛与祖宗龛形制有别：神像龛为开放式，有垂帘，无龛门；祖宗龛无垂帘，有龛门。

斗，建筑师恨不能把自己满腹巧思全用在这座斗上。

座斗靠内一面与墙砌在一起，整体突出墙外，呈悬空状，雕刻的是外露的三面，外露部分又分两层同上层多为透雕须弥座，下饰流苏、云头等形状。上层多为二级"斗"形构件，能刻6幅画面。

年代较早的画面简单，如明朝、清朝前期多为卦爻符号之类。后来发展为瓶炉三事，盆景瓶子插，琴棋书画，人物故事等。至乾隆年间，艺术上可说是到了登峰造极的地步。调查统计得出，党家村走马门楼的"蚂头子"的样式有40多种。

门为黑色，配以红绿色门框。门上面为木质门匾，浮雕着诸如"耕读世家"、"安乐居"、"忠厚"、"文魁"、"登科"、"太史第"之类的题字，白底黑字或蓝底金字，有的表白心志情趣，有的显示身份地位，书法刻工都十分讲究。

匾下左右两个"管扇"头，雕成云头、莲花等样式，涂着金粉或银粉，点缀着门楼外观，增添了不少色彩。

门两边有"门墩石"，分方形，鼓形，兽形几类，方形，鼓形上也都雕有人物，禽兽，花卉等，形态生动逼真，临街有"上马石"，就近墙上安有"拴马环"，有的竖着"拴马桩"，为主人出入，宾客上下骡马提供方便。因这几样设施，这种门楼才冠以"走马门"的大名。

门里房下空间称"内门道"，内门道的墙上，总筑有一个小神龛，用来供奉土地神。设在门房一侧的偏门式内门道的迎面山墙上，都有青砖浮雕，有的是字有的是景。字以"福""寿"为多，只雕一字，2米见方。

"福"字潇洒开放，"寿"字平和厚重，各自形态相同，当是出自昔日大手笔，辗转临摹而成。景则多以喜鹊、梅花及青松，仙鹤为题材，构图雕琢绝无雷同，皆取福庆长寿之意。

总之，党家村村落和民居建筑的特点是：选址恰当，环境优美，布局严谨，错落有致，曲直有序，主次分明，建筑精户，美观实

■ 党家村内刻有寿字的影壁墙

古民居活化石 党家村

用，风貌古朴典雅，文化气息浓厚，具有历史、艺术、科学、观赏等价值。

党家村至今有保存完好的明清四合院有125个，按照建筑年代和建筑质量可分为三级，其中一级26个，二级42个，三级57个。

从1364年东阳湾改名党家村至今，这批古建筑经久不衰，保存完好。是陕西目前发现的一处最大、最古老、保存最完整的古村寨。

英国皇家建筑学会查理教授认为：东方建筑文化在中国，中国居民建筑文化在韩城。

2001年，经国务院批文，党家村古建筑群被列入国家重点文物保护单位，并被列入"国际传统民居研究项目"，成为旅游参观的重地。2003年入选我国历史文化名村第一批名单。

阅读链接

党家村的四合院房顶不染尘，永远保持新净洁美，巷道也和水洗过的一样，无泥无沙，路面光亮。那么，这是为什么呢？经建筑学家考察认为，主要有几方面的因素：

一是地理位置优势，党家村位于泌水河谷，地势低，北边是高崖，具有挡风避尘作用，这儿常刮西北风，当风吹来时，尘土便随风落到河谷，被河谷之风吹走。

二是自然气流上升，河谷气温高于崖上塬地，使灰尘难以落下。

三是党家村所在的"宝葫芦"地形更温暖，绿树覆盖面多，地面扬不起尘埃。

四是建筑奇特，全村一律砖瓦房，四合院，杂草难长，且巷道全部青石铺路，无一处土路土墙，本身尘土很少。

五是优良民风民俗，家家户户"黎明即起，洒扫庭除"，扫门道不和外村一样，他们是由外向内扫，不许灰尘风扬巷中，尘土在四合院中作垫圊之用。

村内其他知名的古建筑群

距今已逾600年的韩城党家村古建筑村落坐落在东西走向的泌水河谷北侧，所处地段呈葫芦形状，俗称"党圪崂"。

村内民居以四合院闻名，是韩城民居的典型代表。韩城在乾隆年间曾经被称为陕西的"小北京"，而党家村因农商并重经济发达则又

■党家村牌坊

■ 党家村内的威武石狮

千年悠韵的古村古居

五脊六兽 我国古代建筑里，起脊的硬山式、起脊的悬山式和庑殿式建筑有五条脊，分别为一条正脊和四条垂脊。正脊两端有龙吻，又叫吞兽。四条垂脊排列着五个蹲兽。统称"五脊六兽"。这是镇脊之神兽，有祁吉祥、装饰美和保护建筑的三重功能。五个蹲兽分别是：狻猊、斗牛、獬豸、凤、押鱼。

被称为"小韩城"，可见当年盛况。

在党家村内，除了闻名的四合院建筑群之外，还有华美独特的节孝碑、高大挺拔的文星阁、见证历史变迁的菩萨庙和关帝庙，以及庄严的祠堂、神秘的避尘珠等，这些建筑群无不向人们诉说着党家村往日的兴盛与辉煌。

党家村的节孝碑是一处独特的人文景观，此碑工艺卓尔不群。来到碑前，首先引起人们注意的是青石基座上两丈多高的碑楼。楼顶悬山两面坡式，檐上筒瓦包沟、五脊六兽。脊为透雕，横脊中部耸有一尊圆雕，为四面透风的两层小阁楼。

檐下结构为仿木砖雕，层层叠起的斗拱擎着檩条，檩上架着方椽。斗拱下面是横额"巾帼芳型"，额框由游龙、麒麟、香炉等图案的透雕组成。

额下雕刻尤为精美，总体栏杆形状，每两个立柱间为一画面，共4幅。

从东到西，第一幅雕着"喜鹊梅花"，取"喜上眉梢"之意；第二幅"鹤立溪水"，取"鹤寿千年"之意；第三幅为"奔鹿图"，"鹿"谐音"禄"，"奔鹿"意即求取俸禄；第四幅"鸭戏莲蓬"，莲蓬中生有很多莲子，此图寄寓愿后世人丁兴盛之意。

碑楼墙面十分平整，"清水式"砖缝横竖中绳。

墙砖比别处的要小，传说这是用锯截齐打磨平光后砌上去的。

两边墙上的对联与横额一样，是阳文砖雕。对联上方各砌有一个手捧"寿"字的人物深浮雕，据说左边凸睛翘须神情凶猛的叫徐彦昭，右边慈眉善目富态端庄的是杨侍郎，皆旧戏《忠保国·二进宫》中人物，都做过女主的保驾。对联虎口上衔，莲花下托。概括起来，整个碑楼可以说集党家村砖雕之大成。

碑青石质体，3.3米高，最高处透雕着三龙捧旨图案，中嵌"皇清"两字，碑的两侧有浮雕花边，远看隐隐约约，如同衬衣上的暗花，就近仔细辨认，方知为神话中的八仙，一边4个。碑文为：

徐彦昭 为传统京剧《二进宫》中的人物。故事内容为明朝国丈李良谋篡，封锁昭阳院，使内外隔绝，李艳妃始悟其奸，独居深宫悔叹。徐彦昭和杨波，二次进宫谏言，此时忠奸已辨，李妃遂以国事相托，后杨波领兵解困，诛灭李良。

149

古民居活化石

党家村

■ 党家村内的石雕

　　旌表敕赠徵仕郎党伟烈之妻牛孺人节孝碑。

"旌表"意思是"表彰"。"敕"为诏命，皇帝的命令。"徵仕郎"是清朝从七品官员的品级，比县令稍低。"孺人"，夫人。横额"巾帼芳型"意为妇女的好榜样，是对牛孺人的褒扬。对联：

　　矢志靡他，克谐以孝；
　　纶音伊迩，载锡其光。

■ 党家村村头一角

千年悠韵的古村古居

阁楼 指位于房屋坡屋顶下部的房间。我国的文化精神特别重视人与自然的融洽相亲，楼阁就很能体现这种特色。天无极，地无垠，在广漠无尽的大自然中，人们并不安足于自身的有限，而要求与天地交流，从中获得一种精神升华的体验。

点明褒扬原因。这是赐给碑主的无上光荣。

节孝碑属于纪念碑，总是建在路边显眼的地方，和牌坊建于当道一样，为的是让世人瞻仰方便而已。党家村的节孝碑就位于村子东哨门外大路北侧，从村中到泌阳堡的党家村寨子，整日间来来往往的人总要从它面前经过。

党家村的文星阁是村中八景之一，位于村东南角，是一座七层阁楼式六角形砖砌宝塔。

这座宝塔，系1725年始建，光绪年间重建的。一层洞额书雕"大观在上"，二层为"直步青云"，三层为"文光射斗"，四层为"云霞仙路"，五层为"参笔造化"。

相传，当时建此塔的用意，是根据风水学说中"取不尽西北，补不尽东南"十个字的意思而构想的。一方面为促使党家村风脉兴旺，文风更盛，人才辈出，光前裕后；另一方面则含有防止村内好风流的秘密。塔的东南边无角无窗便是证据。

据说，文星阁塔原为木塔，塔内原供奉着党姓始祖塑像和牌位。重建砖塔后，一层至五层供奉着孔子、孟子、颜回、曾子、子思等木雕牌位，六层塑有奎星神像。

木塔始建于何朝何代，无法考证。传说为木塔因临近麦场，有一年夏天麦子上场后不慎失火，将木塔烧毁。

党家村内现存的文星阁是在光绪年间重建的，重建后，村内有20余家组织成立了"文星神会"，捐资作为基金，推选经理负责放贷收利，又负责春节、元宵节购置贡品、香、蜡烛、表、鞭炮等敬献神灵。

神会成员编组轮流在春节、灯节期间于文星阁每

牌位 又称灵牌、灵位、神主、神位等，是指书写逝者姓名、称谓或书写神仙、佛道、祖师、帝王的名号、封号、庙号等内容，以供人们祭奠的木牌。牌位大小形制无定例，一般用木板制作，呈长方形，下设底座，便于立于桌案之上。古往今来，民间广泛使用牌位，用于祭奠已故亲人和神祇、佛道、祖师等活动。

■ 党家村四合院民居内景

古村内拴马石雕刻

层窗两边悬挂红灯，在第一层亭前挂火牌火对。远看如两串明珠灿烂地由空中吊下，极为壮观。

此外，在党家村，还有两个庙宇群，一为菩萨庙，俗称上庙，一为关帝庙，俗称下庙。不过，由于历史的变迁，这两座庙已经荡然无存，仅有下庙西面和南面两段围墙还执着地挺立在那儿，充当着历史的见证。

党家村的建筑艺术，体现了我国传统建筑，是文学、道德、美学的融合，凝聚着一种潜在的乡村文化力量，是劳动人民在建筑装饰上创造的文明成果。

阅读链接

据说，党家村贞节碑的主人牛孺人，有着动人的守节故事。在埋葬自己的丈夫党伟烈之日，其妻牛孺人披麻戴孝，痛哭流涕，被人搀扶，随着起灵的队伍来到坟地。当灵柩下葬到墓穴内时，牛孺人跳下墓坑，想要和自己的丈夫一起死。后来，在人们的劝说下，她才活了下来。

葬了丈夫之后，牛孺人又独自承担了家庭的所有活儿，孝伟烈父母，贤惠至极。牛孺人二十年如一日，勤俭治家，尽行孝道，埋葬了两位老人，有人劝她改嫁或招夫，她坚心不动。

牛孺人终于用她的言行，赢得了封建时代贞节的荣誉称号，她死后，党家村的村民将她与丈夫合葬一墓，并呈报官府批准为她建立起这座贞节牌楼。

诸葛八卦村

诸葛八卦村，原名高隆村，位于浙江省兰溪市西部的群山中，是迄今发现的诸葛亮后裔的最大聚居地。该村是由诸葛亮的第二十七世孙于元代中后期营建。至今已有600多年的历史了。

该村地形中间低平，四周渐高，形成一口池塘。村中建筑格局按"八阵图"样式布列，且保存了大量明清古民居，是国内仅有、举世无双的古文化村落。

诸葛亮后裔按八卦布局建村

在浙江省中西部兰溪境内，有一个古老的村庄，因其布局而神奇，因其祖先而出名，它就是诸葛八卦村。

诸葛八卦村，原名高隆村，据说，这座古老的村庄是由诸葛亮的第二十七世孙诸葛大狮于元代中后期开始营建的。

村中建筑格局按"八阵图"样式布列，据历史记载，诸葛亮的第十四世孙诸葛利在浙江寿昌县任县令，死在寿昌。他是浙江

■ 诸葛亮（181—234年），字孔明，号卧龙，今山东临沂市沂南县人，三国时期蜀汉丞相、杰出的政治家、军事家、发明家、文学家。诸葛亮为匡扶蜀汉政权，呕心沥血，鞠躬尽瘁，死而后已。其代表作有《前出师表》《后出师表》《诫子书》等。曾发明木牛流马等，并改造连弩，可一弩十矢俱发。

■ 诸葛八卦村的建筑群

诸葛氏的始祖。

诸葛利的儿子诸葛青于1018年迁居兰溪，诸葛青的一个儿子诸葛承载在兰溪传了10代，到诸葛大狮举家迁到高隆，原因是因原址局面狭窄，觅得地形独特的高隆岗，不惜以重金从王姓手中购得土地，以先祖诸葛亮九宫八卦阵布局营建村落。

从此诸葛亮后裔们便聚族于斯、瓜瓞绵延。到明代后半叶，已形成一个建筑独特、人口众多、规模庞大的村落。是诸葛亮后裔最大的聚居地。

诸葛八卦村是按九宫八卦设计布局的，整个村落以钟池为核心，一半水塘一半陆地，一阴一阳，两面各设一口水井，形成极具象征意义的鱼形太极图。

村内所有的建筑均环池而筑，按坎、艮、震、巽、离、坤、兑、乾八个方位排列，并由八条巷道向四周辐射，形成内八卦图案。更为神奇的是，村外还有8座小山环抱整个村落，构成外八卦。

九宫八卦阵 是三国时诸葛亮创设的一种阵法。相传诸葛亮御敌时以乱石堆成石阵，按遁甲分成休、生、伤、杜、景、死、惊、开八门，变化万端，可当10万精兵。古代练兵没有教材，只有教官言传身教。于是，诸葛亮便在部队屯驻的地方垒石为阵，以石代人，组成不同的阵形，让士兵根据垒石训练。

千年悠韵的古村古居

■ 迷宫似的街道

牛腿 有的地方又叫"马腿"，指悬臂梁桥或T型钢构桥的悬臂断与挂梁能够衔接的构造部分。它支承来自挂梁的静载与活载的垂直反力和制动力与摩阻力引起的水平力。由于牛腿的高度通常不到梁高的一半，加之角隅处还有应力集中现象，所以这一部分必须特别重视。

正是因为古村的如此布局，所以古村又被称为"中国第一奇村"。

该村庄不仅布局奇特，村中古民居也非常罕见。

村内大部分住宅都是依据地形而造，分布在起伏的山坡上，从前到后逐渐升高，叫作"步步高"。住宅的门头，都是精美的以苏式雕砖门头为主要特色，有雕刻精致的牛腿、斗拱、月星等。在几乎所有的民居外门，在大门外都装有两扇矮门。

这些民居一般有两层楼，上面的楼通常只作储藏之用，一层房屋当中为天井，风水术士说：门厅有堂门，上房堂屋有太师壁，二者平面合成一个"昌"字，有利于发家。

前厅后堂楼建筑是前进为落地大厅，单层，以迎宾接待客人之用。后进有房有楼，为住室生活场所。大厅坐落在地上高敞宏阔，很有气派，大厅前有左右两厢和天井。前后可以穿通，三进房子的屋脊，从前到后一个比一个高，叫"连升三级"。

另外，村内很多民居大堂内天井照壁上写的"福"字也很特别，仔细观察，可以发现，这个"福"字的结构组合，左边偏旁为鹿，谐音"禄"字，右边偏旁为"鹤"，"鹤"代表长寿，而暗藏个"寿"字，鹿鹤相逢为"喜"，本字为"福"。也就是说，它蕴含着福、禄、寿、喜这4个字。

在古村内，还有一种奇特的现象是，窄巷中相对的两家人家门不相对，而是错着开，全村无一例外。当地人管这种做法叫"门不当，户不对"，是为了处理好邻里关系。

除此之外，八卦村的民居多为四合院式建筑，四面封闭，中留空间。而房屋的前沿比后沿高，每到下雨，几乎所有的雨水都聚集在自家院内，这种做法叫

太师壁 是我国古代建筑中常用的装饰手法。多用于南方住宅或一些公共建筑中，安于堂屋的后壁中央，上面雕刻或用楗条拼成各种花纹，或在板壁上悬挂字画。正中悬挂祖先像，两侧及后面均留有空间供人通行，壁前放几案、太师椅等家具，并因此称为太师壁。

◼ 诸葛八卦村

诸葛八卦村福字

"肥水不外流"。

八卦村布局结构清楚，厅堂、民居形制多、质量高，宗祠的规模宏大、结构独特，各种建筑的木雕、砖雕、石雕工艺精湛，建筑豪华，结构丰富。

虽然历经几百年岁月，人丁兴旺，屋子越盖越多，但是九宫八卦的总体布局一直不变。据说，这是中国第一座八卦布局的村庄。

整个村子就是一个巨大的文物馆，其"青砖、灰瓦、马头墙、肥梁、胖柱、小闺房"的建筑风格，成为我国古村落、古民居的典范。

阅读链接

作为中国第一奇村，诸葛村还有三奇：

一是全村绝大多数村民都是1700多年前蜀国宰相诸葛亮的后代。换句话说，满村的人几乎全姓诸葛，或是嫁到诸葛家的妇女，只有极少数不是诸葛家族的成员。据人口统计得出，这里的诸葛亮后代占所有的诸葛家族人数总量的四分之一。

二是这个村还奇在它的布局精巧玄妙，从高空俯视，全村呈八卦形，房屋、街巷的分布走向恰好与历史上写的诸葛亮九宫八卦阵暗合。

三是这里完整保存了大量元明清三代的古建筑与文物。700多年来的朝代更替、社会动乱、战火纷飞，不知多少名楼古刹、园林台阁，或焚于战火，或毁于天灾，但这座大村庄却像个世外桃源，远离战火，避过天灾，躲过人祸。

八卦村内的明清古建筑

诸葛八卦村位于浙江省金华市兰溪市西部，此村始建于宋元时期，后代屡有续建、改造，至清康乾时盛极一时。

目前，全村保存明清古建筑200余间，散布于村中的小巷弄堂间，原汁原味，古风犹存。这其中，最具代表性的是村中的祠堂建筑。

据说，极盛时村中有各类祠堂18处，大多雕梁画栋，工艺精湛。现存大公堂、丞相祠堂是其中的佼佼者。

其中，大公堂位于村的中心，坐北朝南。前面有一个名为"钟池"的水塘，钟池有一道墙，正面是一幅大八卦图，

具有八卦特色的古街道

背面是一个"福"字。大公堂位于钟池北侧，始建于明代，据说是江南地区唯一仅存的诸葛亮纪念堂。

祠堂前后五进，建筑面积700平方米。里间十分开阔，可供数千人举行活动。大公堂建筑用材十分讲究，明间金柱腹部圆周2米以上，为典型的"肥梁胖柱"式建筑。细部雕刻十分精美，各种质料、各种雕刻技法一应俱全，堪称杰作。

堂内壁上绘有三顾茅庐、舌战群儒、草船借箭、白帝托孤等有关诸葛亮的故事壁画。堂外围墙旁现存六株龙柏，暗示诸葛后人六族繁衍，人丁兴旺。

门庭飞阁重檐，上悬一块横匾"敕旌尚义之门"。顶层有1439年，明英宗所赐盘龙圣旨立匾一方，表彰诸葛彦祥赈灾捐谷千余石的义举。门两旁分书斗大的"忠""武"两字。整座建筑古朴典雅，气势恢宏，保存完好。

三顾茅庐 汉朝末年，天下大乱，曹操坐据朝廷，孙权拥兵东吴，汉宗室豫州牧刘备也想打出一块自己的天下。他听徐庶和司马徽说诸葛亮很有学识，又有才能，就和关羽、张飞带着礼物到南阳卧龙岗上去三请诸葛亮出山辅助自己。

■ 八卦村内古建筑

■ 八卦村内古老的民居建筑

与大公堂相距百米处，是为纪念诸葛亮而修建的丞相祠堂。此祠堂面积1400平方米，坐东朝西，平面按"回"字形布局，有屋52间，由门厅、中庭、庑廊、钟鼓楼和享堂组成，古朴浑厚，气势非凡。

祠堂雕梁画栋，门窗栏杆等部件均雕刻精细，美不胜收。中庭是祠堂最精彩的部分，中间四根合抱大柱，选用上好的松、柏、桐、椿四种木料制成，取"松柏同春"之意，祈求家族世代兴旺。

中庭两边庑廊各七间，塑诸葛后裔中的杰出人士，用来激励诸葛子孙们奋发向上，成就一番事业。

从庑廊拾级而上，两旁分列钟、鼓二楼。祠堂最后是享堂，中间塑有诸葛亮塑像，高2米有余，两侧分侍诸葛瞻、诸葛尚及关兴、张苞像，气韵生动，呼之欲出。

除了上述二堂，八卦村内还保存着许多明清古建

诸葛瞻 字思远，今山东省沂南县人。三国时期蜀汉大臣，蜀汉丞相诸葛亮之子。诸葛瞻从小聪明颖慧，是一个早熟的人才。景耀六年，即263年，魏国将领邓艾伐蜀时，他与诸葛亮长子诸葛尚及蜀将张遵、李球、黄崇等人死守绵竹，后在与邓艾军交战时阵亡，绵竹也因此失守。

千年悠韵的古村古居

■ 高大洁白的房屋墙壁

丞相 古代官名。我国古代皇帝的股肱，典领百官，辅佐皇帝治理国政，无所不统。丞相制度，起源于战国。秦朝自秦武王开始，设左丞相、右丞相。明太祖朱元璋杀丞相胡惟庸后废除了丞相制度，同时还废除了中书省，大权均集中于皇帝，君主专制得到加强，皇权与相权的斗争以皇权胜利而告终。

筑，这些建筑包括钟池、天一堂、雍睦堂、农坊馆等，它们鳞次栉比，错落有致，仿佛如颗颗璀璨的珍珠，散落于村中的每个角落。

八卦村的钟池位于村的中心，在大公堂正前面，面积2400平方米，它的边上是一块与它逆对称面积的陆地，村民用以晒场之用。

《易经》上说："东南为阳、西北为阴"，再加上"天圆地方"之说，空地和钟池正呈阴阳太极图形。陆地靠北和钟池靠南各有一水井，正是太极中的鱼眼。

钟池和空地四周全是房屋，形成了一个闭合的空间，沿塘周围是一圈路，塘的北岸西头是大公堂的院门，东西有一小花园，美人蕉的片片绿叶和红红的石榴花衬托着大公堂的影子不时倒映在钟池中。

钟池的南岸是一个陡坡，顺着陡坡而建的几幢大房子从北岸望去一幢比一幢高，加上前面贴水处还有一溜小平房，跌宕起伏，轮廓线大起大落，景象峭拔而优美。

从钟池的正门边向东而去的一条十分幽深的巷子，一层层的台阶上坡，左侧是绿荫如盖的园子，右侧是一排排住宅的后墙，这条巷子是通往村中十八厅堂之一积庆堂的。

钟池东面的巷子很平直，二侧密排着木披檐的门罩，几家苏式磨砖门面特别精致，巷子尽头向右转弯就是丞相祠堂的侧门。

南面上坡的弄堂拾级而上之后是下坡石阶，此巷内又有多条窄弄相连。八条小巷似通却闭，似连却断，虚虚实实，犹如一张蜘蛛网，又宛如一座迷宫。

古村内的天一堂创建于清同治年间，距今140多年，创始人诸葛棠斋是诸葛亮第四十七代后裔。他生于1844年，原是儒士，国学生，钦加五品衔。后弃儒

国学生 又称国子生，指在国子监肄业的学生，一般为官员子弟。所以说国学生亦即是太学生，但多指官员子弟的太学生。太学生是指在太学读书的生员，亦是最高级的生员。明清时太学即国子监的俗称。国子监是古代最高学府与教育行政管理机构。

■ 八卦村内一角

斗拱 亦作"斗栱",我国建筑特有的一种结构。在立柱和横梁交接处,从柱顶上的一层层探出成弓形的承重结构叫拱,拱与拱之间垫的方形木块叫斗。两者合称斗拱。也作枓拱。由斗、栱、翘、昂、升组成。斗拱是我国建筑学会的会徽。

辞官经商,致力于药业经营。

村内天一堂大部分建筑已毁。但天一堂的后花园保存完好。花园建在诸葛村最高点大柏树下,亭子和回廊保存至今,站在亭子里能看见诸葛村的全貌,亭园中有几百年树龄的松柏、杜仲、银杏,还种植几百种药材供人观赏。参天的常青树,四季不凋的花草。

有竹、有松、有蕉、有萝、有兰、有假山、有小桥、有流水,云烟轻绕,禽鸟和鸣,还养有梅花鹿。有蛇池、鱼池等,是一个中药活标本园。

诸葛村原有3个药店,小病不看医,购药不出村,伤风咳嗽妇姆皆知用药。寿春堂就是其中之一,寿春堂购物柜中中药材琳琅满目,有家传秘方配制的药酒配料和八卦茶,各种保健药材,应有尽有。

村内现存的"寿春堂"药店,是经过重新整修的,堂正中间堂楣有一古匾,上书"寿春堂"3个大

■ 村内带有八卦图案的影壁墙

字，两旁金柱上有一副很有寓意的对联：

> 但愿世上人无病；
>
> 何愁架上药生尘。

　　古村内的雍睦堂建于明正德年间，是仲分宗良公享祀厅堂，门面以苏式砖雕装饰，精美而华丽。中央部分突出于两侧檐口之上，呈三楼式，檐下有砖的小斗拱，枋上有"亚"字纹，上方的竖匾刻有"进士"两字。

　　两侧的墙全是平整的素面，烘托出中央的富丽精细和轮廓跳动。顶上有一葫芦，上插方天画戟，使得整个门面显得有节制、有层次也相当明快。气势雄伟而壮观。

　　雍睦堂共三进，门前有一小广场。左边有一侧屋，右边隔一小弄是保存很好的楼上厅宅。

　　清嘉庆年间仲分进士梦岩公倡首大修一次，后几

方天画戟 是古代兵器名称，因其戟杆上加彩绘装饰，又称画杆方天戟，是顶端作"井"字形的长戟。历史上，方天画戟通常是一种仪设之物，较少用于实战，不过并非不能用于实战，只是它对使用者的要求极高。方天画戟属于重兵器，和矛、枪等轻兵器不同。

古村内胡同

千年悠韵的古村古居

经重修现予以恢复。

除了天一堂、寿春堂和雍睦堂之外，在八卦村内，还有一处体现民俗文化的农坊馆，里面有作板、古老的织布机、碾坊、碾盘、油坊、炒锅、小手磨等。

另外，在古村内，还有崇信堂、明德堂、乡会两魁等建筑群。其中，代表诸葛家族世代荣耀的乡会两魁在村内最宽大的一条小路边，门匾上方写着"乡会两魁"几个大字。

村落景观多样而优美，即有鳞次栉比的古建筑群，专家学者们称其为"江南传统古村落、古民居典范"。是目前全国保护得最好，群体最大，形制最齐，文化内涵很深厚的一个古村落。

1996年，诸葛八卦村被国务院列为全国重点文物保护单位。

阅读链接

据说，创建古村内天一堂的诸葛棠斋先生精于鉴别药材，善于经营管理，习药经商恪守"道地药材""货真价实""童叟无欺"，以"敬业""为民"为办店宗旨，十分重视本店声誉与商业道德。

如"天一堂"精制的全鹿丸，"天一堂"监制的"诸葛行军散""卧龙丹"皆按古方配料精制而成，疗效显著，为家藏必备良药。

诸葛棠斋也成为当时浙江药业界的佼佼者。《诸葛氏宗谱》这样评价他："吾乡商宗，声华并茂……"

大宅览胜

宏大气派的大户宅第

王家大院位于山西省灵石县城东的静升镇。此院是我国清代民居建筑的集大成者，是由历史上灵石县四大家族之一的太原王氏后裔的静升王家，于清康熙、雍正、乾隆、嘉庆年间先后建成。

王家大院的建筑，有着"贵精而不贵丽，贵新奇大雅，不贵纤巧烂漫"的特征。且凝结着自然质朴、清新典雅、明丽简洁的乡土气息。

在古建范畴，它的艺术内涵可谓贯穿种种，无所不包。它们不仅是一组民居建筑群，而且是一座很有特色的建筑艺术博物馆。

王家大院

王氏家族始建王家大宅

元朝年间，在山西省灵石县的静升地区，有一个务农兼卖豆腐为生的小商贩，他的名字叫王实。

由于他为人敦厚，加之技高一筹，因此生意十分好。生意好了，

■ 王家大院内景

王家大院拱门

他挣的钱也就越来越多，从此以后，他的手艺便一代传一代。

到了明清时期，由于一次偶然的机遇，王家曾经捐献24匹良马支持清政府，因而受到了康熙帝的褒扬，从此借助清政府的支持，王家的生意规模逐渐扩大，资本也日趋雄厚。

在王家兴盛期间，王家族人通过正途科考、异途捐保和祖德荫袭三条途径，仅五品至二品官就有12人，其中包括授、封、赠在内的各种大夫达42人。

因此，王家由原来最初的平民百姓发展成为了居官、经商、事农综合型的豪门望族了。据有关记载，王氏家族在明朝天启年间，经营的农业、工业和商业等均已步入了鼎盛时期。

在此前提下，由于王家受明清两朝提倡的大家庭礼制思潮影响，从明朝至清朝，王家一代又一代在外地经商或做官的族人，和其他官商大吏一样，为了实现不忘水源木本、光宗耀祖和炫耀门庭的夙愿，他们在拥有钱财权势之后，便不惜巨资在家乡富家滩镇沟峪滩村大兴土木，营造住宅、祠堂、坟茔和开设店铺与作坊等。

四合庭院式建筑群 简称四合院。也就是指一个院子四面都建有房屋，四周房屋，中心为院，这就是合院。一户一宅，有的一宅有几个院。合院以中轴线贯穿，北房为正房，东西两方向的房屋为厢房，人口多时，可建前后两组合院南北相连。

■ 山西王家大院中的小巷

除此以外，王家还在当地办有义学，立有义仓，而且修桥筑路、蓄水开渠、赈灾济贫、捐修文庙学宫等，后又修建了著名的王家大院。

王家大院始建于明末清初，鼎盛于清朝晚期，建筑布局非常严谨，风格典雅别致，是典型的明清四合庭院式建筑群。

王家大院最早的建造工作是从村西张家槐树附近开始的。建筑工程开始之后，由西向东，从低到高，逐渐扩展，因而修建了明朝天启年间最庞大的建筑群"三巷四堡五祠堂"，其总面积达15万平方米以上。

其后，大院在清朝康熙、雍正、乾隆、嘉庆年间均有扩建，最后形成了拥有"五巷""五堡""五祠堂"的庞大建筑群。

这里的"五巷"分别是：钟灵巷、里仁巷、拥翠巷、锁瑞巷和拱秀巷。

■ 王家大院院落

　　"五堡"分别是：恒贞堡、拱极堡、和义堡、崇宁堡和视履堡。其中，恒贞堡又名红门堡，始建于1739年至1793年。拱极堡又名下南堡，于1753年建成。和义堡又名东南堡，与拱极堡同年建成。崇宁堡又名西堡子，建于1724年至1728年。视履堡又名高家崖，建于1796年至1811年。

　　至于"五祠堂"，现在仅有建成于嘉庆元年的孝义祠保存完好。另有主祠堂内建于1804年的戏楼幸存。

　　这"五巷五堡五祠堂"的庞大建筑群总面积达25万平方米以上。因此，在我国民间流传着一句"王家归来不看院"的俗语。也就是说，看过"王家大院"以后，别的院落就再不值得一看了。

　　之所以说王家大院在民居建筑中具有较高的地位，是因为"王家大院"在纵轴线上配置了主要建筑，然后又在主要建筑的两侧或对面布置了若干座次要建筑，这些建筑组合成了封闭性的空间，形成了标

戏楼 又叫戏台，是供演戏使用的建筑。其是我国传统戏曲的演出场地，种类繁多，在不同的历史时期，有不同的样式、特点、建造规模。最原始的演出场所是广场、厅堂，进而有庙宇乐楼、瓦市勾栏、宅第舞台、酒楼茶楼、戏园及近代剧场和众多的流动戏台。

王家大院院落群

准的四合院，其模式符合民居广泛采用的四合院式的布局方法。

王家大院主体建筑采用钢筋混凝土建造，但是内部使用了大量的红木、柚木、楠木等高档木材进行装饰。

王家大院在钢筋混凝土主体结构的修建中体现出了"穿斗、抬梁"的木构架体系，达到了建筑功能、结构和艺术三者的高度统一。因此王家大院为我国民居建筑之最。

阅读链接

在王家大院所处的静升村，曾有"五里长街"和"九沟八堡十八巷"的说法，而王家至少占据了这里的"五沟五巷五座堡"，共占地面积达25万平方米，甚至超过了占地15万平方米的北京皇家故宫。

当年，王家在修建红门堡、高家崖堡、西堡子、东南堡和下南堡五座堡群时，分别以"龙、凤、虎、龟、麟"五种灵瑞之象建造，以图迎合天机。

即红门堡居中为"龙"，高家崖堡居东为"凤"，西堡子居西为"虎"。三者横卧高坡，一线排开，态势威壮，盛气十足。东南堡为"龟"，下南堡为"麟"，二者辟邪示祥，富有稳家固业传世之寓意。

院内保存完整的三大建筑

建筑规模宏大的王家大院，现在保存完整的建筑群有西大院、东大院、孝义祠3部分，共有大小院落231座，房屋2078间，建筑总面积达4.5万平方米，是王家大院保存最为完好的建筑之精华。

王家大院屋脊

■ 大院中的石牌坊

牌匾 是我国独
有的一种商业语
言、文化符号。
是融汉语言、汉
字书法、我国
传统建筑、雕刻
于一体，集思想
性、艺术性于一
身的综合艺术作
品。牌匾不仅是
指示标志，而且
是文化的标志，
甚至是文化身份
的标志。

西大院俗称红门堡，是一处十分规则的城堡式封闭型住宅群。俯视西大院，其平面呈十分规则的矩形，东西宽105米，南北长180米，整个大院只有一个堡门，一条主街。

其中，堡门开在南堡墙稍偏东的位置，正对着城堡的主街。西大院雄伟的堡门为两进两层，一方刻有"恒祯堡"的青石牌匾镶嵌在堡门正中央，因堡门为红色，所以人们都叫西大院为"红门堡"。

堡墙外高8米，内高4米，厚2米多，用青砖砌筑。堡墙上有垛口。堡门外正对堡门的地方，有一座砖雕影壁。堡门左右及堡墙东北、西北角各有一条踏道可上堡墙。堡内南北向有一条用大块河卵石铺成的主街，人称"龙鳞街"，街长133米，宽3.6米。

主街将西大院划为东西两大区，东西方向有三条横巷，横巷把西大院分为南北四排。从下往上数，各排院落依次叫底甲、二甲、三甲、顶甲。一条纵街和三条横巷相交，正好组成一个很大的"王"字。

堡墙东北角和西北角各有更楼一座。堡内东南角、西北角各有水井一口。堡内共有院落27座，除顶甲为6座外，其余三甲均为7座，各院的布局大同小异，多数为一正两厢二进院，正面以窑洞加穿廊为主，顶层有建窑洞或建阁房的。

在西大院，大部分院落以南北中心线为对称轴，东西基本对称。也有一部分院落为偏正套院，院门偏在东南方向，院门内是一条较长的信道，信道西侧南端是通往前院的门，北端是通往后院的门。

王家大院，数经增建。西大院建成57年后，又修建了东大院，也就是高家崖。它始建于1796年至1811年，是一个不规则形城堡式串联住宅群。

这是王家十七世孙王汝聪和王汝成兄弟俩建成的本族最后一座古堡。据说，在明清以前，此堡所占土地为静升村中高家所有，且地名亦随高家姓氏谓之高家崖，因此，后来虽被王家造堡征占，但旧地名依然

■ 古堡砖墙

■ 王家大院门楼

千年悠韵的古村古居

绶带 指一种丝质的带子，古代佩饰。用四种颜色或一彩的丝绦，编成一两丈长的像带片样的一种饰物。古代帝王、百官穿礼服，均佩大绶带，垂于身后。皇帝、高级官员佩于左右腰下，和"双印"同系于革带上。此外，部分有象征意义动物也佩戴这种饰品，如狮子或貔貅。

在民间沿用下来。

东大院的造型，传说是一只正欲飞舞的"凤"。仔细辨识，虽轮廓有些牵强，但也看得出几分相似。堡内共有大小院落35座，房屋342间，面积近2万平方米，是王氏家族现存宅院的精华，尤其在建筑装饰艺术上，被誉为"纤细繁密"之典范。

整个东大院建筑规模宏大，结构严谨，大院因地布局，顺势而建，主要由3个大小不同的矩形院落组成：中部是两座主院和北围院；西南部是大偏院；东北部是俗称"柏树院"的小偏院。

东大院的四面各开一个堡门。东堡门位于主院前大通道的东端，是主门，门楼三层，巨幅石雕匾额上写着"寅宾"两字，功力深厚意为东方之神敬导日出。门前大狮子头大面宽，雄狮身佩绶带，象征好事不断，雌狮抚护幼狮，祝愿子孙昌盛。

南堡门开在主院前大通道的中间，装饰虽没有东门豪华气派，但简朴中含风韵，粗犷中有韵味。

北门开在小偏院的东北角，门楼高大坚固，供护堡人员出入。

西堡门开在大偏院的西南角，可以沟通西大院。这样四通八达，出入畅通，极为方便。

南堡门外是一条长50米、宽3米的石板坡路，直通村中的五里后街。主院前的大通道长127米，宽11米，全部用青石铺成。大通道的南面是高高的砖砌花墙，墙内建有60多米长的风雨长廊。

东大院主体建筑是中部的两座三进四合院，一座是王汝聪的住宅区，另一座是王汝成的住宅区。

王汝聪的住宅区也称敦厚宅，大门位于东南角，是一座高拔挺立的鸡头门楼。门面为单间，门楼的装饰，以木雕和砖雕为主，木构件上雕有琴棋书画和一

门楼 指大门上边牌楼式的顶。是我国古代人家贫富的象征，所谓"门第等次"即为此意。豪宅的门楼建筑特别考究。门楼顶部结构和筑法类似房屋，门框和门扇装在中间，门扇外面置铁或铜制的门环。门楼顶部有挑檐式建筑，门楣上有双面砖雕。

■ 坚固的砖墙

千年悠韵的古村古居

■ 错落有致的大院布局

浮雕 是雕塑与绘画结合的产物，用压缩的办法来处理对象，靠透视等因素来表现三维空间，并只供一面或两面观看。浮雕一般是附属在另一平面上的，因此在建筑上使用更多，用具器物上也经常可以看到。

些瓶、鼎器、皿及花草之类，两侧墀头、盘头上的砖雕图案分别为凤戏牡丹和神话人物。

门前台阶之上的两边是一对威武蹲踞的石狮子，为镇宅之物。

同大门相映成趣的是一块镶在墙壁上的大型石刻影壁。壁心是狮子滚绣球，背面是牡丹、荷花、菊、梅四季花卉，配以公鸡、鸳鸯、鹌鹑、喜鹊，寓意为"功名富贵，鸳鸯贵子，安居乐业，喜上眉梢"。

从石雕影壁西折，便是敦厚宅的前院，这里是主人的社交活动空间，按传统风水"坎宅巽门"修建，南房和东西厢房是佣仆居住的，北房则是高级过厅。

在北房过厅前走廊内有一幅浮雕，造型精细。第一层平面阳刻团花底纹，第二层是主体物，有佛手、荷叶、折扇贝叶等吉祥物，第三层是琴棋书画等。

在这个三面檐廊的四合院里，当属上屋会客厅

■ 王家大院建筑

装饰讲究。屋宇三间七架结构，明间大于次间，每间都装有隔扇门窗，外有帘架，架心依次雕有"指日高升""岁寒三友""玉堂安居"木雕图案。

厅前檐廊由雀替与额枋组成的三层高浮雕挂落，集吉祥花草、祥云蟒龙、琴棋书画、钟鼎彝尊等艺术图案为一体。

敦厚宅的后院为王汝聪的生活区，具有私密性、隐蔽性。

从前院进入后院有两个途径，一是出正厅后门，经过一个狭窄的条带小院进入；一是从前院东侧的小偏门出去，绕小巷北边的另一道门而入。

这后一道门是"条带小院"，它把前院和后院既隔离又连接在一起，是一个过渡性的空间。在此小院的南面是一座两厅一院的三元书院。

明间 建筑名词。即外间。一般比里间大而敞亮。建筑正中一间称明间，宋代称当心间。其左、右侧的称次间，再外的称梢间、最外的称尽间，九间以上的建筑增加次间数。敦厚宅内会客厅的明间上各门窗雕刻，最具特殊。

王家大院围墙

门枕石 俗称门礅、门座、镇门石等，是门槛内外两侧安装及稳固门扉转轴的一个功能构件，因其雕成枕头形或箱子形，所以叫门枕石。古时候的门没有铰链、合页等，是靠门枕和连楹来固定门扇的，如果没有门枕来抵住门框，开关门扇时就会摇晃不定。

三元书院又叫丽正书塾，是供少爷们读书的地方，厅舍不大，朴实简陋，没有任何华丽的装饰，是一处很适合读书的僻静所在。房子分南北两厅，门枕石是老鼠拉葡萄，象征子孙兴旺，蔓延不断。

书房院后是一座七门三院的厨院，也就是王家人用餐的地方。这里有"内三外四"七道门。

那么，为什么会有七道门呢？这是说院内不同身份的人要走不同的门，而且在不同的餐厅吃饭，主人在后院楼上的高雅餐厅里，高等用人在中院，扛粗活的长工则是在三等院里。

敦厚宅后院的正面是五间窑洞，这是长辈们居住的地方，东西厢楼一层是儿孙居住的地方，二层是专为小姐设计的闺房。在正窑和厢窑间隔的东西两侧，是上绣楼的台阶。

主窑二层正窑是子乔阁，阁中供奉着太原王氏鼻祖王子乔的塑像。这种布局方式在清代封建社会宗法礼教制度下，便于安排家庭成员的住所，使尊卑贵贱有等，上下长幼有序，内外男女有别。

敦厚宅后院的装饰和前院也基本相同，可以说是一座艺术殿堂。窑腿子上的石雕，是博古图案，分别有瓶、鼎、爵、尊，配以戟磬如意等民间杂宝，表示爵位高升，吉庆如意。

东西厢房石雕稍小，上面刻有琴棋书画四季花卉，这里的木石砖雕，造型雍容大方，庄重严整、古色古香。

柱顶石上绘有佛家八宝、道家八宝、民间八宝和麒麟送子、狮子滚绣球，其中仙鹤表示长寿、四艺隐含儒雅、八仙示神仙降临，万事亨通。整个院落可以说是片瓦有致、寸石生情。

东大院内的王汝成住宅区，也称凝瑞居或府门院，此院落与敦厚宅的建筑格局及功能大致相同，只是在部分建筑的形式上有所区别。

最明显的差异是两座住宅大门的设置截然不同。

因为王汝成的官做得比哥哥大，王汝聪官居五

绣楼 是我国古代少女专门做女红的地方，绣花或者织荷包，是一个劳动的场所，休闲的场所，还是一个学习技能的场所或者艺术创作的场所，那是只属于女人生活的场所。

■ 王家大院石桥

■ 王家大院的猴子摘桃雕塑

品，门楼看似高大，却为单间；王汝成官高一品，较之老大家，门楼虽低矮一些，面阔三间，很有气派。

再者，王汝聪的宅居显得华丽张扬，王汝成的宅院则含蓄低调，但文化积淀丰富，甚有品位。

凝瑞居主体建筑坐北向南，冬可敞南户，夏可开北窗。此院是严格按照封建等级制度建造的，呈中轴对称形，大门三间两厦，门前檐柱上雕饰有佛手、仙桃和石榴，象征着多福多寿多子。

在此宅院的正门外是座精美的单间双柱木牌楼。牌楼为悬山屋面垂花梁架，梁柱面雕琢烦冗，带有明显的乾隆风格。牌楼上悬一匾，上书"桂荣槐茂"。与牌楼相对的是凝瑞居的大门，门额上面有一块写着"凝瑞"两字的匾额。

门前的门枕石、上马石、拴马桩一应俱全。柱子上的楹联为：

五品 指我国古代官位的一个级别。属于中级官员，一般是州级官员，如清朝的直隶州知州就属于正五品。正五品其上是从四品，其下是从五品，但唐朝、高丽王朝、及朝鲜王朝的正五品分上下，朝鲜王朝的正五品属于参上官。

仰云汉俯厚土东南西北游目骋怀常中意；
沐烟霞披彩虹春夏秋冬抚今追昔总生情。

院内布局，由于大门开间设置之原因，与敦厚宅前院所不同的是没有南厅，但有两个对称敞亮的耳房，一左一右，与中间的府第门和仪门形成三间两厦结构，加之整体装饰连中有分，分连得体，看上去很有特色。

北面是高级客厅，高大雄伟、肃穆庄严，装饰虽少、分量却重。檐柱柱头有彩绘"出将入相"，大有"侯门深似海"的感觉。

檐前柱顶石，须弥座造型上下分5个层次，分别雕以鹿、兔、羊、猫、鹌鹑、大猴背小猴，寓意平安高寿，增福进禄、辈辈封侯。

客厅正面柱上的楹联为：

听汾思波涛天下唯心路须静；
望绵知崎岖世上岂蜀道才难。

耳房 指正房或厢房两侧连着的小房间，这两个小房间不论是进深或是高度都偏小，如同挂在正房两侧的两只耳朵，故称耳房。如果每侧一间耳房，两侧共两间即称三正两耳。如果每侧两间，两侧共四间耳房则称三正四耳。

185

民居第一宅

王家大院

■ 王家大院的传统建筑

绣球 是用纺织品仿绣球花制作的圆球，被视为吉祥喜庆之物。狮子滚绣球是汉族传统吉祥图案，由两只狮子和一个绣球构成。狮子滚绣球还是民间舞狮的一种表现形式，两人扮狮子，一个拿着一绣球，挥动绣球，狮子就跟着舞动，把绣球扔到一边，狮子就做翻滚的动作叼回绣球。

凝瑞府客厅。上方一匾写有"诗礼传家"4个大字，寓意为："让儒家的经典和道德规范世代相传"。

客厅的后面是雕刻精致的垂花门，上面雕饰有凤凰牡丹、狮子滚绣球，门匾额上写"天葩焕彩"，是歌颂主人似初绽花蕾，光彩四射，也是对垂花门及后院绚丽多彩的精雕细刻艺术的赞美。

凝瑞宅后院，是主人居住和活动的院子，分两层，是下窑上房的结构。

正面窑房的两柱上的楹联为：

邀造化孝祖先飞鹏起凤；
枕丘山面溪水卧虎藏龙。

窑门上方有一"德高望重"的匾额，寓意屋内住着王家的长辈。

■ 王家大院凝瑞府客厅

■ 王家大院的建筑群

凝瑞宅后院的结构和敦厚宅后院大致相同，也是一层为典型的窑洞住房，二层厢房为小姐绣楼。

这里的正窑顶层是祭祖阁，阁内装有神龛牌位和塑像，是专门供奉祖先阴灵的地方。

凝瑞宅后院没有敦厚宅后院宽敞，正面窑洞比老大家少了两孔，东西厢楼底层亦少了檐廊装置。这是为什么呢？

据说是因为弟弟不愿意超越兄长的缘故。但凝瑞宅后院的雕刻却比敦厚宅更加别具一格。院内无论墙基石还是墙壁，无论窗棂还是挂落、柱础石以及两侧绣楼台阶的石栏板等，都从不同侧面展示了古人精美绝伦的雕刻艺术。

其中最引人入胜的是分别筑砌于正窑和厢窑基座上的10块规格相同的墙基石，高1.6米、宽0.6米、厚0.3米，上面依次刻着五子夺魁、吴牛喘月、麒麟送

挂落 我国传统建筑中额枋下的一种构件，常用镂空的木格或雕花板做成，也可由细小的木条搭接而成，用作装饰或同时划分室内空间。在建筑外廊中，挂落与栏杆从外立面上看位于同一层面，并且纹样相近，有上下呼应的装饰作用。

■ 王家大院书房

千年悠韵的古村古居

子、飞马报喜以及"二十四孝"中行佣供母、乳姑奉亲等图案。

这些雕刻造型生动逼真，线条自然流畅，人物神采奕奕，具有很强的立体效果，真可谓是石雕艺术中的上乘之作。

同时，从正窑到厢窑的窗棂上，还有显露出其艺术魅力的木雕，有"一品清廉""喜鹊登梅""玉树临风""杏林春宴"等数幅画图组成的窗户小景，画龙点睛，使后室之内有虚有实，有情有景，情景交融，趣味横生。

不过，在凝瑞宅众多的雕刻艺术中，最为著名的还是养正书塾的石雕门框。

养正书塾在凝瑞居厨院的南侧，是主人生活区和

二十四孝 本是指由元代郭居敬辑录古代24个孝顺父母的故事，编制成的故事集。由于后来的印本大都配以图画，故又称《二十四孝图》。在我国传统的木雕、砖雕和刺绣上，常见这类题制的图案。

连接前后主院必经的中间小院。

书院窑门两旁的楹联为：

> 万卷诗书四时苦读一朝悟；
> 十年寒窗三鼓灯火五更明。

在书塾窑门两侧，还各有一个有趣的石雕，石础基上的石雕形象是两只大小猴子，它们都紧捂着耳朵，寓意为"两耳不闻窗外事，一心只读圣贤书"。

在书塾内，有被誉为国内石刻艺术极品的石雕门框。它是用4块青石相拼而成的。

底部寿石盘根，两侧竹竿节节拔高，顶部松竹梅高低错落，交相辉映，上面有一只喜鹊，像是在叽叽喳喳地报着喜讯。

此石雕门框构图完整，造型奇特，形神兼备，创意绝佳，颇有明代学者解缙"门前千竿竹，家藏万卷书"的意蕴。

据说，曾有一位南方商人愿意以一辆小轿车的高价换取它呢！

养正书塾内十分幽静，关上院门就会隔绝外面的喧嚣，有与世隔绝之感。书

石础基 房柱下的基石。石础是柱与地面的衔接部分，其作用之一是将柱身承担的整栋建筑重量分布到地面上。作用之二是高出地面的石础，既可防潮，又可避免木柱受损。王家大院内的石础基石壁上均有精美的石刻，并且，在石础基上还有不同的动物石雕，非常珍贵。

■ 王家大院"品行兼优"牌匾

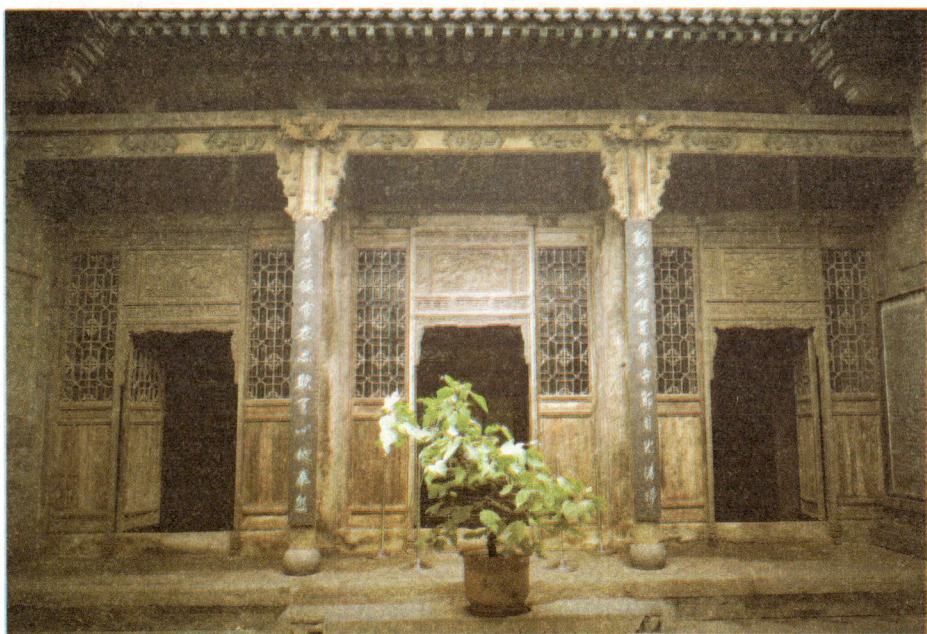

王家大院廊柱上的楹联

塾中不但摆设雅致，还用一些对联等文字加以烘托，如：

东壁图书府；
西园翰墨林。

勤能补拙课子课孙先课己；
学可医愚成仙成佛且成人。

王梦鹏 字六翮，号竹林，山西省灵石县人。据说，此人曾是王家举足轻重、德高望重之人物，一生以"孝义"两字闻名朝野，其书法技艺亦颇有影响。他一生不倦，精于诗书，翰墨出众，教授乡里诸生，多成材者，曾焚契赈饥，广得美誉，为此，后人在王家大院内为其建有孝义祠。

东大院西南部的大偏院是由两座花园式庭院组成的，一座是王汝聪兄弟俩共同所有的桂馨书院，另一座是王家的花院"叠翠轩"。

桂馨书院为王家高级书斋，分前、中、后3个院，其建筑特点与两主院大相径庭。

整座书院房屋低矮，阳光充足，院落杂错，连环紧套。外观极其平淡简朴，毫不引人注目。然而，当走进简陋的小门后，却是另外一番天地。

对称的"映奎"月洞门和"探酉"月洞门，与门匾刻有"桂馨"两字的正门鼎立呼应，前院十字花径，东西沟通月洞门，南北连接廊亭与后院。

在这块幽雅别致的小天地里，南面廊亭下珍存着12块双面书法石刻，俗称"石书"。上面的笔迹出自王家第十五世王梦鹏之手。

由前院到后院正屋，要经过三级台阶，寓有"连升三级"之意。

后院分上下两院，由一道墙相隔，中央台阶两边紧贴隔墙的望柱为"辈辈封侯"雕刻，底座是浅浮雕"渔樵耕读"四逸图，为简洁朴实的书院涂染了富有教化意味而传神的一笔。

在此书院西边，便是花院"叠翠轩"，在此院落的西南角西堡门顶上有一瞻月楼，洞门上有"云桥"

望柱 也称栏杆柱，是栏板和栏板之间的短柱。望柱有木造和石造。望柱分柱身和柱头两部分；柱身的截面，在宋代多为八角形，清代望柱的柱身，截面多为四方形。望柱柱身各面常有海棠花或龙纹装饰。柱头的装饰，花样繁多，常见的有龙纹、凤纹、云纹、狮子、莲花、葫芦。

民居第一宅

王家大院

■ 书房内的陈设

垂带 即垂带石，也就是台阶踏跺两侧随着阶梯坡度倾斜而下的部分，多由一块规整的、表面平滑的长形石板砌成，所以叫"垂带石"。宋代时称为"副子"。

两字。瞻月楼上有一亭名为"瞻月亭"。亭中有两联，其一是：

欣临亭中品茗醉；
稳坐台上对弈迷。

其二是：

仰观碧落星辰近；
俯瞰尘寰栋宇低。

挺拔俊秀的瞻月亭，斗拱迭出、飞檐四挑，亭基是砖砌玉壁，台阶是石雕栏杆，是花院的主要景观之一。

穿过亭下的垂花门，门内有石雕垂带踏跺，上面是月洞门，如同云梯托着一轮明月冉冉升起。

■ 书房内的古朴布局

■ 王家大院木窗

进月洞门内是一个不足20平方米的小院，里面有三间小窑洞，这里是花房和花窑。

在正窑与厢房之间，有东西两个砖券小洞门，东洞门平直通向桂馨书院的后院，西洞门比东洞门高出两级台阶，里面隐藏着一个不大的精舍小院，如果稍不留意，是很容易被忽略的。

据说，花院和精舍小院过去常年陈设着四季花卉，专供家人茶余饭后赏玩消遣，尤其是僻静幽深、藏而不露的精舍，还是主人怡心养神和著书立说的最佳地方。

此外，在花院大门旁的屋内有一个地窖，明为花窑，实为暗道，是用来防御不测的。一旦堡内被兵燹或歹人围定，便可由此逃走，避过劫难，化险为夷。

踏跺　踏跺有垂带踏跺和如意踏跺两种形式。都是用条石砌筑的。踏跺指的是条石踏步，又称"级石"。垂带是在踏跺两侧由台基至地面斜置的条石。有垂带的台阶称为垂带踏跺。有的台阶不做垂带，踏步条石沿左、中、右3个方向布置，人可沿3个方向上下，这种台阶称为如意踏跺。

在东大院内，除了中间的两座主院和西南部的大偏院，东大院主院正北的后院还有一座由一排13孔窑洞组成而又分隔为4个小院的护堡院。

整个东大院和西大院东西对峙，一桥相连，其总的特点是：依山就势，随形生变，层楼叠院，错落有致，气势宏伟，功能齐备，基本上继承了我国西周时即已形成的前堂后寝的庭院风格。

再加上匠心独运的砖雕、木雕、石雕，总体看起来装饰典雅，内涵丰富，实用而又美观，兼具南北情调，具有很高的文化品位，是国内目前不可多见的传统民居建筑。

在位于东大院和西大院之南，与两座城堡建筑呈品字形排列的是王家大院的孝义祠，也称王氏宗祠或王家祠堂。

孝义祠包括孝义坊和孝义祠两部分，是为乡举孝义王梦鹏而建。据说，王家当年有牌坊15座，仅有孝义坊保留下来，始建于1786年。

这座青石牌坊是孝义祠较有气势的建筑。高大的三间四柱牌坊，前后共有10只石狮抱鼓，呈俯卧状，很有气势。

孝义祠建于1796年，分上下两层，总面积428平方

■ 王家大院前石狮子

王家大院中的屋脊装饰

米，楼上为祭祖堂、戏台，楼下陈列王家宗祠、坟茔模型以及记载王梦鹏一生善行的立体雕塑，艺术价值极高。

由于王家的老祖宗王实是靠卖豆腐发家的，为此，在王家大院里，王实用过的卖豆腐的扁担一直作为王家的宝贝，被放在王家的祠堂内。而且在王家的西大院内，还保留有醋坊和豆腐坊。

王家祠堂作为王氏先祖灵魂栖息的家园，已有数万名海外王氏后裔相继到此观光并拜祖敬香。

阅读链接

据说，王家大院的红门堡本名恒贞堡，那么，为何又叫红门堡呢？这里有一则趣闻。

传说，恒贞堡内的"平为福"院建成之后，院主人王家十六世孙王中极，为图大吉大利，听信阴阳先生，将大门漆为红色，不料有人告发其犯上，惹来了祸端。

好在王家朝中有人，消息灵通，在朝廷查办人员到来的前一天夜里，王中极已将大门改漆为绿色，免去了一场祸患。

从此，恒贞堡便有了红门堡的俗称。

大院的建筑装饰和文物

王家大院庭院

从明万历年间至清嘉庆十六年，静升王氏家族的住宅，随其族业的不断兴盛，在村中，由西向东，由低到高，不断延伸，渐修渐众，营造了总占地面积达25万平方米之巨的王家大院建筑群体，远比占地15万平方米的北京皇家故宫庞大。

这座古老的建筑群不仅是清代民居建筑的集大成者，还是一座具有精美装饰的建筑。王家大院建筑装饰的典范，主要体现在屋面、

建造外和建造内3部分。

■ 王家大院中的盆景

通常屋面建筑中的屋顶为一栋建筑物的帽子，因此在装饰上也很有讲究。王家大院内很多房子采用的是鹿纹瓦当，其材料为小青瓦。

鹿被看作善灵之兽，可镇邪。鹿又象征长寿，"鹿"与"禄"谐音，象征富贵，故蝙蝠、梅花鹿、寿星合起来叫作"福、禄、寿三星"。

但不同的精美图案各有不同的意义，龙凤象征夫妻恩爱，松鹤象征长命百岁，蝙蝠象征福运将至，凤凰牡丹象征富贵安康，鲤鱼跳龙门象征仕途通达。

王家大院中山墙顶部的山尖通常做成"五花山墙"。这种山墙是传统的建筑形式之一。在悬山山墙上部，随排山各层梁及瓜柱而呈现的阶梯形结构。

它随屋顶的坡势层层迭落。一般迭落两三次，每层在墙头上用小青瓦做成短檐和脊，脊上青瓦竖立排列，尽端处起翘反卷。脊下两侧是短短的瓦垄，沟头

故宫 位于北京市的市中心，旧称紫禁城。于明朝永乐十八年建成，是明、清两代的皇宫，无与伦比的古代建筑杰作，世界现存最大、最完整的木质结构的古建筑群。故宫全部建筑由"前朝"与"内廷"两部分组成。

千年悠韵的古村古居

精美的石雕

八仙 民间广为流传的道教中的8位神仙。"八仙"之名，明代以前众说不一。有汉代的八仙、唐代的八仙、宋元时的八仙，所列神仙各不相同。至明代吴元泰在《八仙出处东游记》即《东游记》中把八仙定为：铁拐李、汉钟离、张果老、蓝采和、何仙姑、吕洞宾、韩湘子和曹国舅。

滴水，一应俱全。这种逐层迭落的山墙被当地称为"三花山墙"或"五花山墙"。

其中五花山墙最重要的功能是防火，以免一间房子失火，殃及附近住宅，所以"五花山墙"别称"封火墙"或"风火墙"。

王家大院的建造外是指其四合院外墙面的装饰。"王家大院"外全部采用石材雕刻装饰，包括屋柱、窗等。是牢固耐用、内外对承的需要。

王家大院的建造内是指其四合院外墙内的装饰，包括除"大木构架"以外的木构件，如梁枋、楣罩、琴枋、雀替、擎檐撑、门、窗、罩、栏杆和裙板等构件。这些木构件一般使用驱邪祈福的图案较多。

其中以人物为题材的有蟠桃盛会、文王访贤、麻姑献寿、郭子仪上寿图等。以祥禽瑞兽为题材的有龙、凤、狮子、麒麟、鹿、鹤、喜鹊、蝙蝠、松鼠和鱼等，并组成丹凤朝阳、狮子滚绣球、五蝠捧寿、凤穿牡丹、喜鹊登梅图等。

但王家大院内的房屋装饰以暗八仙和佛八宝为题材的较多，其寓意为求仙得道。洞门和窗格也有以宝瓶形和葫芦形的洞门，寓意为平安、多子多福和吉祥。

据传，王家大院选用宝瓶和葫芦形状为洞门，是因为"瓶"的谐音为"平"，因此宝瓶形洞门象征平安。

葫芦为八仙之一铁拐李的法器，又是传统画老寿星手中之物，葫芦繁殖力很强，结果时十分繁茂，有"多子多福"的象征意义，葫芦被民间视为吉祥物，因此葫芦形洞门具有多子多福和吉祥之意。

王家大院的窗格图案以锦纹和动植物相配合而成，如梅花和竹衬以冰裂纹，象征春天到来，万物生机勃勃。

王家大院的装饰意义广泛，因而王家大院成为商人精神世界和处世哲学的象征。它也有别于其他的古典园林，成为文人精神世界的象征。

在王家大院中，最能体现文人精神世界的就数其匾额了，在整个大院中，凡堂

佛八宝 由八种识智即眼、耳、鼻、音、心、身、意、藏所感悟显现，描绘成八种图案纹饰。作为佛教艺术的装饰。清代乾隆时期又将这八种纹饰制成立体造型的陈设品，常与寺庙中供器一起陈放。佛八宝分别为宝伞、金鱼、宝瓶、莲花、法螺、吉祥结、宝幢、法轮。

■ 大院中的古筝

王家大院石雕

必有楹联，凡门户必有匾额。其质料大多数为木材质，少数是砖石刻成。它们诗书气华，无一雷同，字数寥寥，意境悠远。

所有匾额不仅增添了宅院的儒雅之气，还赋予每幢院落妙不可言的精魂神韵，驻足品味，令人叫绝，其书写，有行书，有隶书，有篆体，有章草；其造型，有竹型联、秋叶额、书卷额、折扇额。

其内容，或颂德，或言志，或垂教，如"映奎""桂馨"，期盼科考顺利，出类拔萃；"观我""视履"，警示个人要时刻规范自己的行为；"就日瞻云"夸示谒见皇帝之荣耀等。

这些形制不大的装饰品，仿佛无处不在的精灵，多少年来，默默地以不同的形态点缀在这古朴而堂皇的王家大院，作为文化的象征，使得以商发家的王家有了品位。

在王家大院，除了这些与众不同的建筑装饰，还有一批珍贵的文物珍藏品。包括明清时期著名书画家郑板桥的手书楹联，祁隽藻的门匾，傅山与刘墉的条幅，唐伯虎与文徵明的绘画，翁方纲的石刻、木匾等。这些名人真迹之所以见之于王家，与其家族的历史背景有着密切的关联。

据《王家族谱》中记载，王家在清康乾嘉鼎盛时期，在外为官者与上流社会及书画名家多有来往，而且过从甚密。故而，在当时求得几幅名家墨宝自在情理之中。这些藏品，有的木匾、石刻仍在门额上镶嵌着，有的存放在展柜里供游人参观。

从价值意义上看，它们虽经历了二三百年时日的侵蚀，但魅力依然，价值更高。

同时，在王家的西大院内，还有一批珍贵的明清家具，造型简洁，雕刻精美，充分展示了优质木材的

祁隽藻（1793—1866年），字叔颖，一字淳甫，避讳改实甫，号春圃、息翁，山西寿阳人。清朝大臣，三代帝师，四朝文臣。其书法由小篆入真行，师承二王，出颜柳，参以山谷，深厚遒健，自成一格，为清代中晚期著名书法家，有"一时之最，人共宝之""楷书称首"的赞誉。

■ 山西王家大院

201

民居第一宅

王家大院

王家大院中的瓷器

质地、色泽和纹理的自然美。

另外，在王家大院内还有很多从当时保留下来的奇花异草，它们主要有丁香、金桂、银桂、榆叶梅、海棠、山桃花、夹竹桃、杜鹃花、栀子等。树多为枣树、槐树和石榴树。

这些植物不仅为王家大院增添了不少的活力和生命，还成为王家大院里不可或缺的重要组成部分。

在王家大院中，不仅有着古老的奇花异草，而且还有着"贵精而不贵丽，贵新奇大雅，不贵纤巧烂漫"的建筑，因此在古建范畴中，王家大院的艺术内涵可谓贯穿种种，无所不包，继而更是有着"民间故宫"和"山西的紫禁城"的美称。

阅读链接

在王家大院内珍贵的物品中，还有两件稀世之宝：

一件是"大清万年一统天下全图"；一件是清光绪年间的一张组合式红木雕花"龙凤床"。

据考证，前者除北京故宫和王家所存之外，目前在国内还没有再发现。后者被国家文物部门鉴定为上品级的重点文物，现在已被视为王家大院的镇宅之宝。

这两件珍贵的文物是王家珍藏的精华。

乔家大院

乔家大院位于山西省祁县乔家堡村。此院属于全封闭式的城堡式建筑群，建筑面积约4100平方米，分6个大院，20个小院，共计313间房屋。

乔家大院闻名于世，不仅因为它有作为建筑群的宏伟壮观的房屋，更主要的是因它在一砖一瓦、一木一石上都体现了精湛的建筑技艺。

此院始建于清朝乾隆年间，以后曾有两次增修，一次扩建，经过几代人的不断努力，于20世纪初建成一座宏伟的建筑群体，并集中体现了我国清代北方民居的独特风格。

乔贵发之子始建乔家老院

山西素有"中国古代建筑博物馆"之称。全省现存有大量明清时期的民居建筑，大都集中在晋中的祁县、平遥、太谷、介休一带。这些深宅大院不仅是当时富商大贾的宅第，也是显赫一时的晋商的历史

古朴精美的建筑

■ 乔家大院雅溢韵

见证。

在这些著名的晋商大宅中，位于山西省祁县乔家堡村的乔家大院就是它们其中的一个代表。

不过，虽然乔家大院也是商人修建的，但其实，乔家的祖上并不是商人。据说，乔家大院第一代创建人乔贵发最开始只是乔家堡村的一个村民。

乔贵发在很小的时候就孤苦伶仃，既无房屋田产支撑，也无兄弟亲朋帮衬。无奈的他不得不寄食于祁县东观镇舅舅家中。

不幸的身世，让乔贵发自小便跟随外祖父和舅舅一起推磨做豆腐、卖豆腐。几年后，乔贵发长大成人，在本家侄儿的婚礼上，因为无钱无势，被人侮辱，他决定发愤图强，活出个样来。

当时的祁县贾令镇位于官道要冲，是南来北往的商队、驼队的必经之处，乔贵发便随这些商驼队踏上了走西口的征途。

他与清徐的一个姓秦的小伙子，一起在一个杂货铺打工，由于他

■ 乔家大院颐养堂

们的勤快和好学，受到了老板的赏识，教会了他们很多的经商之道。

后来，他们有了些积蓄，就开了一个草料铺。有一年，是个丰收年，粮价跌落，黄豆价格尤其低，他们便趁机购存大批黄豆。第二年黄豆紧缺，价钱不断上涨，他们便将黄豆抛售出去，获利颇丰。于是利用这笔资金，他们开设字号，名为广盛公。

后来，因为管理的滞后，有些亏损，经过3年的整改，终于有了新的起色，从此奠定了乔家大院修建的经济基础。

在乔贵发发家致富期间，他不仅娶了妻子，还生养了3个儿子，这3子分别为乔全德、乔全义和乔全美。这3个儿子长大后，不仅各自成了家，还在乔贵发的家乡乔家堡村各自成立了自己的商业字号。

老大乔全德在乔家堡村西成立了"德兴堂"，老二乔全义在村东成立了"保元堂"，老三乔全美则在村中央成立了"在中堂"。

后来，乔家老大和老二的"德兴堂"和"保元堂"由于经营不善渐渐衰落了。而老三乔全美则秉承其父乔贵发的创业宏愿，致力于拓展家业。

号 我国古代人在名字之外的自称，简称号。别号多为自己所起，也有他人所起。与名、字无联系。在古人称谓中，别号亦常作为称呼之用。起号之风，源于何时，文献资料上没有明确记载，大概在春秋战国时就有了，像"老聃""鬼谷子"等，可视为中国最早的别号。

到乾隆年间，乔全美还用赚得的钱，买下了村内十字路口东北角的几处宅地，并亲自组织人员盖起了一座硬山顶砖瓦房结构的楼房，修成了乔家大院的第一座院子，成为大院的第一位创始人。

乔全美修建的第一座主楼属于砖木结构，有窗棂而无门户，在室内筑有楼梯，其建筑特点为墙壁厚，窗户小，坚实牢固，为"里五外三"院落。

这座院落人称"大夫第"，位于后来的乔家大院内北面的第一院落，又被人们称为"老院"，是一座晋中一带典型的穿心楼院。

老院共由一座跨院、两座外内正院和两座外内偏院组成。大院的大门面阔3间，门上雕有4只狮子，寓意"四时平安"。在大门的门额上，有一块写着"大夫第"的牌匾。

大夫　古代官名。西周以及先秦诸侯国中，在国君之下有卿、大夫、士三级。大夫世袭，有封地。后世遂以大夫为一般任官职之称。秦汉以后，中央要职有御史大夫，备顾问者有谏大夫、中大夫、光禄大夫等。至唐宋尚有御史大夫及谏议大夫之官，明清时废。又隋唐以后以大夫为高级官阶之称号。

■ 乔家大院"大夫第"

戟 是我国独有的一种古代兵器。实际上戟是戈和矛的合成体，它既有直刃的又有横刃，呈"十"字或"卜"字形，因此戟具有钩、啄、刺、割等多种用途，其杀伤能力胜过戈和矛。

进入大门后，便是老院的第一进院外跨院。院内正面的第一个建筑是一幅大型砖雕影壁。

影壁楹额上书"福德祠"3个字。字的下面雕着的是紧紧连在一起的铜镜和铜钱串，意味着"光明富贵""富贵连环"。

在铜镜和铜钱的下面一行砖雕中，雕刻着表达吉祥如意，福寿双全等美好愿望的吉祥图案：

顶端雕有4只狮子，"狮""时"谐音，意为四时平安，中间雕有几件法器戟、磬、如意，意为吉庆如意；正中偏上是芙蓉树，暗喻福如东海，上面的石雕为寿山石，暗喻寿比南山；六只鹿，"鹿""陆"同音，寓意为"六时通顺"。

■ 乔家大院影壁

在这些砖雕的两边，还有一副对联：

职司土府神明远；
位列中宫德泽长。

这福德祠又称"土地祠"，是用来供奉土地爷的，在影壁下部有一个摆放土地爷的小龛。福德祠的寓意为"门迎百寿，院纳福德"。

此影壁还有两种用途：一是起装饰作用，二是可以镇宅辟邪。在此影壁右边，是一座写有"馨德昌馥"牌匾的房子。从此房子进去，便是老院的外偏院。

在影壁的左边，是老院外正院的门楼，门楼的匾额上，有一块写有"毋不敬"字样的匾额。

此门楼后面，便是老院的二进院，乔全美请人最先修建的那个里五外三的穿心楼院。进入此楼院，需要连登三级台阶，高约为1米，寓意为步步登高。

从"毋不敬"门楼进入，便是老院的内正院，也就是老院的第三进院。此院正房是一个二层的小楼，楼上有窗而没有门，人们把这种楼称为统楼，所以此院子也被称为统楼院。

此楼上方有一块牌匾"为善最乐"，这正是乔家老爷的座右铭。据说，这正房是乔家人用来会客的，房间的墙壁厚度约为1.2米，这是仿照过去的窑洞修建的，所以有冬暖夏凉的优点。

三进院正房旁边的东西厢房分别是书房和卧室。其中，书房的正门处挂着一块写有"会芳"字样的匾额，匾额上的檐饰为莲花造型，寓意"出淤泥而不染"之意。

门前两旁的木柱子上还有一副对联：

■ 乔家大院"毋不敬"匾额

土地爷 又称土地、土地神、土地公公，《西游记》《宝莲灯》中的重要人物。传说中掌管一方土地的神仙，住在地下，是神仙中级别最低的。我国土地神崇奉之盛，是由明代开始的。明代的土地庙特别多，到清代时，人们开始把土地爷的神龛安放在民宅中，用于镇宅辟邪。

宽宏坦荡福臻家常裕；

温厚和平荣久后必昌。

　　意思是教育乔家后代做人要宽宏坦荡，才能事业有成，并要待人温厚和平，才能永葆家业长存、昌盛永远。

阅读链接

　　传说，在乔家老院的偏院外原有个五道祠，祠前有两棵槐树，长得离奇古怪，人们称为"神树"。

　　乔家取得这块地皮的使用权后，原打算移庙不移树。后来乔全美在夜间做了一梦，梦见金甲神告他说："树移活，祠移富，若要两相宜，祠树一齐移。往东四五步，便是树活处。如果移祠不移树，树死人不富……"

　　果然，在迁移祠堂没多久，这棵树便奄奄一息，乔全美心想恐怕是得罪了神灵，于是他便照着梦中神仙所指示的地方，把树移了过去，这棵树被移去没多久果然就复活了。于是，乔家又在侧院前修了个五道祠。

乔致庸买地扩建三大院落

　　1818年，乔家大院的创始人乔全美的第二个儿子出世。乔全美为这个儿子取名为乔致庸。

　　乔致庸长到几岁后，他的父母便因病去世了，为此，他便由自己

■ 乔家大院庭院

当铺 旧称质库、解库、典铺，亦称质押，又有以小本钱临时经营的称小押。是以收取动产和不动产作为抵押，向对方放债的机构。我国当铺的起源很早，在南朝时就已有寺院经营为衣物等动产作抵押的放款业务。

的兄长乔致广抚育长大。到少年时，乔致广因病去世，乔致庸只好弃学从商，开始掌管乔氏家族生意。

在乔致庸执掌家务时期，乔氏家族事业日益兴盛，成为山西富甲一方的商户。其下属"复字号"称雄包头，有"先有复盛公，后有包头城"的说法。另有"大德通""大德恒"两大票号遍布我国各地商埠、码头。

至清末，乔氏家族已经在我国各地有票号、钱庄、当铺、粮店200多处，资产达到数千万两白银。乔致庸本人也被称为"亮财主"。

19世纪末，由于连年战乱，大量白银外流。晚年的乔致庸为了保留乔家的钱财不被外流，于1862年在老院西侧隔小巷置买了一大片宅基地，大兴土木，对乔家大院进行了大规模的扩建，成为了乔家大院的第二代创建人。

■ 乔家大院房屋内景

乔致庸命人在老院的后面盖了一座同样是里五外三格局的楼房院，与老院形成了两楼对峙的格局。

这座楼房的主楼为悬山顶露明柱结构。主楼的楼门采用通天棍门，门楼的卡口是南极星骑鹿和百子图木雕。上有阳台走廊。上得走廊，前沿有砖雕扶栏，正中为葡萄百子图，这象征着家族的兴盛，意思是"葡萄百子，一本万利"。

■ 乔家大院门房

往东是夔龙和喜鹊儿登海；西面为鹭丝戏莲花和麻雀戏菊花，最上面为木雕，刻有夔龙博古图。站在阳台上可观全院景色。

由于两楼院隔小巷并列，且南北楼翘起，故叫作"双元宝"式。

这座主楼竣工的9年后，乔致庸又亲自主持了乔家大院的第二次扩建。

这一次，乔致庸在两楼院隔街的南面买地，在与两楼隔街相望的地方建筑了两个横五竖五的四合斗院，也就是后来的东南院和西南院。

如此一来，这四座院子正好占了街巷交叉十字路口的四角，奠定了后来连成一体的建筑格局。

乔致庸主要修建的位于老院后面的院落，又名"在中堂"，也被称为西北院，是乔家大院北面的第

夔龙 是我国自古以来的吉祥图腾之一，常见诸建筑。陶瓷制品中也常有应用。在我国现存多家"大院"式建筑中可见，通常格局在走廊前沿有砖雕扶栏，最上面为木雕，刻有夔龙博古图。

■ 乔家大院敦品第

千年悠韵的古村古居

二个院落。

和老院一样，此大院也是由一座跨院、两座外内正院和两座外内偏远组成。

大院的大门也是面阔三间，只不过，在此大门的门额上，挂着一块写有"中宪第"的匾额。

在大门内，便是西北院的外跨院，在这个跨院内，便是里面的穿心楼院的门楼。

门楼上有一块匾额，写着"在中堂"3个大字，取意为"不偏不倚，执用之中"。

门楣上雕刻有福禄寿三星，两边有八骏的雕刻，这说明主人希望后代子孙都有所作为。

在此大门两边的木柱上，还有一副对联：

传家有道唯存厚；
处世无奇但率真。

进入此门楼，便是西北院的二进院外正院。

院内有一间"碧琳"厢房，大门两旁木柱上的对联写道：

福禄寿三星 是我国古代人心目中数千年来最受喜爱的三位神仙。又称"财子寿""三星""三仙"，象征着财富、子孙、长寿等。在传统的雕刻和绘画当中，福禄寿三星的排列由左至右依序是寿星、福星、禄星。

瑞日芝兰光甲第；
春风棠棣振家风。

　　在二进院后面，便是西北院的内正院。内正院的门楼匾额为"颐养堂"，门匾周围和雀替上的木雕非常精美。这个门楼的后面，就是一个悬山顶明柱结构的明楼院，二楼是有门有窗的，相对于老院的内院正楼来说，它的建筑结构与风格，就十分的讲究与先进了。

　　据说，这是为乔致庸所建的居住之所，是乔家大院最宏伟气派的院子。二楼的匾额为"光前裕后"，楼下的匾额为"怡静"。两边的楹联为：

风采麟祥缵前修而振武；
绿槐丹桂基世德以流芳。

　　当年，乔致庸不仅修建了这座西北院，还建成了乔家大院南边的

乔家大院碧琳堂

■ 乔家大院"思退"堂

千年悠韵的古村古居

两个院子。

其中，东南院也称乔家大院的二号院，此院的大门匾额为"敦品第"。匾额周围的木刻非常精美。

在此院的大门内也有一座用来供奉土地爷的"福德祠"影壁，影壁上是一些如同钱币的刻画。

影壁上，有一副对联写着：

对联 又称楹联或对子，是写在纸、布上或刻在竹子、木头、柱子上的对偶语句，其对仗工整、平仄协调、字数相同、结构相同，是一字一音的中文语言的独特艺术形式。对联相传起于五代后蜀主孟昶。它是中华民族的文化瑰宝。

位中央两贤化育；
配三才以大生成。

在这个影壁后面，是东南院的偏院。在偏院的旁边，才是东南院的正院。

在这个院内，有"静宜"和"思退"等房间。

东南院与又名第三院的西南院是一个双跨院，可以直接穿过东南院进入西南院。

这西南院又称三宝院，大门上面的匾额为"芝兰第"，此院里面主要放着乔家大院的三大宝物。

正房内的第一件宝物叫作犀牛望月镜，是用东南亚铁梨木雕刻而成的，平时人们所见的木头都是密度小于水的，所以放在水里会漂浮起来，而东南亚铁梨木的密度则很大，它会沉在水底，200年来，镜子影像清晰，结构完美。

东厢房中的是第二件宝物，叫作万人球。这是个圆球形的镜子，无论有多少人在房中，也无论站在哪个角度，都可以在镜子里找到自己，而且影像十分清晰，不会变形，所以叫作万人球。

这万人球是清代的遗物。据说，它当时是有一个重要的用途的，就是起监视的作用。当时乔老爷把它挂在正房的窗外，老爷经常会与掌柜的商讨商业事宜，这正是起到一个监视的作用，防止有人在外面偷听。

第三宝就是悬吊在西厢房的两盏"九龙灯"。

九龙灯是用珍贵的乌木制作的一对八角形宫灯。因为灯上共雕有九条龙，所以称"九龙灯"。据说，这对九龙灯是当年慈禧西逃时赐给乔家的，乔家还因此向慈禧贡献了30万两白银。

九龙灯做工极为精巧，高0.9米，上刻9条蟠龙，其中的8条分

铁梨木 别称铁力木、铁木等。是硬木类木材当中的一个品种。其木质最为坚硬，是云南和广西特有的珍贵阔叶树种。其木材珍贵，材质优良，木材有光泽，结构均匀，纹理交错密致，强度大、耐磨损、抗腐、抗虫蛀、耐久性强。

■ 乔家大院宝物犀牛望月镜

乌木 有"东方神木"和"植物木乃伊"之称。由地震、洪水、泥石流将地上植物生物等全部埋入古河床等低洼处。埋入淤泥中的部分树木，在缺氧、高压状态和细菌等微生物的作用下，经长达成千上万年炭化过程形成乌木，故又称"炭化木"。

上下两层呈"卍"字形排列，中以一轴贯通，为乌木精雕而成，龙身经过特殊设计，可以变换姿势自由转动。

灯的主体由4幅画质精美的风景画组成，点燃蜡烛，九龙灯好似九龙戏火，十分奇特。在我国，只发现了这两盏九龙灯，可谓"独二无三"。

再说乔家第三代乔致庸，他在世时的主要成就是，扩建了规模庞大的乔家大院，因为当时他居住的西北院又名在中堂，为此，后人也称乔家大院为"在中堂"。

阅读链接

据说，在乔致庸对大院进行第二次扩建时，需要拆除大院南边的堡门祠堂。

那是乔家堡王姓家族的社庙，其旁边还有两棵挺拔苍翠的椿树。王姓家族对此十分珍爱，尤其是庙旁那两棵茂盛的椿树。认为这是王家人丁兴旺的象征。而乔家要扩建大院，就必拆庙毁树。

乔致庸想了很多办法，最终使王家族部分人同意，但另外还有一些反对的王家后人。

乔致庸为避免这件事损坏乔家的名声，便决定在小巷的东口修一座三官庙。此庙坐东朝西，比原来的社庙，造价要高出许多倍，庙门之内还留下一个小天井。对此，王姓家族的人也就不再说什么了。

更为神奇的是，原来社庙旁曾砍掉两棵大椿树，三官庙修成之后第二年，小庙天井中竟也长出两棵椿树。没有几年，树冠便超过院墙，令人叹为观止的是，两棵椿树树身是分开的，而树冠却抱在一起。从庙外看恰似一棵树。这两棵树在王家人的保护下生长了好多年。

乔家后人陆续建成其他建筑

据说，乔家大院的第二位创始人乔致庸有6个儿子，当乔致庸去世后，他的二儿子景仪和三儿子景俨又在父亲扩建的大院上，继续扩建大院。

当时正是清朝的光绪中晚期，乔家人花了很多银两，买下了当时

乔家大院内景观

■ 乔家大院内景

乔映霞 字锦堂，乳名成义，因而人称"成义财主"。同辈兄弟中排行老大。他为人精明强干，思想激进。据说，他的祖父乔致庸去世前，把乔家的商业都交由他主持。他还针对众兄弟与子弟的性格特点，分别立书斋名，并订立家规：一不准吸鸦片，二不准纳妾，三不准赌博，四不准冶游，五不准酗酒等。

街巷的占用权。

乔家取得占用权后，把巷口堵了，小巷建成西北院和西南院的侧院；东面堵了街口，修建大门；西面建祠堂；北面两楼院外又扩建成两个外跨院，新建两个芜廊大门。跨院间有栅栏通过，并以拱形大门为过桥，把南北院互相连接起来，形成城堡式的建筑群。

到20世纪初年，由于乔家人口增多，住房显得不足，因而乔家人又购买地皮，向大院西部继续扩建。

组织此次大院扩建的负责人是乔景仪的儿子乔映霞和乔景俨的儿子乔映奎，他们又在紧靠西南院的地方建起了一座新院。

格局和东南院相似，但窗户全部刻上大格玻璃，西洋式装饰，采光效果也很好，显然在式样上有了改观。就连院内迎门影壁雕刻也十分细致。

与此同时，西北院也由乔映霞设计改建，把和老院相通的外院之敞廊堵塞，连同原来的灶房，改建为客厅。还在客厅旁建了浴室，修了"洋茅厕"，增添了异国风情。

经过这一系列的扩建后，乔家大院最终形成了后来的格局。这是一座雄伟壮观的建筑群，整个大院位于祁县乔家堡村正中。从高空俯视院落布局，大院的房屋看起来很像一个象征大吉大利的"囍"字。

整个大院占地8724平方米，建筑面积3870平方米。分6个大院，内套20个小院，313间房屋。大院形如城堡，三面临街，四周全是封闭式砖墙，高三丈有余，上边有掩身女儿墙和瞭望探口，既安全牢固，又显得威严气派。

乔家大院依照传统的叫法，北面3个大院，从东往西依次叫老院、西北院、书房院。南面3个大院依次为东南院、西南院、新院。这样的称谓，表现了乔家大院中各个院落的建筑顺序。

进入乔家大院，最先看到的是一座大门，这座大门坐西向东，为拱形门洞，上有高大的顶楼，顶楼正中央悬挂着山西巡抚受慈禧太后赠送的匾额，上书"福种琅

女儿墙 在古时候也叫"女墙"，包含着窥视之义，是仿照女子"睥睨"之形态，在城墙上筑起的墙垛。特指房屋外墙高出屋面的矮墙。主要作用除维护安全外，亦会在底处施作防水压砖收头，以避免防水层渗水，或是屋顶雨水漫流。

■ 乔家大院拜堂蜡像

嬛"4个大字。并且在黑漆漆成的大门上还装有一对椒图兽铺首，大门两边镶嵌着铜底板对联一副：

子孙贤，族将大；
兄弟睦，家之肥。

千年悠韵的古村古居

■ 乔家大院砖雕
"百寿图"

对联的字里行间透露着大院主人的希望和追求，也许正是遵循这样的治家之道，乔家经过连续几代人的努力，达到了人丁兴旺、家资万贯的辉煌成就。

在大门顶端的正中央镶嵌着一块青石，青石上写有"古风"两个字。雄健的笔法同这两个字所代表的承接古代质朴生活作风的本意，相得益彰，发人深省。在大门对面的影壁上，还刻有砖雕"百寿图"，青砖为底，阳刻镏金，纵横各10字，共100个"寿"字形态各异，无一雷同，一字一个样，字字有风采。

影壁两旁是清朝大臣左宗棠题赠的一副意味深长的篆体对联：

左宗棠（1812—1885年），字季高，一字朴存，号湘上农人。晚清重臣，军事家、政治家、著名湘军将领，洋务派首领。左宗棠少时屡试不第，转而留意农事，遍读群书，钻研舆地、兵法。后竟因此成为清朝后期著名大臣，官至东阁大学士、军机大臣，封二等恪靖侯。

损人欲以复天理；
蓄道德而能文章。

横批是"履和"。这副对联同作为巨商大贾的乔家所秉承的和为贵的中庸之道是很相称的。

进入大门，是一个长长的甬道。甬道把6个大院分为南北两排，南面三院为二进双通四合斗院，硬山顶阶进式门楼，西跨院为正，东跨院为偏，中间和其他两院略有不同，正面为主院，主厅风道处有一旁门和侧院相通。整个一排南院，正院为主人所住，偏院为花庭和用人们住宿的地方。

南院每个主院的房顶上盖有更楼，并配置修建有相应的更道，把整个大院连了起来。

北面3个大院均为开间暗棂暗柱走廊出檐大门，便于车子、轿子出入。大门外侧有拴马柱和上马石阶。从东往西数，一二院为三进五连套院，是祁县一带典型的里五外三穿心楼院，里外有穿心过厅相连。里院北面为主房，二层楼，和外院门道楼相对应，宏伟壮观。

在甬道西边的尽头处是雕龙画栋的乔氏祠堂，此

中庸之道 亦即君子之道，是我国传统儒家修行的法宝。是由孔子提倡、子思阐发的提高人的基本道德、精神修养以达到天人合一、太平和合神圣境界的一整套理论与方法。它的理论基础就是人们自觉修养所达到像美好善良的天一样造福于人类和自然理想境界。

■ 乔家大院慈禧太后赠送的匾额

出檐 在带有屋檐的建筑中，屋檐伸出梁架之外的部分，叫作"出檐"。我国古建筑中，其出檐大小也有尺寸规定。清式则例规定：小式房座，以檐檩中至飞檐椽外皮的水平距离为出檐尺寸，称为"上出檐"，简称"上出"，由于屋檐向下流水，故上出檐又形象地被称为"出水"。

祠堂与大门遥相呼应。乔氏祠堂的装饰十分美观大方，三级台阶，庙宇结构，以狮子头柱，汉白玉石雕，寿字扶栏，通天榥门木雕夹扇。

出檐以四根柱子承顶，两根明柱，两根暗柱，柱头有玉树交荣、兰馨桂馥和藤萝绕松的镂空木雕。并且在整个祠堂内还陈列着木刻精雕的三层祖先牌位。

在祠堂南边，便是由乔映霞和乔映奎组织修建的新院。此院也称商俗院，正门的匾额上为"承启第"。在正门后面，有一座著名的知足阁，阁中，有乔家砖雕精品之三的砖雕影壁。

砖雕全文，据说是出自南宋哲学家、文学家吕祖俭编著的《宋文鉴》，由乔家女婿晋中著名书法家赵铁山书写。

影壁上面精美的雕花门罩，匾额上面的字为"知足阁"。在此影壁旁，还有一份"省分箴"石刻，据说也是赵铁山所写。

这个院子由偏院、正院和眺楼组成。在建筑风格上处处体现出了乔映霞留学所带来的先进技术，正房的窗户有欧式的风格。

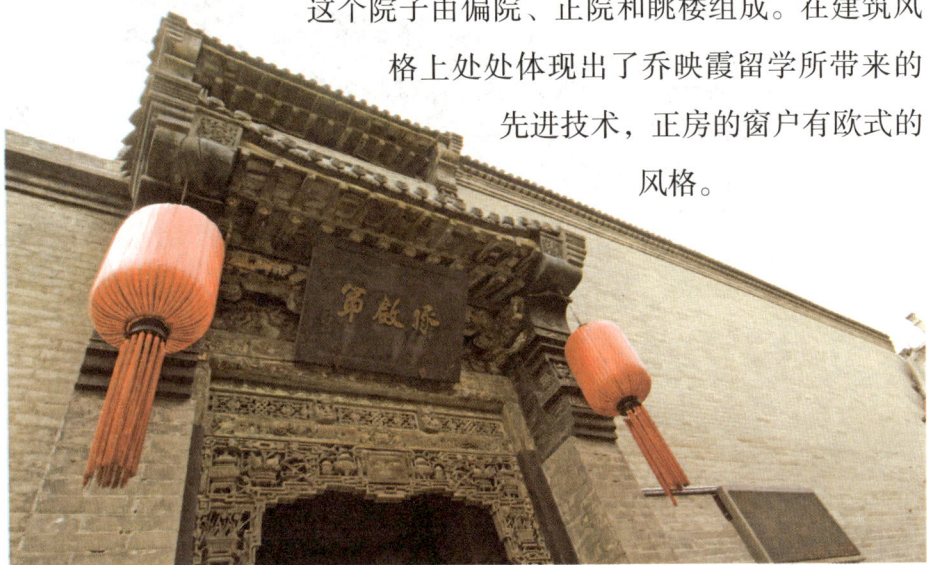

■ 乔家大院承启第

此外，这里还有很精美的砖雕，在门楣上方的砖雕，正中是一个香炉，上面还坐了一个小孩，寓意为香火旺盛，两边分别是琴棋书画，乔家人希望自己的子孙是多才多艺，琴棋书画样样精通的；两边分别是钟和表，教育乔家的后代子孙要懂得一寸光阴一寸金，珍惜时间。

在东厢房上，还有一个更有意思的雕刻，中间的小的玻璃窗户格子上方，有一列火车正在桥上行驶，还冒着烟，据说，这是乔映霞当年把在外国看到的火车凭借自己的印象雕刻到这里的。

■ 乔家大院神龛

正对着这座新院的建筑群便是乔家大院内最后完成的建筑——花园院。

据说，乔家人本打算把这修成一座书房院的，但由于种种原因，最终没有修成，最后便成了一座花园。院大门匾额为"钟灵毓秀"，院内有假山池塘，小桥流水，还有一个亭子，供人自由浏览。

在乔家大院中无论是房间还是乔氏祠堂，在屋檐下部都有真金彩绘，内容以人物故事为主，除"燕山教子""麻姑献寿""满床笏"和"渔樵耕读"外，还有花草虫鸟，以及铁道、火车、车站、钟表等现代图案。

彩绘 又称丹青，最早出现于我国春秋时代，是我国传统建筑上绘制的装饰画，后传到朝鲜半岛和日本，并被两者广泛运用和发扬光大。在我国古代建筑上的彩绘主要绘于梁和枋、柱头、窗棂、门扇、雀替、斗拱、墙壁、天花、瓜筒、角梁、椽子、栏杆等建筑木构件上。

这些图案，堆金立粉和三兰五彩的绘画各有别致。彩绘所用金箔，纯度相当高，虽经长期风吹日晒，仍是金光闪闪。这些彩绘的立粉工艺十分细致，须一层干后再上一层，这样层层堆制，直到把一件饰物逼真的浮雕制成为止，最后涂金。

涂金可保持经久不褪，色泽鲜艳，因其太薄，必须挑选晴朗无雨无风的天气，才能进行操作。由此可见，乔家大院屋檐下部的金彩绘，真可谓是我国具有代表性的一件作品。

乔家大院之所以引人注目，不仅和建造结构、院落布局、彩绘工艺有关，还和修建房屋时的细节是分不开的。尤其是各种各样的雕刻技艺可谓巧夺天工。

在乔家大院内，随处可见的精致的彩绘工艺和巧夺天工的木雕艺术品。木雕的雕刻品个个都有其民俗寓意。每个院的正门上都雕有各种不同的人物。

总之，乔家大院的建筑技艺，充分体现了我国清代民居建筑的独特风格，具有相当高的观赏、科研和历史价值，确实是一座无与伦比的艺术宝库。

阅读链接

据说，在乔家大院的地下，还有著名的九曲下水道和百年的乌龟。

当年，为了大院内下水道的修建，乔家人可谓是费尽了心思。

他们把下水道建得曲曲折折的，并不是直道，意思就是怕福气和财气一泄而光。但是曲折的下水道就会造成了堵塞，怎么办呢？

乔家人就在下水道的每一个拐角处都放了一只乌龟，这些乌龟可以帮助疏通淤塞。

这些乌龟至今仍存在，它们至少有300年以上的寿命，如今还在辛勤地工作着。

姜氏庄园

　　姜氏庄园，位于陕西省米脂县城东的桥河岔乡刘家峁村，是陕北大财主姜耀祖于清光绪年间投巨资历时16年亲自监修的私宅。

　　姜氏庄园砖、木、石三雕艺术十分讲究，整座庄园无处不雕，无处不琢，大至整个建筑设计，小到各个微小装置，都有数不尽的"雕"艺术，这些都充分说明庄主的聪明才智和文化内涵，体现出独具匠心的建筑科技和历史艺术价值。

姜家父子始建姜氏庄园

姜耀祖是我国20世纪初时，陕北一带富甲一方的大财主，他拥有土地上万亩，年贮粮数千石，可谓财源广进，积蓄丰厚，但姜家的兴旺不是起自姜耀祖，而是始于其祖父姜安邦。

窑洞人家

■ 窑洞民居

据说，姜安邦务农出身，特别能吃苦。起初在陕北米脂县杨家沟地主马良家揽工干活，勤勉谨慎，深得主家好感，把女儿许配给姜安邦为妻，并资助一些钱物。

姜安邦有点资本后，一是扩大商业经营，加快周转；二是放高利贷；三是借灾年粮贵地贱收买土地，到其鼎盛时期独自占有土地便有约800万平方米。

在姜安邦发家致富期间，他还生养了4个儿子，前三子无后，只是第四子姜锦瑭有继。分家时，姜锦瑭分得部分土地和大部分产业。

姜锦瑭和他父亲一样，不仅精明能干而且还勤俭节约。家中虽有雇工干活，但自己从来都不摆出少爷的架子，而是和雇工一起上山劳动，一起修缮窑洞。

在姜锦塘的辛勤劳动下，他不仅聚敛了很多财

千石 石是我国古代的一种单位。用于容量单位，十斗为一石；用于重量单位，120斤为一石；用于地积单位，具体数量各地不一，有以十亩为一石的，也有以一亩为一石的。千石作为粮食计量单位，为12万斤。

窑洞生活

富，而且在米脂城附近的很多镇上都有他的生意。

到姜锦塘晚年时，他又喜得一子，取名为姜耀祖。因为是老年得子，姜耀祖被视为姜家的掌上明珠。

在姜耀祖很小的时候，姜锦塘就送他到私塾读书，因姜耀祖天资聪慧，过目成诵，尤其爱好诗词，被老师称为可造之材。然而很可惜的是由于姜锦塘年事渐高，姜耀祖不得不较早辍学，替老父掌管家业。

此时，姜锦塘正在做一项大工程，那就是为姜家人修建一座大宅子。

姜锦塘请风水先生勘察选址，最终选定在牛脊梁向阳山湾作为姜氏庄园的基地，并于1871年破土兴工。

由于姜锦塘年老体衰，不胜操劳，当自己的儿子

私塾 是我国古代社会一种开设于家庭、宗族或乡村内部的民间幼儿教育机构。它是旧时私人所办的学校，主要以儒家思想为中心，它是私学的重要组成部分。清代地方儒学有名无实，青少年真正读书受教育的场所，除义学外，一般都在地方或私人所办的学塾里。

开始掌管家业以后，他便把庄园的修建事项交付于姜耀祖实施。

姜耀祖雇用了县内东乡马鸣骏、王宝贵、李凤飞等许多名工巧匠。普通工匠主要是本村农民，通常上工数十人，用粮食当工钱，加上人工伙食，一年耗粮食上千石。

庄园建造前，施工人员先削崖劈山，再打井砌墙，由下而上依山傍岭逐层修建。

姜耀祖不仅聪慧达观，而且在修建中，他还经常遍访各地的名门豪宅和晋中富室，汲取各处优秀的建筑特点，并和自己请来的大匠师们边设计边兴造的，为此，庄园的一切布置都独出心裁，巧妙地将陕北黄土高原传统的窑洞结构与京城、晋中的四合院模式融为一体，逐步形成以窑洞四合院为主体的建筑群体。

风水 本为相地之术。相传风水的创始人是九天玄女，比较完善的风水学问起源于战国时代。风水的核心思想是人与大自然的和谐，早期的风水主要关乎宫殿、住宅、村落、墓地的选址、坐向、建设等，是选择合适的地方的一门学问。

■ 陕北窑洞

千年悠韵的古村古居

■ 姜氏庄园内景

同时，姜耀祖还与各地的名匠、专家会商，设计出前有寨墙、上中下3层相连的套院形式，从下而上逐年有序施工。经过了16年的漫长岁月，用工约20万人，终于在1886年竣工落成。

这座庄院以石建筑为主，无论是寨墙、涵洞、拱窑的垒砌，道路、台阶、院落的铺设，石锅台、石炕栏、石床、石仓的安置，还是门墩石狮、门额石刻、穿廊挑石的精雕，石水槽、石鱼水道、石马槽、拴马桩的雕刻，都达到了出神入化的境界，无不体现石料的合理应用和工艺处理。

其水磨砖雕人物形象、鹤鹿松竹、流云花草、造型图饰，皆栩栩如生，活灵活现。门庭木刻彩绘花形、窗棂窗扇、枋额匾牌，也都与主体搭配得宜。

庄院采取北京四合院构造，结合陕北窑洞特色而建。它磅礴大气，集实用性与艺术性于一体。其设

窑洞土坑

计巧妙，施工严密，布局合理，浑然紧凑，对外严于防卫，院内通连方便，室内冬暖夏凉，起居舒适得宜，是西部高原窑洞建筑的光辉范例、石雕砖雕与木刻砖塑建筑艺术的集中展示，让陕北民间工匠技术在这里得到了高度发挥。

姜耀祖一生最大的建树就是修造了这座耗粮上万石的大型庄园，因为此庄园是作为姜家人的私宅而修建的，为此，大家称它为姜氏庄园。

此庄园建成的数十年间，该宅院主要由姜耀祖及其子孙居住。

阅读链接

据说，姜氏庄院的所在地米脂县内的姜姓始祖为姜弼臣，字思政，华阴县东班庄人，本是一位技艺高超的木匠，大约在明嘉靖年间因故流落米脂，住县城南文屏山下的南寺坡，娶妻班氏。

300多年后，姜氏已繁衍到几十世，后人遍及米脂附近的刘家峁、姜兴庄、桥沟、沙坪上、七里庙等十几个村庄。

刘家峁村以姜姓住户为主，族系纷繁，第十二世姜耀祖是重要一支。

姜耀祖的曾祖父姜怀德是姜家的第九世，据说，他年轻时曾中过武举。

城堡式窑洞的内部建筑

　　姜氏庄园位于陕西省米脂县城东的桥河岔乡刘家峁村,是陕北地区最大的财主姜耀祖于清光绪年间投巨资,亲自监修的私家宅院。

　　此庄园依山就势,背山面水,负阴抱阳,规模宏大,占地面积达

■ 姜氏庄园生活复原模型

姜氏庄园生活复原模型

26 000多平方米，由上、中、下三院和碾磨院、葡萄院、鸡鸭棚、库房、井楼、炮台和寨墙等部分组成，整个建筑为砖石结构，是全国最大的城堡式窑洞庄园。

庄园有365个台阶，此台阶的数目正好是一年的天数，具有一年四季天天吉祥，岁岁平安，步步登高之美意。

整座庄园的寨墙都是用大石块所砌成的，其寨墙高 9.5米，宽 24.3米，在寨墙的下方还有一座石拱形寨门，门额上方镶有姜耀祖手书的"大岳屏藩"4个石刻大字，其字体遒劲浑厚，寓意为庄园有如大岳一般的屏障，可以保障庄园的绝对安全。

另外，这4个字还巧妙地隐含了两代主人的名字。其中"岳"字隐喻了姜耀祖，"藩"字隐喻了姜耀祖的长子姜树藩，而"大"在这里作形容词，喻示主人有大山一般的实力和气度，能"福泽子孙，荫庇后世"。

进入寨门最先看到，在它的东侧建有一孔与寨墙连为一体的井窑，此井窑高 5米，东西宽 4米，在其上方还横置两根木椽，此木椽是家主乘坐的轿子闲置时，为了防止潮湿而设计在空中的吊放梁架，并

235

陕北大庄园

姜氏庄园

千年悠韵的古村古居

■ 民居窑洞

且在梁架的顶部还箍有两个石锁。

那么，为何梁架的顶部会箍有两个石锁呢？据说，姜家乃武举世家，姜耀祖为了让他的儿子习武练功，特意请来武教师，将其练武所有的沙袋吊置在这两个石锁上，因此梁架的顶部才会箍有两个石锁。

离井窑不远处，还有一口深井，其井深33.3米，井口设有手摇辘轳是用来汲水的，水源引自山下的泉眼，其水质十分的甘甜爽口。

关于此井口的结构于寨墙之内的深井，有着3个特殊的意义：其一不出宅院就能方便用水；其二可以保证井水卫生；其三能防止他人在井内投毒，因此即使被困宅院数月，也无饮水之忧。

深井的左边有个高 1 米，宽 2 米的巨形贮水石槽，此石槽做工精细，在石槽的顶部还留有一方口，据说是上院用人从石槽内取水的一个道口，上面同样

武举 是我国古代科举考试制度中的武科，目的是选拔军事人才。唐朝时武则天于702年开始推行，考试内容包括箭、弓、刀、石等。以后宋、明、清等朝都有武举。相对于文科考试，中武举者称为武举人，武举第一则称为武状元。

装有手摇辘轳，具有二级提水的功能。

在石槽的附近还有一孔小圆窑，也就是门房。小圆窑的顶部也留有一小方口，其目的是让绳子从方口穿过，如遇匪徒、盗贼袭击时，门卫便拉响炮台上的铜铃报警，全院立即进入戒备状态或藏入窨子，由此可见，井窑整体设施，都具有双重或多重功能，可谓设计巧妙，功能颇多，匠心独运。

在井窑的北边是姜氏庄园的第一层院落——下院，此院也叫管家院，宽15.3米，深10米，是我国陕北典型的窑洞四合院。其特点是宽大于深，即敞亮、通风、纳阳极佳，又给人以恢宏大气的感觉。

下院的前方有一座用水磨青砖所砌筑的大门，猫头滴水，五脊六兽硬山顶，墀头砖雕"福禄寿喜""狮子滚绣球""五福捧寿""寿桃"等图案，雕刻精致，栩栩如生，包含了家主期盼永久富贵，延年

窨子 是陕北人在山崖绝壁上开凿出的石洞，洞口很小，一般仅容一二人进出，里面却别有一番天地，小的10多平方米，大的几十上百平方米不等。其悬在半山腰没有进出的路，只能靠绳索吊着出入。是用来躲避强盗、土匪的避难场所。

■ 姜氏外院

千年悠韵的古村古居

猫头滴水 是一种土陶制品，是古人用手工捏制的房屋防雨建材。不过，它们的作用，不是主要用于来防雨，而是起点缀装饰作用的。猫头：顾名思义其形似一个猫的脸，它主要装饰在房檐上。滴水的形状像一个舌头，主要放在猫头的两边。在屋檐上设置这两个建筑，可以帮助屋顶排水。

益寿，万事如意的愿望。

在大门的门额上方还悬挂着"大夫第"木雕金匾。"大夫第"这3个字，是由清朝五大书法家之一史年佑所题，可见当年的家主既有一定社会地位，同时也注重名人效应。

在门额上方不仅有木雕金匾，还有一对"寿桃"门簪，此门簪既牢固连接门杠，又起装饰作用，因此还具有 "福如东海长流水，寿比南山不老松"之寓意，并且在门额下方的门洞两侧还有一对抱鼓石墩，此石墩与"寿桃"门簪相互对应，又称"门当户对"。

下院的正后方为三孔窑洞，是管家居住的，而两侧的六孔厢窑有的作塾房，有的供用人居住，北侧窑腿上有一小圆门是通往中院和上院的阶梯暗道，也是用人行走和小少爷们上下学的通道。

从下院的西侧经过石砌涵道，便可到达庄园的第

■ 窑洞远景图

■ 窑洞古城

二部分——中院。

庄园的中院宽18.9米，深16米，其门庭仍以水磨青砖构建，猫头滴水，五脊六兽硬山顶，脊饰"祥云瑞草"，墀头砖雕"福禄寿喜""天官赐福""麒麟送子""万象更新""缠枝牡丹"等图案，寓意福禄祯祥，子嗣兴旺，富贵不断。

中院的门内是水磨青砖影壁"旭日"门，寓意旭日普照，如日中天。栱眼壁饰砖雕"文王访贤"图案，表示家主同姜太公一样，"怀才隐居"，一旦机遇到来，便可"出将入相"。另外，姜太公在此，也有"百无禁忌，大吉大利"之意。

内额栱眼壁砖雕上有"赤炼丹心"图，从表面来看，"炼丹"是求长生不老，实则是表达了家主怀有报效朝廷的一片丹心。

在中院门内的两侧还有3间大厢房和一间小耳房，大厢房是用于接待贵客的房屋，也称东厢房，小

姜太公（公元前1156—公元前1017年），字子牙，名姜尚，曾先后辅佐了6位周王。西周初年，被姬昌封为"太师"，尊为"师尚父"。后辅佐周武王灭商。因功封于齐，成为周代齐国的始祖。他是我国历史上最享盛名的政治家、军事家和谋略家。

千年悠韵的古村古居

■ 陕北窑洞

耳房是用于接待一般宾客的房屋，也称西厢房。

东厢房比西厢房稍高20厘米，这微小的尺度变化在庞大的宅群中并不明显，常人难以觉察，但是为什么要这样建造呢？据说这是按照古代"昭穆之制"，左为尊位，东为上位的习俗而作，是一种等级观念的体现，符合东大西小的理念。

在东厢房的墀头中间，还有一幅名为"鼠食葡萄"的图案，此图亦有深意，其中，鼠乃属相之首，子鼠为先，寓意子嗣兴旺，但同时它也包含"大"和"尊"的意思，而葡萄为紫色，寓意"紫气东来"，因此"鼠食葡萄"图，具有子嗣吉祥如意的含义。

沿着中院的东厢房向上走，便可到达上院。

上院为姜氏庄园的主宅，宽19.2米，深17.10米，布局为"明五暗四六厢窑"式窑洞院落，这在陕北属于最高等级的宅院。

昭穆之制 源于我国古书中的《周礼》规范。"昭穆"是古代义的宗法制度，规定的就是在宗庙和墓地的一辈人和一辈人的排列次序，始祖居中，二世，四世，六世在始祖左边，为昭。三世，五世，七世在右边，为穆。

那么，什么是"明五暗四六厢窑"式窑洞院落呢？其中，"明五"是指正面台阶上的这5孔石窑，也称为上窑，是主人居住的地方，它的含义为"五子登科"。

"暗四"是指上窑两旁的套院，俗称暗4间，它的含义是"四喜盈门"，是主人的厨院和库房。

"六厢窑"是指两侧的6孔窑洞，它的含义是"六六大顺"，是晚辈居住之地。这"明五暗四六厢窑"合数为十五，无论是分是合，均取单数，单数是增，双数为圆，是希望人口增加，财产增值，隐含"人财两旺"的寓意。

同时，上院属于坐东向西的方位，顶部穿廊抱厦，檐头砌十字花墙，每孔窑宽11尺，进深25尺，室内每孔窑都有过洞相通，并且均设有火炕、暖阁、壁橱等，看起来十分讲究。

紫气东来 传说老子过函谷关之前，关尹喜见有紫气从东而来，知道将有圣人过关。果然不久老子骑着青牛而来。为此，古人便认为紫色是吉祥的征兆。并以"紫气东来"表示祥瑞。

241

陕北大庄园

姜氏庄园

■ 下沉式窑洞

不过，在上院之中最为讲究的设计是垂花门，垂花门为整座宅院的精品，属于砖木结构，其建筑特点为柱梁门框举架，双瓣驼峰托枋，同时门上还刻有雕花与彩绘，在门的上方还镶嵌着一块名为"武魁"的匾额，此匾额是彰显姜耀祖的曾祖父于1822年，高中第17名武举之荣耀。

上院之所以有如此精美的设计，是因为这里是家主起居之所，因此装修设计自然与其他院落不同，并且在院子中央还设有两张石床，石床的两侧还有家主亲手栽植的两棵老槐树。

据说，这两棵老槐树长得枝繁叶茂，绿树成荫。因此不论是烈日炎炎的中午，还是在繁星点点的夜晚，家主都可以在大石床上悠闲自得，安然惬意地乘凉休息。

不过，在石床下部还凿有一座石槽，石槽内部可注入清水，不仅可以起到纳凉的作用，还可起到阻止各种蛇虫鼠蚁的侵扰。

由此可见，姜氏庄园的整个建筑设计奇妙，工艺精湛，布局合理，浑然一体，不仅是我国最大的城堡式窑洞庄园，也是汉民族建筑的瑰宝之一。

阅读链接

在姜氏庄园中，曾流传着一个关于"不弯腰"的故事。据说，当年修葺寨墙的一老石匠见姜耀祖从坡下走上来，心中有意刁难他，便将自己手中的钢錾落于墙下，想让姜耀祖捡起来拿给自己。

姜耀祖看到钢錾落于自己的脚前，只是"嘿嘿"一笑，对老石匠说："修这宅院我连腰也不用弯，你老慢慢歇着，歇够了自己来捡！"说罢便扬长而去。

老石匠说："这可真是不弯腰的姜财主！"

从这个故事中，不难看出姜耀祖的财大气粗，因此当年修葺此宅院，曾耗费小米9000余石，每年食盐多达一石之重。

康百万庄园

　　康百万庄园，位于河南省巩义市康店镇，始建于明末清初，由于它背依邙山，面临洛水，因而有"金龟探水"的美称。

　　康百万庄园临街建楼房，靠崖筑窑洞，四周修寨墙，濒河设码头，集农、官、商的风格为一体，布局严谨，气势宏大，是一处典型的17至18世纪封建堡垒式建筑。

　　同时，此庄园还有很多石雕、木雕和砖雕，这些雕刻多以人物、花草和鸟兽为主，有"冠上加冠"与半夜拜师等雕刻图案，具有深刻的寓意和浓郁的生活气息。

始建于明朝中期的古老庄园

康百万庄园究竟是谁修建的呢？此庄园的名字又是如何得来的呢？其实，"康百万"并不是指某一个具体的人，而是一个家族的统称。

康百万家族，以财取天下之抱负，利逐四海之气概，创业于明代，渐兴于清初，乾隆时进入全盛，咸丰以后逐渐没落。

河南康百万庄园景区

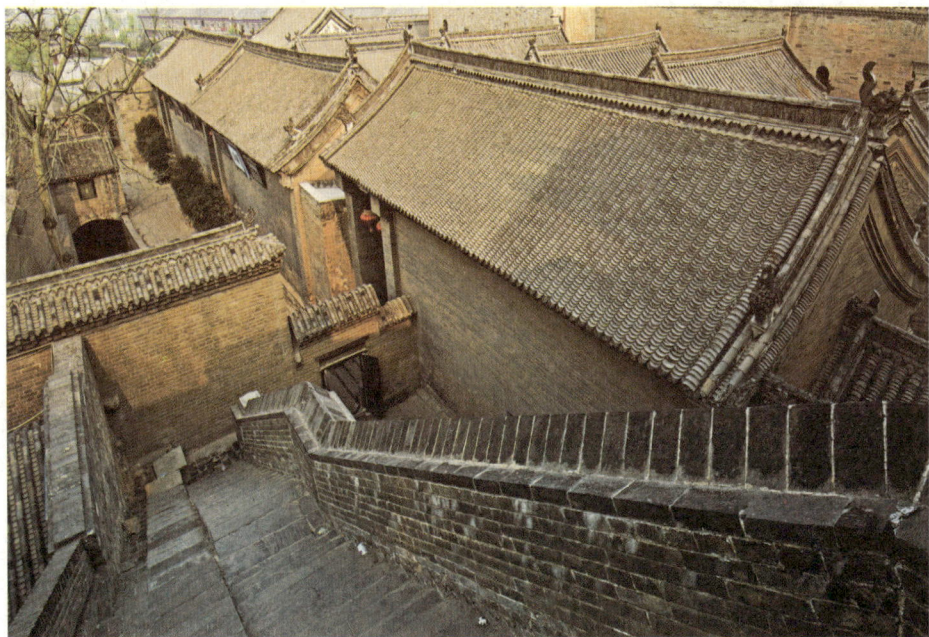
■ 康百万庄园建筑

在整个康氏家族中，上自六世祖康绍敬，下至十八世康庭兰，一直富裕了12代、400多年，历史上更有康大勇、康道平、康鸿猷等数十人被称为"康百万"，其中最具代表性的是康鸿猷。

那么，为何说康鸿猷是最具代表性的呢？这是因为康百万之名的来历和康鸿猷有着密不可分的关系。

据说，在光绪末年，慈禧太后和光绪帝曾经到过河南，当时，河南正在闹饥荒，当地知府无力接待这两位皇族，便让康鸿猷出资迎驾。

由于康鸿猷不知道慈禧太后和光绪皇帝是走水路还是旱路，因此做了两手准备，第一手准备是在东黑石关修建了一座行宫，并在洛河上架起了一座浮桥。

第二手准备是在巩县的洛河边上建造了5艘龙船，为了停泊这5艘大船，又特意在南窑湾村北洛水东岸建船坞5座，俗称龙窑。

船坞 是用于修造船舶的水上建筑物。布置在修造船厂内，主要是用于船舶修理。船坞是造船厂中修、造船舶的工作平台，是修理和建造船舶的场所。也是船厂中经人工处理的用于修造船舶的场地设施，船舶的建造和大修就是在船坞中进行的。船坞是我国宋朝人张平发明的。

洛河 古称雒水，黄河支流之一。发源于陕西省蓝田县境华山南麓，流经洛南、卢氏、洛阳，于巩县境入黄河，洛河是我国原始农业起源最早地区之一。传说周时已有水利灌溉，东汉开阳渠引洛为漕，隋建通津渠，明修大明渠，清时继有发展。

由于当时洛河发大水，慈禧没有走水路，因此到河南巩义之后，建造的5艘龙船并没有发挥什么巨大的作用，慈禧太后和光绪帝只在康鸿猷修建的行宫里居住了一晚。

在第二天临走之前，康鸿猷为了讨好慈禧太后，还通过太后身边的太监李莲英向慈禧太后捐献了万两白银，慈禧太后见到康鸿猷捐献的万两白银后十分高兴，就随即说了一句"不知此地还有百万富翁"，因此，"康百万"这个封号就由康鸿猷为讨好慈禧，后借慈禧的金口而名扬天下了。

虽说"康百万"的封号是出于清末，但康百万庄园却始建于明朝中期，在初建的过程中，为了体现其身份，大兴土木，建造了庞大的庄园。

全庄园由19部分组成，占地约16万平方米，是一座庄重气派、华丽典雅、集"古、大、雅、美"于一体的恢宏建筑群，更被后人称为17至18世纪华北黄土

■ 康百万的灵璧寿石

河南康百万庄园人物蜡像

高原封建堡垒。

并且，在建造此庄园的过程中，逐步形成了寺沟、张沟等明代楼院，后又出现龙窝沟、寨上主宅区、南大院、栈房区、店铺、饲养区、祠堂、木材厂、造船厂、金谷寨等不同功能的清代建筑，同时还有碑楼、牌坊、花园等辅助建筑，从而形成了一个依山傍水、错落有致、功能齐全、气势宏伟的大庄园。

阅读链接

据说，康氏家族发迹始于贩盐业，明朝时期，康家第六世祖"康绍敬"在地方水陆交通、盐业和税务等方面担任要职，而明朝已经允许私人介入贩盐业。

到了清朝时期，康氏家族通过各种手段取得了长达10年与布匹有关的军需品订单，在这之前康家还垄断了陕西的布市。

同时，康氏家族又靠造船业发财、靠土地致富，康家的船行洛河、黄河、运河、泾河、渭河、沂河，后人说康家的船达3000艘；他的土地商铺遍及附近鲁、陕、豫3省的8个县达18万亩，在1773年和1847年分别收到了来自清廷和同乡送给的"良田千顷"的牌匾。

古风古韵的庄园内部建筑群

康白万庄园依据"天人合一、道法自然"的传统理念选址，临街建楼房，靠山筑窑洞，滨河设码头，据险垒寨墙，既保留了黄土高原民居和北方四合院的形式，又吸收了官府、园林和军事堡垒建筑的特点，还融我国南方与北方的建筑特色于一体，是我国中原民居中最有代表性的古建筑群。

庄园里此类古建筑群体的数量众多，其中有

■ 康百万庄园牌坊

310个生活区，31处院子和73个窑洞，但是令人吃惊的是，如此庞大的建筑群仅有一个入口。没有知情认路人带领，陌生人极难找到出口，弯弯曲曲地穿行在庄园里，宛如走进了一个大迷宫。

康百万庄园的建筑风格与绝大部分有钱人家所建的房屋不同，它的大门入口可以与古代的城门媲美，入口两侧均有主墙相依。门里还有一个仿照长城的瞭望台而建的居高临下的观景台，因此康家庄的建筑风格真可谓别具一格。

进入庄园内部，拾级而上便来到观景台。在观景台的不远处就是康家的厨房，康家本是一个大家族，平日里总是宾朋满堂，因此康家的厨房十分的大，只有这样才能解决众多人口的吃饭问题，同时厨房里干活的人也十分的多，自然是热闹非凡，嘈杂无比。

然而，康家的书房却恰恰挨着厨房，这一点实在是让人困惑不解，热闹嘈杂的厨房和安详静宜的书房

天人合一 是我国古代的一种哲学思想，在儒、道、释三家中均有阐述。其基本思想是人类的生理、伦理、政治等社会现象是自然的直接反映。在道家来看，天是自然，人是自然的一部分，所谓"有人，天也；有天，亦天也。"这种思想最早起源于春秋战国时期，汉朝董仲舒引申为天人感应之说，程朱理学引申为天理之说。

河南康百万庄园中的铜香炉

竟然互为惠邻，这或许是康家为了锻炼子孙读书的定力，让他们体会乱中取静之意吧！

同时，与大院内其他建筑相比，康家书房的内部装饰显得十分简单，这与其他豪华富丽的建筑形成了鲜明的对比。

在书院的外部，还建有两个小亭子和一些枯萎、古老的花木，这些古老的花木在无形中给康家大院平添了几分伤感。

书房东边是康家画室，其画室中所有的家具都镶嵌有闪闪发光的宝石，并且在画室东墙上还镶挂着明、清著名书法家的作品，西墙上挂着一件清朝官服和一把康氏后人康英奎平时练功习武时用的宝剑。

书房的西边是放置祖先牌位的灵堂。在灵堂中有着许多精美的神龛和有关祖先生卒的碑刻，据说雕刻每块碑刻都要花费一个石匠3个月的工夫，因此康家灵堂内的每块碑刻都十分的珍贵。

在灵堂的不远处则是康家的普通生活区。此区内有两大奇观，第一奇观是由书法雕刻集中的窑洞，此洞内的两侧共有16通与成人一般高大的石碑，石碑上面全部雕刻着赞扬家主的"慈悲善良"与"慷慨大方"的内容。

第二大奇观是窑洞窗户上的木雕。每处镂空的木雕都有一种"横看成岭侧成峰，远近高低各不同"的绝妙印象，并且此窑洞还是主人居住的地方。

在窑洞内，有一张楠木床，此床在当时那个年代，属于万里挑一、精美绝伦的珍品。据说，它是由当年最著名的5位木雕工匠费时3年雕刻而成，它的华美精致甚至可以跟皇上的龙榻相媲美。

在床的左下方是一个高1米、长1.5米的木车，此木车是用来接送庄园的女眷们去厕所的工具。

在我国古代，女人要缠足的，然而这三寸金莲的小脚使女人们无法长距离行走，而厕所一般是建在大院最偏僻的地方，所以这个木车就成了接送小姐、姑娘们往返厕所和卧室的专用交通工具。

三寸金莲 是我国古代妇女的一种裹足习惯。在我国古代人们常把裹过的脚称为"莲"，而不同大小的脚是不同等级的"莲"，大于4寸的为铁莲，4寸的为银莲，而只有3寸则为金莲。

■ 河南康百万庄园庭院

中原大家宅

康百万庄园

■ 康百万更房

翰林 是皇帝的文学侍从官，翰林院从唐朝时期起开始设立，始为供职具有艺能人士的机构，但自唐玄宗后演变成了专门起草机密诏制的重要机构，院里任职的人称为翰林学士。明、清改从进士中选拔。

在木车的右边则放着几双小姐们曾经穿过的前边尖，后跟高，面上绣有精美图案的小脚鞋子。

在此窑洞的后面，便是康家饭厅。其饭厅的右侧放着一张供8人进膳的方桌。因为康家十分迷信，相信生死由命，富贵在天，所以只要有算命先生造访，他们必定要用此餐具招待一番。

他们相信这样做会给全家带来好运和财富。如有贵宾造访，康家主人则会依照满、汉传统举行大型的宴请，这种场合常常要用餐具108件，具有好运连连之意。

从饭厅出来，一直向东走就可以到达康家的东院。在东院的第三道门内的大厅里悬挂着"留余匾"，此匾乃是我国名匾之一，也是康氏家族教育后代的家训匾。

此匾上的题字"留有余"具有不尽之巧以还造

化、不尽之禄以还朝廷、不尽之财以还百姓和不尽之福以还子孙之意，并且此匾还是由清朝翰林牛暄所撰写。

在康百万庄园内有很多类似"留有余"这样的匾文，此类匾文都体现了儒家"财不可露尽，势不可使尽"的中庸之道的思想，这种思想在康百万资助朝廷，修黄河大堤、建学堂、赈济灾民等方面都均有体现。

另外，庄园内道院门上诸如"居贵敬""行贵简"之类的题词，都表现了康家为人处世的准则，就是表明康家的人要在日常生活中注意修养，外出待人接物直率诚信，仪表穿戴要简朴大方。

在庄园内，除了东院建筑群，还有康家商业活动的大本营——栈房区，它是康家当时的商业活动场所，集仓库、办公和做生意为一体，当年康家在全国各地设立有功能各异的栈房，同时有"四老相公"和"八大相公"分管各个栈房，形成一个金字塔式的管理机构层层管理。

这个栈房区是康家的商务总部，这里依山傍水，同时又依住宅区近码头，它是整个康家数百年来经济发展的重要核心部分。

■ 康百万庄园中的牌匾

千年悠韵的古村古居

■ 康百万庄园"颂戬穀"门

豫西 地处晋豫大峡谷以南，南阳盆地以北，以平原为主。是指河南省内、省会郑州以西地区，包括洛阳、三门峡、平顶山三个城市，即洛、虢、鹰三市。西接陕西，东靠中原，北依太行，南邻黄河。位处亚欧大陆桥东段。

栈房区修建于1885年至1892年，原有6个大院和一个占地25亩的饲养棚和遛马场，总占地3600多平方米，历经风雨沧桑后保存下来的由东向西依次为顺记、魁记、崇义德3个基本完整的四合院式大院，大约2000平方米。

栈房区的建筑特点是17世纪和18世纪清中晚期典型的豫西建筑风格，尚属二进式门院，木、石、砖三雕相互贯通互为一体，雕龙画栋，寓意深长。

不少有关民间传说故事的石雕在栈房区随处可见，经历上百年的历史这些石雕依然完好无损，雕刻的字体轮廓依然醒目美观。

康百万栈房的一个最大特点就是无处不在的匾额楹联，这些匾额楹联所洋溢出浓郁的豫商文化气息，充分显示着主人的身份与品位，也是栈房区的独到之处。

其中，在顺记大院的大门门匾上刻有"洛作智水"四字。"洛"是智慧的象征，"水"是康家经商的重要载体之一。

当年康家就是靠漕运起家，兴家，发家，经营盐业、粮食、棉花、布匹的，所以"洛作智水"就寓意康家明理通达，生意像洛河水一样源远流长。大门的左右两边还有两副这样的楹联：

> 厚农资商农商皆是本；
> 重信守义信义全在人。

> 审时度势诚信至上商之本；
> 化智为利化利入义贾之根。

进入大门后，便是顺记大院的迎客厅。这里是康

■ 康百万庄园内对联

康百万庄园照壁

家人用来接待各方来客以及康家各地栈房大小相公的，是负责商业信息上传下达的地方。

在大厅内，有块形如书卷的匾额，匾上所书的是1714年康熙颁布的圣谕，内容为：

朕视商民皆赤子，无论事之巨细，俱当代为熟筹。

意思为无论是商人或是农民，都是我的子民，无论大事小事，我都会仔细筹划，并且一视同仁去对待。康熙皇帝在位61年，他的一生立志要做成3件大事，那就是撤藩、治理黄河和发展漕运。

康家第十二代庄园主康大勇紧抓机遇，大力发展漕运，从而改变了传统的"仕不经商"的观念，利用门前洛河之便，把生意从洛河走向黄河进而走向全国，从而盛极一时。

整个迎客厅被隔断分为外厅和内厅，凡来访客人先到外客厅，如有要事就到内厅和老相公商谈，如果事关重大，再由老相公反映给康百万的东家。

客房内厅，放有一个圆形的桌子，这是用来谈生意时客人和东家观看样货和放置样货的地方。

平日里，这张桌子都是一分为二放置在两边，如果双方洽谈成功时两个桌子对在一起，表示生意圆满成功。此外，半圆桌还可以节省空间，让人看起来既实用，又美观。

还有一种说法，就是通过屋中桌子的摆放，可以判断男主人是否在家，桌子分开表示主人不在家。合一块，说明男主人在家。

迎客厅是康家的形象窗口，康家刻意布置这个待客厅，厅内家具、书画、文房四宝、工艺品、茶具、茶叶等配套齐全。从中体现豫商"崇尚中庸、低调内敛"的儒家风范，体现豫商"留余"的独特个性。

除了这间迎客厅，在顺记大院内，还有几间厢房。在顺记大院旁边，便是栈房区的魁记院。

在此院的大门处，右边门匾上写着"审时"，左边门匾上写着"度势"两字，这是康家时时提醒在做生意时要综观大局，讲策略论

康百万庄园石狮子

康百万庄园更房

技巧，稳中求胜。

　　大门内，便是魁记院的贵宾客房，这是用于安排来访贵宾安歇的地方。在此房间内，还有两副楹联写道：

友以义交情可久；
财以道取利方长。

货属商通富若陶朱何让；
利由义取贤如端木堪师。

　　室内家具配套齐全，加上墙上字画的点缀，洋溢出一片宁静，温馨的气息，体现康家主人对客人无微不至的关怀。和顺记大院一样，除魁记院内的其中两间厢房外，在魁记院还有几间特殊的厢房。

　　一间是康家总务主管办公的地方庶务室。

　　据说，康家鼎盛时期有四老相公、八大相公，三十二相公，无数的小相公，拥有近二百多个呈现金字塔式的管理体系，老相公是康家的经营主管，大相公是各个分区的负责人，相公是各个栈房的负责人，小相公则是业务人员或者是比较重要的勤杂人员。

而这间庶务室内的主管则是掌管康家营缮工程、财产购置、管理维护以及栈房维修、出纳、相公、仆人薪金、休假、日常生活安排管理等事务。

同时，康百万为了巩固康家的根基，发展康家的商业市场，也公开向社会招聘相公，招收饱学之士，为此，庶务室也作为康家选拔经商人才的地方。

另一间是康家的账房，也是康家四大朝臣之一的账房主管，单独审阅，小理账务的场所。

设置这个单间对于完善康家财务状况意义重大，桌子上摆放有文房四宝、算盘、记事板、烛台、边墙上悬挂着账本，后面是椅子、档案柜等配套设施。

算盘 我国使用的一种计算用具，已有2600多年的历史。算盘为长方形，周为木框，内贯直柱，俗称"档"。一般从九档至十五档，档中横以梁，梁上两珠，每珠作数五，梁下五珠，每珠作数一，运算时定位后拨珠计算，可以做加减乘除等算法。

■ 河南康百万庄园题刻

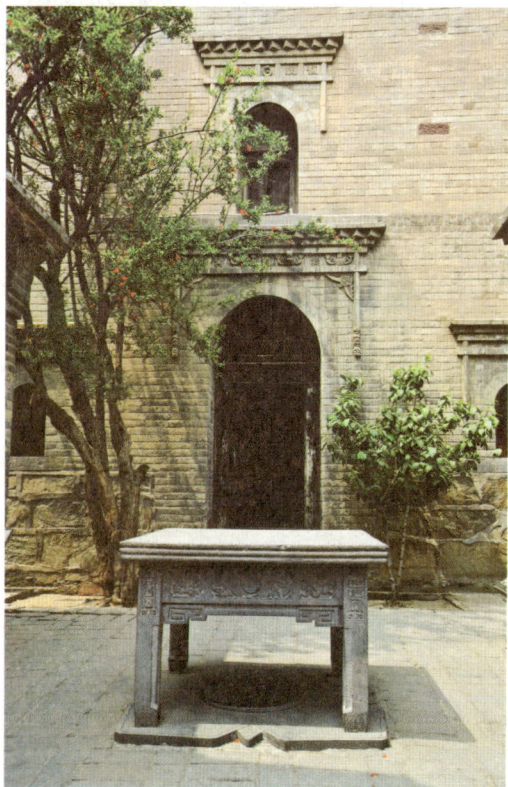

千年悠韵的古村古居

■ 康百万庄园中的
石桌

挂屏 就是悬挂在墙上的屏风，这种屏风最早出现在清代。挂屏轻巧而古典，大气而经典。挂屏可大可小，都有着不同的美感。可以用挂屏制作对联，也可以在进门处或沙发背后放置山水类挂屏，这种屏风象征靠山的意义。

一张小床、茶具、面盆等生活用品，这些不经常使用的东西，恰恰表现了老先生尽职尽责的工作态度。

还有一间为辨银室，是康家老相公传授小相公辨银秘诀、经验以及使用金钱秘决、办理大型账务手续的地方。

辨银室旁边，还有一间厢房，是相公述职房，这是康家外地相公回来向老相公及康百万汇报生意时住宿的地方。

康家在外地共有32位相公，他们经常回来向东家汇报生意情况，这就是他们临时居住的地方，相当于后来的客房。

在魁记院内，还有一间仓库房。房内分为上下两层，上层放一些比较轻的物品，摆放有南方的绸缎、瓷器、茶叶，陕西的棉花布匹、药材等实物。

下层多为一些不易搬运的货物，摆放有山东的食盐、南方的生漆、米酒、陕西的粮食、辣椒，河南的木材、土产、白酒等实物。

栈房区的崇义德院内，由义周仁里室、积德行善房、芝兰室、议事厅、金银库和先贤堂等房间组成。其中，积德行善房则是康家十七代庄园主康建勋的行医馆。

而芝兰室，则是庄园内临时接待重要人员座谈小议的地方，也是康百万梳理商务，捕捉商机，深悟商理的起居处。

芝兰室的厅内西墙面有木雕挂屏，房内顶子床、家具等一应俱全。看似简洁整齐却真实突出了儒商康百万爽朗认真、灵敏细致的个性。在芝兰室门外，还有两副有趣的楹联，上面写道：

一念不邪方寸地中唯种德；
万缘归正九重天上自生春。

暗暗思量百计不如阴骘好；
明明检点万般唯有读书高。

崇义德院内的议事厅，是各地来访客人在此休息，临时商议的地方，厅内茶具、书桌等一应俱全，

儒商 即为"儒"与"商"的结合体，既有儒者的道德和才智，又有商人的财富与成功，是儒者的楷模，界的精英。一般认为，儒商有超功利的最终目标，有对社会发展的崇高责任感，有救世济民的远大抱负和忧患意识，追求达则兼善天下的结果。

261

■ 康百万庄园中的月门

官窑 是一个相对广义的概念。历代由朝廷专设的瓷窑均称"官窑",所产瓷器称为"官窑瓷"。"官窑瓷"分为两大类,狭义的指朝廷垄断、专窑专烧的,广义的则是由朝廷设定标准,用窑不限,即民窑也可烧造,但由朝廷派人按标准验收,合格者也称官窑瓷。

■ 错落有致的建筑布局

从中体现了主人对客人无微不至的关怀。

议事厅旁边,则是金银库,是康百万存放金银珠宝及贵重物品的地方。这里陈设了一些官窑瓷器、古董、金银珠宝、银票、合同珠宝箱、博古架、清式板箱等用品。

栈房区的顺记、魁记、崇义德3个院落,向人们传达了当年康家敛财、理财的经商理念,让人们感受到康家曾经的辉煌不可一世。

除了栈房区,在康家庄园内,还有著名的南大院,这是康家发展鼎盛时期的象征和精品建筑文化集中体现的重要标志,也是一座展示康家品位和修养、展现家族在农、官、商公共关系处理中所处的独特地位和处世风格的重要场所。

南大院是康百万庄园唯一结构严谨、规模宏大的

■ 康百万庄园远景

官式建筑，康家曾在这里和30多位知县商议接驾慈禧的有关事宜，康家的繁华在这里可见一斑。

整个南大院由"中直主院""书带生庭院""敬直仪方院"3部分组成，从这里，人们可以看到康家传承家学、教育子弟的深谋远虑、用心良苦，还可以感受到含而不露、直中藏幽的河洛建筑文化气息，更能体悟到妇女治家的精细，领略到财富传承的奥秘。

在中直主院内，有著名的"经腴史华楼"，这是康百万庄园的藏书楼，也是康家为教育子孙而设立的家族公共图书馆。

大楼的门柱上，有一副楹联：

依墨绕书林求知求学求教；
借章探史翰解意解科解题。

知县 我国古代的官名。秦汉以来县令为一县的主官。宋常派遣朝官为县的长官，管理一县行政，称"知县事"，简称"知县"。元朝县的主官改称县尹，明、清以知县为一县的正式长官，正七品，俗称"七品芝麻官"。

意思说在浩如烟海的书中,刻苦攻读,虚心请教;要学有所用,利用学到的知识,探寻研究学问,提高自身修养,解决世事难题。

藏书楼体现了康家重视教育,重学厚学思想,也是崇尚河洛文化的历史见证,康氏家族子弟在这里可以遨游书海,濡染书香,以求科场夺冠,光宗耀祖。

南大院内的书带生庭院,是康家的私塾,也是康家子弟接受教育的场所。设立有儿童私塾:是康家的小孩接受启蒙教育的场所。

在这里,还设有青年学馆,是康家的青年读书学习以诗会友的地方。他们在这里接受家族寄托的厚望,刻苦攻读,担当起传承家族财富神话的任务,实现科场扬名,光宗耀祖的重任。

南大院内的教书先生房,是康家私塾先生的住所。康家重视教育,他们家的私塾先生都是聘请的当地一些知名人士,大多都是举人的地位。其中比较出

■ 康百万庄园远景

■ 康百万庄园中的碑刻

名的老师有孙涵三、赵凤鸣、康欲远等。他们为康家培育出了一些优秀人才，为康家发展做出了贡献。

　　除了这些基本建筑群，在康家庄园内，最引人注目的还有每间房屋的石柱子底座，这些石柱子具有支撑房顶的作用。

　　此种建筑方式可以使石柱免受潮湿的侵蚀，而这些六边形的底座则是由多年形成的水晶石所建造的，每个面上都刻有花卉和人物图案。

　　最富有想象力的是一个中间镂雕出来的人物，似乎整个石柱是由他们支撑起来的，人物雕刻栩栩如生，活泼可爱，整个结构还不失平衡。

　　不少民间传说的石雕在康家大院却随处可见，即使此类石雕经历了上百年的风吹雨淋，也依然完好无损，雕刻的字体、轮廓依然醒目、美观。这都要归功于选料的精细考究。

镂雕 亦称镂空、透雕。指在木、石、象牙、玉、陶瓷体等可以用来雕刻的材料上透雕出各种图案、花纹的一种技法。距今5000年前的新石器时代晚期，陶器上已有透雕圆孔为饰。汉代到魏晋时期的各式陶瓷香熏都有透雕纹饰。清乾隆时烧成镂空转心、转颈及镂空套瓶等作品，使这类工艺的水平达到了顶峰。

康百万庄园中的石碾

康百万庄园现存很多石雕、木雕与砖雕，此类雕刻多以人物、花草、鸟兽为主，其中"冠上加冠"和"半夜拜师"就是以人物为主来雕刻的图案。这些图案不仅刀法细腻、工艺纯熟，而且还具有深刻的寓意和浓郁的生活气息。

另外，在庄园内还有家具、珍玩和名人书画等珍贵文物，此类文物数量高达4000余件，有着深厚的历史积淀和丰富的艺术内涵。

阅读链接

康家是一个十分讲究风水的家族，这里还有一个关于康家风水的古老故事。

据说，明末的某一天，一艘小船自洛阳顺河而下，行至巩县康店渡口，日晚泊岸。一老者站立船头，西望之下，不禁暗叹。但见夕阳红云，烟霞氤氲处，邙山起伏如五龙朝天，中间一峰，正是金龟探海之势，真乃风水宝地。

于是，老者携带家小，弃舟登岸，访问村人，得知刚才所见之峰，名叫"五圣顶"，其下住一康姓人家。老者欣然投奔而去，并将女儿嫁与康家。

此后，康家日渐发达，家族兴旺，终成一方富豪。更有人说，那老者原是洛阳朱姓大户，因乱出奔，无意间发现此处宝地，不惜以女相嫁，卜居之地乃独占鳌头之相，且康朱相配，正是天合佳偶。

牟氏庄园，又称"牟二黑庄园"，坐落于山东省栖霞市城北古镇都村，是北方牟墨林家族几代人聚族而居的地方。

整个庄园建筑结构严谨，紧固敦实，雄伟庄重，是我国北方规模最大、全国保存最为完整、最具典型性的庄园。

牟氏庄园以其恢宏的规模、深沉的内涵，被诸多专家学者评价为"百年庄园之活化石"与"传统建筑之瑰宝"，同时牟氏庄园还被后人誉为"中国民间小故宫"。

牟氏庄园

牟之仪之子始建庄园日新堂

牟氏庄园又称"牟二黑庄园",此庄园不仅规模恢宏,古朴壮观,还融集了我国历史文化、建筑文化和民俗文化之大成。

那么,如此恢宏壮观的牟氏庄园究竟是谁创建的呢?又是如何创

牟氏庄园小巷

■ 牟氏庄园厢房

建的呢？

关于牟氏庄园的创建，离不开一个叫牟墨林的人，说到牟墨林，却要从牟墨林的祖父牟之仪说起。

牟之仪原居栖霞市的"悦心亭"，于1742年迁居到古镇都村后来的牟氏庄园处，在那里曾建草堂4间，即"小瀚草堂"，因此牟之仪成为牟氏庄园的第一代主人。

虽说牟之仪是牟氏庄园的第一代主人，但当时牟之仪的家境并不富裕，他18岁时丧父，与叔叔牟悌同住，关系如同父子，30岁承叔命而与叔叔分居。据牟氏第十四世牟愿相所著的《小瀚草堂古文集》中记载：

牟之仪三十岁承叔命分家，始从城内悦心亭徙居古镇都。

牟愿相（1760—1811年），字亶甫，自号"铁李"。山东著名古文学家，栖霞古镇都人。他自幼聪明好学，善古文辞。中年随父牟綏居莱芜6年，所作诗、文数百篇。一生体弱多病，52岁病逝。所著《小瀚草堂诗集》，于逝后42年由海阳其婿李珏刊行。

千年悠韵的古村古居

法书 是在历史上能够长远流传，供后人作为楷模取法的书法，称为法书。法书不同于书法。法书是对古代名家墨迹的尊称，包含着书法作品之楷模的意思。法书是艺术境界极高的书法，与其相类似的，在国画领域也有"法绘"之称。

君顾内外萧然如寒士家，凡古鼎、法书、彝器、珍玩一概无有，甚至几案床榻之属，人家日用者皆无之。

乡居后，始稍稍置焉，多粗蠢无文饰，君亦安之，不以为拙也。

由此可以知道，牟之仪从小家境贫穷、命运坎坷，即便如此，他从未想过自暴自弃，而是在与叔叔分家后，自己从"悦心亭"迁居到古镇都村，并逐步发展和建设自己的家园。

在建设家园的过程中，由于当时的经济实力还达不到一定的规模，再加上他平时深居简出，不爱张扬，不闻世上乱事，对农业缺乏研究，也没有聚积财富的章法和手段，因此整个家园在建设的过程中，速

■ 牟氏庄园中的古树

牟氏庄园中的对联

度十分缓慢，一直到他去世，土地增加的数量也十分有限。

在牟之仪去世后，他的5个儿子不仅分了家，而且每家还均分了约40 000平方米的土地，其中牟之仪最小的儿子牟绰就是靠这40 000平方米的土地起家的，成为牟氏家族日后暴发的奠基人。

虽说牟之仪去世时，牟绰才年仅7岁，但牟绰天性聪明，精通农业，经常贩运谷物，囤积居奇，并趁灾荒年、青黄不接之际，外岠粮食卖钱置地。

据传，牟之仪与叔叔分家时，只有20万平方米的土地，但到牟绰的时候就已经置地达到六七十万平方米了，由此可以看出，牟绰的经营手段是非常精明的。

在拥有这么多土地以后，牟绰当然就想在自己的土地上修建房屋了，于是，牟绰带领着请来的工人，

几案 长桌子，也泛指桌子。人们常把几和案并称，是因为二者在形式和用途上难以划出截然不同的界限，"几"是古代人们坐时依凭的家具，"案"是人们进食、读书写字时使用的家具，其形式早已具备，而几案的名称则是后来才有的。

修建了牟氏庄园内最早的一组建筑群"日新堂"。

这座日新堂，俗称"老柜"，共六进5个院落，以次建门厅、道厅、客厅、双层寝楼、卧房、北群房及西群厢等，计有房屋89间。

"日新堂"建于1735年，那时周围还是一片荒野，建筑比较零落。直到后来牟绰之子牟墨林当家以后，才逐步形成规模。

日新堂成为牟墨林居住的院落后，庄园的许多重大决策都是在这里完成的，被看成是牟氏庄园的发祥地，牟墨林去世以后，这里一直被后世的长子长孙来继承，与其他院落相比，这里更有沧桑感。

日新堂的门厅又叫祭祀厅，这里是日新堂逢年过节祭祀祖先的场所。门前的一副楹联上写道：

专心唯危唯微唯精唯一；
非礼勿视勿听勿言勿动。

祭祀 指祭神、祭祖，根据宗教或者社会习俗的要求进行的具有象征意义的一系列行动或仪式。也被称为吉礼。祭祀典礼则是按着一定的仪式，向神灵致敬和献礼，以恭敬的动作膜拜它，请它帮助人们达成靠人力难以实现的愿望。

■ 牟氏庄园忠来堂

■ 庄园内的文物

这体现了牟氏祖先对于子孙后代在读书做人时的严格要求。在那时，人们把祭祀看得很重要，以为是赡养的继续，是孝道的体现，因而就特别虔诚。

牟家作为大户人家，祭祀活动比一般人家更为隆重，更为烦琐，特别是在农历大年期间。不过，牟家在农历年期间的祭祀事务，不是他们的家人操办的，而是由本族一位通晓祭祀程序仪式的人代劳。

农历"腊八"这天，祭祀人就要来洒扫祠堂，赶做祭品；腊月二十三是农历"小年"，这一天要祭祀灶王爷，传说这天灶王爷要上天庭汇报各家各户一年来的表现。只有让他满意了，他在玉帝面前才肯多说好话，才能保证全家平安，就是所说的"上天言好事，下界保平安"，因此，祭祀是马虎不得的。

自腊月二十八开始，要每天3次给各路神仙上香，这是为了保证提前回家过年的先祖不受冷落；到了年三十晚上，估计列祖列宗全部到齐，这时厅内便香烟缭绕，烛光通明，牟氏后人纷纷前来祭奠叩拜，

灶王爷 也称灶神、灶君、灶公、灶母、东厨司命、灶司爷爷，是我国古代神话传说中的司饮食之神。晋以后则列为督察人间善恶的司命之神。自人类脱离茹毛饮血，发明火食以后，随着社会生产的发展，灶就逐渐与人类生活密切相关。崇拜灶神也就成为诸多拜神活动的一项重要内容。

以尽孝道。大年期间的祭祀活动要持续到农历的正月十五才告一段落，前后长达20多天。

日新堂中一堵用黑色石块砌成的石墙，是庄园錾墙中又一个特别样式，石墙布局是不规则状，宛如山路弯弯、溪流潺潺，别有趣味。

除了这间祭祀厅，在日新堂内，还有著名的日新堂大楼。此楼共有两层，始建于清朝雍正年间，面阔四间，一层有一正门，门上写有"堂乐宝"3个字。

在此大楼旁边，还有一件殡仪厅，在殡仪厅的后面，是庄园内的作坊，主要有酒坊、油坊和粉坊，原料来自于地租，产品用于牟家人自己食用。

此外，在日新堂内，还有一棵古树，学名紫薇，俗称"百日红"，当地叫"痒痒树"。据说，这是牟綧的兄长亲手栽种的，至今已有200多年的树龄，仍然花势旺盛。当地人非常看重这棵古树，并加以崇拜。

"日新堂"是牟家的长子和长孙居住的地方。按照封建家规，长子长孙所继承祖业的份额要多于其他子孙，于是，"日新堂"便成为了庄园分支中最富有的一家。

阅读链接

尽管人们认为牟氏庄园内的第一建筑日新堂是牟之仪的长子牟綧带人始建的，但也有另一种说法认为，日新堂内的大楼是牟之仪修建的。

这座大楼自修建完成以后，便只传长子、长孙，不传其他子嗣，为此，当年年仅7岁的牟綧并没有分得这一房屋。直到成年后，牟綧通过自己的努力，成为自己的兄弟中最富有的一位，并在后来花钱从自己的侄子牟愿相手中买回了这座古老的大楼。

牟墨林之子建成庄园三院落

　　据说，牟氏庄园的第一代创建人牟綧活了71岁，在他去世时，他的儿子牟墨林25岁。

　　牟墨林，绰号"牟二黑"，生于1789年。他是牟氏庄园家族九代

■牟氏庄园宝善堂外门

宝善堂门道

人农耕发家史中业绩最辉煌、名声最显赫的一位，也是牟氏庄园家族的主要代表人物。

牟墨林从小就给父亲当帮手，帮助父亲发了大财。在他当家时，他对如何发家致富，已胸有成竹。他一手抓以地生利，一手抓以粮生利，使家境日益充盈，持续暴富。

为了炫耀门第，他对牟氏庄园内的日新堂进行了扩建，在老楼前后又新建了五排堂屋客厅和群房，形成了一个规模较大的住宅大院。他和家人居住在老楼后五间前有明柱走廊的堂屋里。

牟墨林居住的五间堂屋被后人称为"牟墨林故居"，在此屋的大门上，有一副对联：

墨守耕读呈陶富；
林立懿德诏封翁。

这座故居面阔5间，左右两间凸出，中间3间凹进，形如古锁。

牟墨林共有5个儿子，在儿子们分家时，他把自己亲手扩建的日新堂分给了自己的长子牟援。

同时，在牟墨林病故前后，为了适应分居的需要，牟墨林的儿子们又相继在牟氏庄园老宅院的周围，又建了3个宅院，称为"宝善堂""西忠来"和"南忠来"。

其中，"宝善堂"为二儿子牟振所建，"西忠来"为三儿子牟擢所建，"南忠来"为四儿子牟探所建。

这几座宅子后来成为牟氏庄园的主体建筑，它们皆以中门相贯，侧有甬道相通，主体建筑均为二层小楼，主宅仪门居中，配以左右两厢，均为四合院型。

宝善堂建成于清光绪年间，位于老宅日新堂的西边，它包括一个四进院落和一个花园，共建房舍81间。

宝善堂厅堂又名"寿堂"，正中有一个大型的寿幛，此寿字由一支主干、9个分支，27朵牡丹组成。这是牟宗朴60大寿时，请湖南艺人历时一年刺绣而成的。

据说，当年牟宗朴大寿时，共庆了3天，宴客60余桌，极尽奢华。

在这寿幛的两边，还有当年宾客送的几块匾额，有"椿树长荣""花甲重新"和"南极生辉"

民间小故宫

牟氏庄园

仪门 即礼仪之门，常见于古代时期，是指"衙门"或"官邸"辖门内具有"威仪"点缀的正门。也指普通民居房屋的正门。另外，有的旁门也借称"仪门"。有的后门也可以称为"仪门"。明清官署、邸宅大门内的第二重正门。

■ 牟氏庄园"宝善堂"

蝙蝠 由于蝙蝠的"蝠"字与福气的"福"字谐音，因此在中华文化中，蝙蝠是幸福、福气的象征，蝙蝠的造型也经常出现在很多中华传统图案中，如"五福捧寿"就是五个艺术化的蝙蝠造型围绕着一个寿字图案。

等。在此房间内，还有一副当年朝廷发给牟振夫妻的封诰令。

清末，国库亏空，清廷提倡富人花钱捐官。牟墨林的子孙们为了提高社会地位，多数人都投入当中。牟宗朴是这些捐官人中捐的品级最高的一位，捐官之后，牟宗朴在一些场合身着一品官服，乘轿外出时，打13棒锣，甚是风光。

除牟宗朴外，牟家捐官的还有牟墨林的二子、三子、四子、五孙、六孙等。

此外，在宝善堂的大厅桌上，还有一套组合餐具，叫作"九子碗"，做成蝙蝠的形状，摆放成铜钱造型，上面还绘有鱼的图案，取意福禄有余。茶碗四周描绘的是形态逼真的"百子图"，表现出主人对多子多福的期盼。

这些瓷器多为同治年间制造，上面绘有龙的图案，非常漂亮。

在寿堂的后面，是"宝善堂"的寝楼，这是牟振和他的二儿子牟宗朴居住的地方，寝楼也称喜堂。

除此之外，宝善堂东边的围墙也非常特殊，墙面用五色杂石砌成，色彩斑斓，人称"虎皮墙"。

■ 牟氏庄园题词

据说，当年庄园主人钟情自然，差使大批工匠，沿远近河道精选各类杂石，按主人的创意和花匠的设计，利用石头的自然形状和色泽，调动"写实""写意"手法，创作了这幅古朴隽秀的图画长卷。

在此墙上，还有许多精美的图案，比如："制钱莲花图""莲生贵子图""花好月圆图"和"大吉大利图"等，这是我国建筑艺术中不可多得的精品。

■ 庄园中的胡同

牟墨林的三儿子牟擢所建的"西忠来"位于老宅的东边。

牟氏庄园特别强调门面的装饰，因为大门是最直接表现等级的形式。牟擢为了显示崇孝自己的祖辈，把"西忠来"建为7进院落，并精心设计出权贵显赫的官宅大门。

此大门高5米，阔3.26米，门槛高80厘米。大门上方的4只门簪分别雕刻了琴、棋、书、画4幅图案，以示书香门第。

大门上还有一副非常简单的对联，写道：

耕读世业；

勤俭家风。

制钱莲花图 是一幅由制钱和莲花组成的图形，上方是一朵盛开的莲花，花朵端庄，花瓣均匀，形象逼真。其下方用13块规则石料组成了4枚大小均等、上下差叠的制钱，整个图形左右对称，结构严谨。

■ 庄园一角

抱鼓石 又称门
鼓、石鼓、螺鼓
石，门枕石的一
种，是放置于寺
庙、住宅等建筑
的门槛两旁之圆
形石雕，可以稳
固门面。鼓面常
刻有螺旋纹，故
又称为螺鼓石。
传说有坏人进入
庙中，门鼓即会
嘎嘎作响。鼓面
也刻龙凤、花鸟
等纹路。

此对联道出了牟氏家族治家处世的理念。耕为固本，读为取仕，勤劳节俭，蔚成风气，只有这样，才能秉承世业，永不衰败。

同时，此门还是所有院落中比较庄重的一个，属于七级踏跺。在大门的两侧还有一对珍贵的抱鼓石，它是主人于1908年聘用4名匠师历时3年雕琢而成的。

抱鼓石的石料取于城东唐山，为玄武岩。鼓体高1.5米，直径0.7米，鼓体与鼓托连成一体，体身上浮雕着"福禄寿喜""麒麟呈祥""姜太公钓鱼"与"刘海戏金蟾"等浮雕图案，虽经100多年的风吹雨蚀，依然完好无损、清晰可见。

大门左右临街的一面墙上，砌有人工水磨錾墙石，石面光如镜，石缝细如线，平均每块石头造价为一斗谷子，共有446块。

并且在临院的另一面，还砌有386块六边形錾墙石，任取其中一块，均可与周围石块组成六边形花卉图，总体上组成一个百花相连的连续图案。

在大门正北有面积约20平方米的石毯，由红青黄紫黑等七彩石组成，长6米，宽3米，由569块石头拼成，由9幅图案组成。

它的四角均有一蝙蝠图案，中间是三枚石钱相连，均系变质岩凿磨拼对而成，空间是暗黑色的河流卵石，正中一枚石钱的方孔内四角上各刻有一个繁体"寿"字，寓意是踏福踩钱，健康长寿。

在石毯北面是二进房，作账房使用。正账先生、外线账先生、坐堂先生和跑腿小先生在这里处理账务，他们属于上等雇工，整个家族的经济往来，土地典买，租地抽地，拨差收租，放粮放债以至操办红白喜事，都由他们按照地主的意图在账房办理。

西忠来内的体恕斋是牟家进行家族议事、教育子女的场所。"体恕"的意思是体谅和宽恕，而这也表明了牟氏家族一贯宽厚待人的生活态度。

■ 牟氏庄园中的水井

■ 牟氏庄园题词

早期的牟氏家族非常认同《朱子家训》。要求后代必须熟练背诵全文，并严格遵守。

为此，在体恕斋的正厅中，悬挂着《朱伯庐家训》，这是由牟氏第十五代人，有"南何北牟"之称的书法家牟所书写的。在此大厅内，还有两副寓意深刻的对联，一副为：

霜露兴思远；
箕裘继世长。

另一副为：

华祝寿三多多福多寿多男子；
堂开师百忍忍垢忍气忍性情。

前者表达了牟氏后人对祖先的崇敬，后者体现了牟家人教育后代要以"忍"字为上的处世哲学。

在大厅内，还摆放着一些蒲团和板凳，这是为了惩罚牟家不思进取、学业无成的子孙的工具。

西忠来内另一著名建筑便是小姐楼，它位于体恕斋的后面，建于清光绪年间，是作为牟擢的长子牟宗夔的起居室，后来由于牟宗夔的重孙女们曾在这里居住，所以，人们称它"小姐楼"。

在小姐楼的西边，是一栋一面坡的二层小楼，这里是牟擢后人的私塾，牟家子弟在这里读书习文，接受教育。

楼基的下面，是一处地下室，这里是储藏蔬菜和鱼肉的地方，具有冷藏保鲜作用。

由四儿子牟探所建的南忠来，它位于宝善堂的西南角。

牟墨林的儿子们没分家时都能和睦相处，分居后，依然关系融洽，在他们的努力下，继续将牟氏庄园发扬光大。

蒲团 是以蒲草编织而成之圆形扁平坐具。又称圆座。乃僧人坐禅及跪拜时所用之物。其后亦有以绫锦包成者。种类颇多，厚者称厚圆座，菅草编成者称菅圆座，又有中央开洞而呈环状者。有时，在没有蒲的地方，也有用稻草编的，名字也叫蒲团。在北方，也有用玉米棒子皮来编制的，称蒲墩。

阅读链接

牟墨林绰号"牟二黑子"，对于这个绰号的来历，以前的说法是因为他的心肠黑，其实是错误的。据清版《栖霞县志》记载，说牟墨林"善务农""善用其财""无悭吝心"等，还有一些具体事。

一是说道光十六年，栖霞大灾，牟墨林开仓赈灾，灾民们蜂拥而至，家人劝牟墨林说："照这样赈济下去，你粮食再多也会不够用的，就到此为止吧！"

牟墨林却说："救人一命胜造七级浮屠，但凡能多救一个是一个。"

还有一件事情，栖霞县令方传植准备建造"霞山书院"，在社会上筹集经费，当时牟墨林就头一个响应"出制钱五百千"，在他的带动下，大家纷纷响应，不到一个月的时间就完成了筹款计划。

牟家后人扩建园内其他院落

牟氏庄园拱门

清光绪年间，牟氏家族人丁剧增，4个大院落远不能满足牟家人的居住，于是，牟墨林的6个孙子便各立门户，在面积达20 000平方米的庄园范围内，大兴土木，互竞豪华，营建成了后来的"东忠来"和"师古堂"等建筑。

这些建筑群建成后，牟氏庄园便形成了一个坐北朝南，东西长158米，南北宽148米，院墙长达

800余米，以清代古建筑群为主的，我国最大、保存最完整的庄园。

整个庄园的建筑，是按照我国古代建筑规制布局的。此建筑集中体现了我国古代社会封闭型的特点，反映了父严子孝、男尊女卑的等级关系。

老爷居住楼阁，大厅供奉祖先，平房用于妻妾，裙房用于用人。账房、碾磨坊、棺寿房和酿酒房多安排在裙厢，造成了内庭等级森严的特有气氛。

纵观重重四合院相叠，横看条条通道相间，层次清晰，主次分明。除拥有三组六院480间厅堂楼房外，周围还有附属房屋11处331间和佃户住房437间。

这三组六院是分别东组3院、西南组2院、西北组一院。东组3院是"日新堂""西忠来""东忠来"，三院并排，东西宽65.2米，南北长98.2米。

"东忠来"居东，为四孙牟宗彝所居；"日新堂"居西，为长孙

■ 牟氏庄园雕塑

牟宗植所居；"西忠来"居中，为三孙牟宗夔所居。

西南组两院是"南忠来"和"师古堂"东西并列，东西宽55.2米、南北长59.2米。"南忠来"居西，为五孙牟宗矩所居；"师古堂"居东，为六孙牟宗梅所居。

西北组一院是"宝善堂"，独成一组，占地为东西宽37.2米，南北长64米，为孙子牟宗朴所居。

其中，"东忠来"为六进院落布局，共有房屋87间。由南向北，依次为南群房、平房、客厅、大楼、小楼和北群房、东群厢。整座院落是牟氏庄园中的晚期建筑，也是比较有代表性的一组建筑。

这座院落的錾墙石均由水磨对缝。用料非常考究，做工非常精细，堪称一绝。

据考证，牟氏庄园的石砌墙是我国传统建筑中最好的。两块石头之间没有任何黏合剂，打磨不平的地方用铜钱作垫。

据说，当年庄园主人发给工匠一定数量的铜钱，磨不平石墙就把铜钱垫上，如果磨平了，铜钱就归自己所有。所以，工匠们为了留下铜钱，就将錾墙磨得非常平整。

同时，牟氏庄园的青砖、灰瓦皆由豆汁浸泡，可以防风化。不褪色，因而整个庄园虽然历经百年风雨侵蚀，依然保持了原有的古朴风貌。

东忠来的主体建筑客厅，是牟宗彝宴客、议事的场所。在客厅的大门上，有副楹联：

庭有余香榭草郑兰燕桂树；
室无长物唐诗晋字汉文章。

此对联非常自豪地告诉大家，这院子里种植的是绘画名家手下的名贵花木，家里收藏的是唐诗晋字等稀世墨宝。

客厅内部陈列分为3部分：东一间是主人牟宗彝看书、写字和帮人撰写诉状的地方；西一间是供客人临时休息的地方；中间是主人宴客的地方。

唐诗 泛指创作于唐代的诗。唐诗是汉民族最珍贵的文化遗产，是汉文化宝库中的一颗明珠，同时也对周边民族和国家的文化发展产生了很大影响。唐代大部分唐诗都收录在《全唐诗》中，自唐朝开始，有关唐诗的选本不断涌现，而流传最广的当属蘅塘退士编选的《唐诗三百首》。

■ 牟氏庄园庭院

民间小故宫

牟氏庄园

■ 牟氏庄园戏楼

檩条 建筑名词。是横放在房顶上用于再在上面铺设屋顶瓦的承重骨架。沿屋顶长度分布的水平部件，位于主椽上，支撑次要屋椽。古民宅用来挑起椽子，做成屋顶的横木，是房子的主要构件之一，也叫桁子或北方方言船儿。檩条有主檩和次檩之分。

整座大厅的建筑用料，非常讲究，主梁都是采用直径80厘米以上的圆木，檩条规格一致，排列均匀，给人以高大宽阔、坚固挺拔之感。房屋内部房坡采用方砖做笆，方砖上面铺有一层柞木炭，这样既能吸水防潮，又能减轻屋面的重量。

中堂上方挂有一块彩匾，上面写着："犹望公安"，这是告诫后人，记住他们的祖籍是湖北省公安县，后世人要永怀故土，铭记公安。

在此匾额下，有一幅画像，上面画的是牟氏第十世祖，牟墨林的高祖父牟国珑。

在画像下面，还有一份诏令，是清廷敕牟国珑父母，敕其父为文林郎，其母为孺人。

在中堂的东边墙上，还有一道诏令是清廷敕给牟昌裕祖父祖母的。牟昌裕是牟墨林的本族兄长，进士出身，曾任清朝江南道、河道道、云南道的监察御史、九省军门总漕部堂。

任职期间，敢向朝廷说真话，讲实情，曾建议朝廷取消不许关东地区向外卖粮的禁令，还废止了一些不合时宜的法律条文。他的陈奏往往切中时弊，史书上说他"能言别人所不能言"。

为此，乾隆和嘉庆两朝都很重用他，让他在全国各地稳稳当当地做官，一直到62岁病死在官位上。《山东通志》和《山东历史人物》都将他列为名臣。

这副诏令在形式与牟国珑的那道有很大的差别，是由五种颜色组成的，用于五品以上官员，称"五彩"。而牟国珑的那道用于级别较低的官员，通体只有一种颜色，称"素面"。

在这座客厅后面，是东忠来的四进院落牟宗彝住宅大楼。此院落是牟宗彝投入了千亩土地的卖金，选用大连洋式楼房样，聘用莱阳县瓦工名师、黄县著名

监察御史　我国古代官名。582年改检校御史为监察御史，始设。唐御史台分为三院，监察御史属察院，品秩不高而权限广。宋元明清因之。明清废御史台设都察院，通常弹劾与建言，设都御史、副都御史、监察御史。监察御史分道负责，因而分别冠以某某道地名。

民间小故宫

牟氏庄园

■ 牟氏庄园卧室

■ 牟氏庄园量具

■ 牟氏庄园量具

神兽　神异之兽。神兽的出现能给世人招来幸福，化解戾气，被视为吉祥的象征，因此神兽常出现于我国古代房屋建筑当中。在我国古代神话中，最令妖邪胆战心惊并且法力无边的四大神兽就是青龙、白虎、朱雀、玄武四兽了。

的木工师傅，历时3年建成。

大楼檐枋涂有紫红色油漆，配以白绿相间彩绘斗拱，暖中透冷的色调被檐下阴影相衬，恰到好处地表现出房檐的深度，给人以威严感。

屋脊上分别建有想象中的辟邪神兽，形态各异，以资震慑。大楼怀抱东西厢，正门与屏门相望。屏门，左右连接垣墙，构成典型的四合院。屏门位于厅后楼前，精雕细刻，油漆彩绘，与客厅大楼前后呼应，气势庄严。

在大楼下层，是牟宗彝的起居室，用于陪妻妾进餐、就寝、检点账目和教育子女。上层是他的专用书房，用于读书看报、拟写诉状、养神休憩，同时上层也是他仿古崇古、精神享乐的地方。

昔日他曾在上层藏有十几箱古书和大量名人字画。珍品虽多已失散，但也有保留下的部分书籍和牟氏家族的书画以及名人的墨迹。

由于此大楼后来多住着牟家的儿子，所以此大楼又被称为"少爷楼"。在东忠来院落，除了客厅和少爷楼，旁边的厢房还有碾磨坊、农具展和粮仓账房等。

除此之外，牟氏庄园不仅有精美的布局，而且还有庄园建筑三大怪。这里所说的"三大怪"，是牟氏庄园修建时出现的与众不同的景象，建筑风格的怪异之处更是耐人寻味，一直被人们所追寻和探索。

首先是"穿堂门儿一线开"。在每个大院的客厅、堂屋都有前后门，而且全都建在一条线上，这便突破了栖霞地区"房门不得前后开"的风水学上的老规矩。

其次是"烧炕火洞在室外"。牟氏庄园在建寝室的同时，在窗外墙角下的适当位置留一个方形的石砌

炕 又称火炕，或称大炕，是北方居室中常见的一种取暖设备。古时满族人也把它引入了皇宫内。盛京皇宫内多设火炕，而且一室内设几铺，这样既解决了坐卧起居问题，又可以通过如此多的炕面散发热量，保持室内较高的温度。东北人住火炕的历史，至少有千年以上。

291

民间小故宫

牟氏庄园

■ 牟氏庄园粮仓

炕洞口，让用人在室外按时烧炕取暖。

这一独特的取暖设计方式，在北方民居中比较罕见。不过这样的结构可以有效避免室内烧炕容易发生的煤气中毒的情况发生。

最后是"烟囱立在山墙外"。在我国南北方的房舍建筑，无论是平房还是楼房，其烟囱的位置一般是设计在屋脊檐坡上。

然而牟氏庄园却将庄内的近百个烟囱竖立在山墙外面，顶端有遮雨帽，远看宛如托在云雾中的一座小塔，小巧玲珑，别具一格。

这种设计的作用是天冷取暖烧火坑，木柴燃烧散发热量不大，为充分利用热，把烟囱安在山墙边，是为了延长烟火的走向，让柴或草的热度保留于炕内，可以让房屋的保暖性能更好一些。

由此可见，牟氏庄园的整个建筑和布局，以其恢宏的规模、深沉的内涵，被诸多专家学者评价为"百年庄园之活化石""传统建筑之瑰宝""六百年旺气之所在"。

阅读链接

牟氏庄园建筑既具北方的古朴粗犷，又有南方的细腻幽雅。它对于现代建筑如何独具风采，具有很好的借鉴和启迪作用。

1988年，修葺一新的牟氏庄园经国务院批准，被列为全国重点文物保护单位。从此，庄园全面对外开放。

1996年夏，香港《戏说乾隆》剧组专程来此，以庄园为外景，拍摄了乾隆皇帝在故宫主持朝政及生活起居的镜头。

牟氏庄园以其恢宏的规模，深沉的内涵，被诸多专家学者称之为"百年庄园之活化石""传统建筑之瑰宝""六百年旺气之所在"。

石家大院是清末天津"八大家"之一的"尊美堂"石府宅第。石氏家族久居杨柳青，历时200多年。

从清中叶至20世纪初，其财势号称津西首富，从石万程开始发家到石元仕一代，为石家鼎盛时期。

整个大院从寝室、客厅、花厅、戏楼、佛堂到马厩，无论是通体格局、建筑风格、还是艺术装饰，都反映了丰厚的文化遗存和当时的民俗民风。

华北第一宅

石家大院

石家后人共建石家大院

　　石氏先人从山东来到天津一带操船营运，他们的生意越做越大。到1785年，石家的后代石衷一正式落户于天津的杨柳青镇。

　　随后，石衷一的儿子石万程出生。石万程从小非常聪明，长大后更是善于经营船业生意，随着石家的生意越来越大，他们家赚的钱也

石家大院正门

■ 石家大院庭院

就越来越多。

后来，到石万程之子石献廷出生后，石家已经成为当地的望族。据说，当时的石家已有良田千余顷，房子500余间，当铺13处，加上其他财产约值白银300余万两，并且石氏又有"兄弟联登"武举，其中一人考中武进士，被兵部授以官职。

石献廷在其发家期间，还生有4个儿子，并把石家财产分给这4个儿子，于是在1827年，石献廷的儿子们遵照他的遗嘱，分家另过，各立堂名。

因老大石宝福早夭，老二石宝善立长门"福善堂"，老三石宝庆立二门"正廉堂"，老四石宝苓立三门"天锡堂"，老五石宝珩立四门"尊美堂"。

福善堂、正廉堂以及天锡堂的后世子弟，由于经营不善，到清末，三门的家道先后中落。

而老五石宝珩却因治家有道，财丁兴旺，在此阶

武进士 是我国古代在文科举之外另外一种选拔武官的考试的出身制度。武进士殿试经钦定御批，分为三甲：第一甲赐武进士及第，第一名为武状元，第二名为武榜眼，第三名为武探花，第二甲赐武进士出身，第三甲赐同武进士出身。

千年悠韵的古村古居

■ 石家大院门厅

段，石宝珩之子石元仕出生。

1861年，石元仕科考中举，官拜工部郎中，但以父老弟幼为名未曾到任，反而致力于家业经营。

当时，石宝珩家光是土地就有700万平方米，地跨静海、武清、文安、霸县、安次、固安等县。另外，还有当铺6处，银号、绸布棉纱庄、酱园、杂货姜厂、煤炭厂等多处工商、金融字号。

石元仕当家后，不仅注重家产积累，更善于扩大政治势力。石元仕努力结交权贵，子女多与天津官绅、豪门结姻，他自己的夫人，即是两广总督张之洞的族侄女。因此，在当地有民谣说：

杨柳青煞气腾腾，无有金銮殿，有瓦屋几层；无有真龙天子，有石元仁应漷；无有保驾的人，有保甲局服从。

两广总督 清朝官职名称。正式官衔为总督两广等处地方提督军务、粮饷兼巡抚事，是清朝9位最高级的封疆大臣之一，总管广东和广西两省的军民政务。其辖区范围、官品秩位以及归属地方编制都十分明确，在整个国家的政治生活中发挥着重要的作用。

由此可见，石元仕在当地是非常有声望的。

在石元仕发家致富的同时，他还将父亲的尊美堂不断扩建，成为津西第一家宅院，俗称"石家大院"。

石家大院大规模建筑始于光绪初年，历经十几年才建成，占地约7000平方米。整个大院被一条60米长的中轴线分开，此中轴线便是一个甬道。甬道的两侧共有四合套式12个院落，所有院落都是正偏布局，四合套成，院中有院，院中跨院，院中套院。

堂院坐北朝南，由大、小四进院落组成。东院是三套四合院，为长辈及各房子孙居所；西院建客厅、戏楼和佛堂，是会客、娱乐、祭祀之所。

大院建筑用料考究，做工精细，砖雕木刻形式多样，常用"福寿双全""岁寒三友""莲荷""万福""连珠"等喜庆吉祥图案。

从寝室、客厅、花厅、戏楼、佛堂到马厩，都反映了清末的文化遗存和当时的民俗民风，是一处有"华北第一宅"之称的晚清民居建筑群。

阅读链接

天津杨柳青不仅仅是闻名世界的年画发祥地，也是天津"八大家"之一石家大院的所在地。据说早在百年前天津就流传：韩、高、石、刘，穆、黄、杨、益照临。

明清时期天津海运兴旺，粮米盐业的发展使得早先祖辈从事漕运的船工们，先后发展起来。石家就是一例，祖辈贩运粮棉，利润丰厚，置房买地，号称杨柳青首富的石家当时已有万亩良田了，又叫"石万千"。

当时，石家拥有大片土地，银庄、当铺、布庄、酱菜园等，还在镇中街心建起几万平方米有数百间房屋的建筑群。

以中甬道为中心的建筑

石家大院是清末天津"八大家"之一的"尊美堂"石府宅第。从北门估衣街到前门河沿街，长100米，宽70米，占地约6000平方米，其中建筑面积约2000平方米，房屋278间，是我国迄今保存最好、规模最大的晚清民宅建筑群。

石家大院中的巷道

从估衣街进石家大院北门，最先看见的是一条长长的甬道，这是整个大院的中轴线。甬路上有形式各异、建筑精美的5座门楼。

从南向北，门楼逐渐升高，寓意为"步步高升"，而每道院门都是3级台阶，寓意为"连升三级"。

这几座门楼中，有一座石家人院保存最为完好的中式门楼。这座门楼上有一组雕刻精美的砖雕。

最上面第一组的图案叫宝象花，源于佛教，是荷花、菊花、牡丹花合为一体的想象图案；第二组砖雕刻的是两个如意，如意下是两个柿子，取谐音事事如意；第三组图案为五只蝙蝠的图案，蝙蝠寓意幸福，中间是一个寿字，叫五福捧寿，寓意为五福降临，长寿为本。

石家大院是一座中式建筑群，但这个门楼却是西式的西洋式旋子门，上面还有旗子。据说，这座门楼是石家出国留学的后代修建的。在门楼后的甬道东西两边各有五进院落。

东院为内宅，有内账房、候客室、书房、鸳鸯厅、内眷住房等，西边的院落为接待贵宾的大客厅、暖厅、大戏楼、祠堂等，现已基本

■ 石家大院家具

汉白玉 是一种名贵的建筑材料，它洁白无瑕，质地坚实而又细腻，容易雕刻，古往今来的名贵建筑多采用它做原料。据传，我国从汉代起就用这种宛若美玉的材料修筑宫殿，装饰庙宇，雕刻佛像，点缀堂室。因为是从汉代开始用这种洁白无瑕的美玉来做建筑材料的，人们就顺口说成了汉白玉。

恢复了原有陈设。与内宅相比，这里建筑用材更为考究。大客厅院内有高近5米的大天棚，可挡风避雨，当年从镇外很远就能看到。

西院的西边还有三进院落，是私塾先生教书及其他的专用房。

在甬道两侧，并排5道门，10个四合院。在四合院的四周还有用人住的配房，南头西拐角有月亮门和影壁，直对河沿大街。

甬道西侧是五进四合院，从北向南第一个院是北客厅及佛堂，往南是大垂花门，木刻石雕最为精美。平时此门不开，只有达官显贵才走此门，一般人只走两侧小门。此院有汉白玉条槽卧狮形大山石一对。

第二院是串廊院，南面是鸳鸯大过厅。第三院是有石家大院的三绝之一戏楼及南客厅。

其中，石家的戏楼是北方民宅中最大的戏楼，楼内大部分为木质结构，顶部由铅皮封顶，用铜钉钉成一个长长的篆体寿字，取"长寿"之意。

戏楼横梁下悬双雕宫灯，12根通天柱，上圆下方，取天圆地方之说。在立柱上方还悬有一圈回廊，称"走马廊"，是当年石府家丁护院警卫时所站之处。戏楼内共设120个座位，前坐男，后坐女，中间用屏风隔开，所谓"男人看戏，女人听戏"就是这样。

据说，著名的京剧表演艺术家余舒岩、孙菊仙、龚云甫都在此唱过堂会。整座戏楼集南北建筑风格为一体，主要的特点是冬暖，夏凉，音质好。

戏楼的墙壁是磨砖对缝建成，严密无缝隙，设有穿墙烟道，由花厅外地炉口入炭200斤燃烧一昼夜，冬日虽寒风凛冽，楼内却温暖如春。

到了夏天，戏楼内地炉空气流通，方砖青石坚硬清凉，东西两侧开有侧门使空气形成对流，空间又高，窗户设计的阳光不直射却分外透亮，使人感到十分凉爽。

戏楼建筑用砖均是当地三座马蹄窑指定专人特殊烧制。经专用工具打磨以后干摆叠砌，用元宵面打了糨糊白灰膏黏合，墙成一体。

加上北高南低，回声不撞，北面隔扇门能放音，拢音效果极佳，偌大戏楼不用扩音器，不仅在角落听得清楚，即使在院内也听得明白无误。因此，石府戏楼堪称"民间一绝"。

第四院南面是专门接待贵宾的花厅。在花厅的门前，有石家的第一宝——一块"尊美堂"的匾额，它是光绪皇帝的老师翁同龢所写。客厅正中还有一尊玉石雕像，所刻

宫灯 顾名思义是皇宫中用的灯，主要是些以细木为骨架镶以绢纱和玻璃，并在外绘以各种图案的彩绘灯，又称宫廷花灯。是我国彩灯中富有特色的手工艺品之一。它以雍容华贵、充满宫廷气派而闻名于世。由于长期为宫廷所用，除去照明外，还要配上精细复杂的装饰，以显示帝王的富贵和奢华。

■ 石家大院私塾

千年悠韵的古村古居

石家大院客厅

是白菜和两只狗，取"人财两旺"之意。

客厅中，隔断上的八扇屏是石家的第二宝。它表现的是四季花鸟，雕工非常精细，从玻璃两侧看这个八扇屏，所看到的图案完全一致，看似8扇，实则16面。当年没有玻璃的时候，中间夹的是一层纱，起到"只听其声，不见其人"的作用。

这间花厅还有一种非常特别的取暖设施，就是地炉。在我国清代，只有皇宫才有地炉，而这一设施也是石家从皇宫里学来的。

房屋底下是纵横交错的烟道，将地面方砖架在梅花垛上，然后在地炉灶口，入燃烧的炭，使热气顺烟道穿过，烧热地面，而后再通过暗藏的烟道排出屋外。在整个石家，只有花厅和戏楼才有这种地暖。

花厅正对着的是书房，是主人吟诗作对，读书绘

磨砖对缝 我国古建筑中的一种高级建筑工艺，即将毛砖砍磨成边直角正的长方形等，砌筑成墙时，砖与砖之间干摆灌浆，墙面不挂灰、不涂红，整个墙面光滑平整，严丝合缝。它的特点便是以木结构支撑达到了"墙倒屋不塌"的效果。

画的地方，反映了石家"学而优则仕"的期盼。

北面大厅则是陈设古玩字画的地方。

第五院是南书房，当时自设私塾，存书满屋。东边甬道有厨房、下房、车棚、马厩及护院男女用人住所。

石家大院全部建筑用料讲究，做工精细。磨砖对缝，画栋雕梁，花棂隔扇，漆朱涂彩。在前檐与山墙交界处，从山墙向院墙伸出条状青石一块，异于别家，意为"石"家高升。

此外，石家大院的佛堂也别具一格。石家佛堂正中供奉的是观音菩萨，屋里上方供有关公像，下方福、禄、寿三星像。

整个佛堂为典型的抬梁式框架结构，四梁八柱。这种民宅结构非常坚固，也就是人们常说的墙倒房不塌。

石家大院共有3道垂花门，因其垂柱根据荷花的3个花期雕刻成3种不同形态的图案，分别取名为"含苞待放""花蕊吐絮""籽满蓬莲"。

第一道垂花门"含苞待放"，是3座垂花门中最讲究的一座。它的

石家大院石雕

中间有两块抱鼓石，抱鼓石外侧是象首，即"吉祥"，里侧是鹤鹿回春。垂花门木格上有四季花图案，象征走过此门，四季平安。

据说，在当年修建此门时，仅石料就用了白银500两，两位石匠精雕细刻一年之久才完工。

第二道垂花门："花蕊吐絮"。此门楼上方的木格中是木雕仙鹤，一共是9只，相传一只仙鹤增12岁，9只就是增寿108岁。仙鹤背面雕的是古代铜钱，所以从此门过就代表着"又增寿又有钱"。

第二道垂花门后面就是第三道垂花门："籽满蓬莲"。它的门楼上方及垂柱两边有木雕葫芦爬蔓图案，取名葫芦万代，象征子孙万代繁衍不断。

这三道垂花门分别象征着主人一生3个美好的愿望：一年四季保平安；一代长寿又有钱；子孙辈辈永绵长。

总之，石家大院的建筑典雅华贵，砖木石雕精美细腻，室内陈设民情浓厚，素有"津西第一宅"之称。

阅读链接

石家大院主人石元仕70岁生日时，石府接朋引客，大摆寿筵，极尽奢华。不料在第二年，石元仕即背生溃疽，体弱已极，很快故去。

石元仕去世后，其家人即离开尊美堂老宅，全部迁往天津定居。后石元仕夫人去世。因其娘家势力不凡，丧事必得大办，致使家业更加一蹶不振，只好负债度日。至新中国成立前夕，尊美堂的大部分住宅已变卖他人。

1987年，西青区人民政府将"尊美堂"宅第列为区级文物，加以保护，并拨资修复。在天津市有关单位的支持和工程技术人员的共同努力下，历时6年，终于完成修复工作。

1992年，石家大院作为"杨柳青博物馆"对外开放，属天津市级文物保护单位。

经典民居

精华浓缩的最美民居

福建土楼

　　福建土楼，产生于宋元时期，经过明、清和20世纪初期的逐渐成熟，一直延续至今。它是东方文明的一颗明珠，因其为福建客家人所建，因此又称"客家土楼"。

　　福建土楼以历史悠久、种类繁多、规模宏大、结构奇巧、功能齐全、内涵丰富而著称，具有极高的历史、艺术和科学价值，被誉为"东方古城堡""世界建筑奇葩"。

　　福建土楼是世界独一无二的大型民居形式，被称为中国传统民居的瑰宝。

迁徙而来的客家人

公元前221年，秦始皇统一中国后，为了政治和军事的需要，他派兵60万"南征百越"。南下的秦军，从福建、江西和广东边境入抵广东的揭阳山，直抵广东省的兴宁、海丰两县。

公元前214年，秦始皇再次派兵50万"南戍五岭"，平定岭南后，他设立了龙川县，由平定岭南的副将赵佗任龙川县令。之后，赵佗又主持南海郡事。

■ 秦始皇 （前259—前210年），嬴姓赵氏，故又称赵政，生于赵国首都邯郸。他是我国历史上著名的政治家、改革家、战略家、军事统帅。他是首位完成中国统一的秦朝的开国皇帝。

公元前204年，为了防止中原战乱祸及岭南，赵佗在岭南建立了南越国，并自封为南越武王。赵佗在任龙川县令和建立南越国时，为岭南的开发做出了不朽的贡献。

他带来了中原文化，改变了岭南百越人过去野蛮落后的风俗。他施行"与越杂居""和集百越"的政策，促进了中原汉人与百越各民族的融合。

赵佗还将几十万军队留驻在岭南，成为南迁到此地的第一批北方移民。当地人称这些南迁到此的中原汉人为客家人，以此来区别这里原有的居民。

赵佗在任龙川县令时，为解决驻在这里的将士兵卒的缝补浆洗问题上书朝廷，要求拨3000名北方妇女到此，结果朝廷拨给了5000名。

于是，朝廷拨给的妇女和留驻在这里的将士兵卒

■ 赵佗（约前240—前137年），汉族，秦朝恒山郡真定县（今河北省正定县）人，秦朝著名将领，南越国创建者。赵佗是南越国第一代王和皇帝，前203年至前137年在位，号称"南越武王"或"南越武帝"。

百越 是我国古代南方越人的总称，分布在浙、闽、粤、桂等地，因其部落众多，故总称为"百越"。越，即粤，古代粤和越通用，也指百越居住的地方，也叫"百粤""诸越"。

千年悠韵的古村古居

■黄巢（820—884年），是唐末农民起义领袖，由他领导的大起义摧毁了腐朽的李唐王朝，为社会由分裂向统一过渡准备了条件，从而推动历史继续向前发展。

五胡乱华 是我国东晋时期，塞北多个胡人的游牧部落联盟趁中原西晋王朝衰弱空虚之际，大规模南下建立胡人国家而造成的与中华正统政权对峙的时期。"五胡"指匈奴、鲜卑、羯、羌、氐5个胡人的游牧部落联盟。

组成了家庭，成了这里最早的客家先民。

至西晋时期，发生了"八王之乱"，继而又爆发了人民反晋王朝的斗争，这大大动摇了西晋王朝的统治。这时北方的匈奴、鲜卑、羯和氐等少数民族乘虚而入，当时人们称这些少数民族的人为胡人。

这些胡人各自据地为王，相互争战不休，使中原陷入"五胡乱华"的动荡局面。

西晋王朝灭亡后，中原成了胡人的天下，他们把农田用来放牧牛羊，抢掠汉人来做奴隶。不堪奴役的汉人又一次大举南迁，这股潮流此起彼伏，持续了170多年，迁移人口达一两百万之多。

至"安史之乱"后，唐朝国势由盛而衰，出现藩镇割据的局面。加之中原灾荒连年，官府敲诈盘剥，民不聊生，许多城乡烟火断绝，一片萧条。

不久，就爆发了先后由王仙芝、黄巢领导的农民起义。起义军驰骋中原，辗转大江南北10多省。这些地方正是第一次南迁汉民分布的地域。

战乱所及，唯有江西南部、福建西部和广东东北还是一块平静之地，于是，这些客家先民，也就是第一次南迁到此的汉民中的大部分，又南迁到了这些地带定居。

根据《客家族谱》记载，这时期的移民，避居福建宁化石壁洞者也不少。这次南迁，延续至唐后的五代时期，历时90余年。

北宋都城开封，于1127年被金兵攻占后，宋高宗南渡，在临安，也就是杭州称帝，建立南宋王朝。当时随高宗一起渡江南迁的臣民达百万之众。

元人入侵中原后，强占民田，推行奴隶制。处于黄河流域的汉族人民，为躲避战乱，再一次渡江南迁。随后由于元兵向南进逼，江西、福建和广东交界处，成了宋、元双方攻守的战场。

■ 福建南靖土楼

千年悠韵的古村古居

福佬民系 福佬民系是古闽越后裔融合于汉族的一支,其文化特质既有别于作为南越遗裔的广府民系,更与自称为中原汉族世胄的客家民系迥异,具有丰富的风俗文化内涵,而且对东南亚诸岛土著文化产生过显著影响,有着广东风俗文化的一个重要群落。

早先迁入此地的客家人,为寻求安宁的环境,又继续南迁,进入广东省东部的梅州和惠州一带。因为这时户籍有"主""客"之分,移民入籍者皆编入"客籍"。而"客籍人"遂自称为"客家人"。

对福建地区而言,从308年起,中原汉人开始大规模进入,主要有林、陈、黄、郑、詹、邱、何和胡八姓。进入福建的中原移民与当地居民相互融合,形成了以闽南话为特征的福佬民系;辗转迁徙后经江西赣州进入福建省西部山区的中原汉人则构成福建另一支重要民系,也就是以客家话为特征的客家民系。

福建省永定县是纯客家县,这里的人绝大多数是南宋、元、明三代,特别是元末明初从宁化石壁村一带辗转迁徙,最后到永定境内定居的客家人。

客家人勤劳又勇敢,适应能力强,他们饱尝饥荒战乱、流离失所之苦,来到了这片蛮荒之地,为了生

■ 土楼建筑群

存与发展，他们一方面披荆斩棘，开荒垦殖，一方面 ■ 集防卫与居住为
建筑遮阳避雨的栖身之所。 一体的福建土楼

　　他们凭着灵巧有力的双手，用山区盛产的竹、
木、茅草、泥土和石块等搭盖起简陋低矮的竹篱茅
屋，既防风避雨，又抵暑御寒，在此建家立业，虽远
离战乱的中原，但他们对战争仍心有余悸。

　　战争提升了他们的防卫心理，又因为朝政腐败、
社会动乱、群盗流窜，迫使分散在群山之中的客家人
聚集而居，联合防卫外敌。而这样的居所最起码要有
相当大的空间，足以容纳整个家族并具有相当强大的
防卫功能。

　　永定随处都有的木材和生土，为这些客家人建造
既能防卫又能居住的住所提供了条件。于是，他们就
地取材，运用中原古代的版筑技术，仿照军事用途的
土城土堡，在定居地夯筑土墙，建筑土堡、土围，在

客家民系 是中华
民族中汉族的一
个支系，客家民
系最集中的地区
是江西南部、福
建西部、广东东
北部交界的三角
地区，这三角地
区被称为客家大
本营。客家民系
是两支源流汇合
而成的。一支源
流是南迁汉族，
在客家民系的源
流汇合中处于主
导地位；另一支
是当地的土著。

福建永定土楼

千年悠韵的古村古居

永定土楼 位于我国东南沿海的福建省龙岩市，是世界上独一无二的神奇的山区民居建筑，是我国古建筑的一朵奇葩。它历史悠久、风格独特，规模宏大、结构精巧。土楼分方形和圆形两种。龙岩地区共有著名的圆楼360座，著名的方楼4000多座。

当时人们称之为"土寨"。这些堡、寨已不是原来的军事建筑，而是军事用途与居宅合一的新型建筑，是后来永定土楼产生的基础。

随着生土夯墙技艺的进步，兼作围护和承重的外墙基部的厚度逐渐减至1.5米以内，墙高则达到10米以上可建造三四层，再结合木构架，能够用比堡寨小得多的地盘获得更大的居住使用空间。

建筑结构和形制发生相应的变化，促使"堡宅合一"逐步演进为具有坚固、防卫等优点的多层居宅。被后人称为"永定土楼"的民居就这样诞生了。

由"堡宅合一"逐步演化而来的这一时期的土楼都有一些明显的共同点，即都是方形土楼，四向外墙既作为护围，又具承重作用。沿外墙内侧，运用抬梁式木构架与外墙共同构成房间，房间朝向楼内天井，房间外的回廊及二层以上的走廊为贯通全楼的通道。

土楼的土墙没有石基，底层墙厚1.7米至2米，房间都比较狭小，外墙一二层都不开窗，三层以上开极狭小的窗，全楼只开一座通向楼外的大门，大门用木框。土楼内几乎无装饰，屋顶为悬山式两坡瓦顶。

这时期的土楼，在建筑结构、施工技术、立面造型等方面，就已显示出独特的风貌。

这一时期的永定土楼均建于元代至明代中叶。如建于元代奥杳日应楼和高头振兴楼，建于明代的洪坑崇裕楼、五云楼、洪坑南昌楼和古竹大旧德楼。

阅读链接

福建华安各地的土楼是典型的福佬民系土楼。封建社会是以土地私有为条件，人口增加必然向外拓展，开辟新的领地，有的是以家族为单元，举族而迁。

为了拥有生存空间，适应新的生产、生活和防卫要求，需要一种能满足家族共同居住条件的地方。于是，福佬民系的世族早期从福建北部、福建中部向福建南部迁徙，他们选择适合当地特殊地理条件，就地取材，建筑土堡、兵寨，并在土寨形式演化下，逐步过渡到土楼的建筑形式。

17世纪中叶至20世纪，随着海口开放、对外经济交流的发展，闽南地区经济有了重要进步，福佬民系世族经过10多代人的耕耘，家族人口急剧增加，居民对住宅的要求更加迫切。

为了维护家族的共同利益，几十人或几百人聚族而居，以适应家族的兴旺，居住的安全，模仿兵寨建筑的圆形、方形和府第式等丰富多彩的土楼应运而生。

从记载时间看，华安至今保存完好的68座土楼都是这一时期的历史演变而建筑的。

圆形土楼的出现

1478年，福建省永定建县，大大提高了永定的政治地位，给经济和文化的发展创造了有利条件。不长时间之后，客家人崇尚读书之风得到了发扬；另一方面，菲律宾的烟草从福建省漳州市传入永定，促使永定人种植烟草，提高了人们的经济水平。

■ 清高宗　爱新觉罗·弘历 （1711—1799年），清朝第六位皇帝，定都北京后第四位皇帝。年号乾隆，寓意"天道昌隆"。25岁登基，在位六十年，退位后当了三年太上皇，实际掌握最高权力长达六十三年零四个月，是中国历史上执政时间最长、年寿最高的皇帝。乾隆帝在位期间平定大小和卓叛乱、巩固多民族国家的发展，六次下江南，文治武功兼修。并且当时文化、经济、手工业都是极盛时代，他为发展清朝康乾盛世局面做出了重要贡献，确为一代有为之君。

■ 福建永定土楼

清康熙、乾隆年间，社会比较安定，得天独厚的自然地理环境和先进的栽培和加工技术，使"永定晒烟"独著于天下，本省各处及各省虽有晒烟，制成丝，色味皆不及，永定条丝烟荣受"烟魁"之誉，销路日广。

自清代中叶至民国初期近200年间，永定条丝烟风行全国甚至海外，给永定人带来走南闯北、大开眼界的机缘，更带来了滚滚财源，造就了许许多多大小的富翁。

由此带动了各行各业的发展，居民经济收入和生活水平普遍得到提高。正是由于具有这样的政治、经济和文化背景，土楼建筑进入了鼎盛时期，全县大小土楼群体遍地开花。

随着土楼建造数量激增和宅居质量要求日高，土楼建筑工艺步入成熟期。土墙从无石基进步到有石基，夯土版筑技术臻于炉火纯青，墙体厚度与高度之比已达极限，并创造出最富魅力的新造型，即圆形土

康熙（1654—1722年），清圣祖仁皇帝爱新觉罗·玄烨的年号，他是清朝第四位皇帝、清定都北京后第二位皇帝。谥号合天弘运文武睿哲恭俭宽裕孝敬诚信功德大成仁皇帝。他在位61年，是我国历史上在位时间最长的皇帝。他是我国统一的多民族国家的捍卫者，奠下了清朝兴盛的根基，开创出康乾盛世的大局面。

■ 东歪西斜裕昌楼

楼，形成了包括方形、圆形、府第式和混合式等造型的土楼。

建于元末明初的裕昌楼，位于福建漳州市书洋乡下板察村。在书洋乡下板察的大山里，自古全是幽幽老林，偏僻边远，少有兵荒马乱，因此，这里便成了山里人安居乐业的世外桃源。

然而，山深林密，常有虎豹豺狼横行。为了生存和发展，同在山间蛰居的刘、罗、张、唐、范姓族人，共商合建高楼聚居。他们规定楼内分为5个单元，设5道楼梯，由每个姓氏出资各建一个单元。

建楼统一规划，泥水匠和木匠统一后由各姓人家轮流供饭和照料，山区人建土楼并非一两年方可竣工，主人对待师傅便有如自家人一样。时日久了，便不如初时那么细心周到了。

有一天，就在两家交接供饭的那个傍晚，山里出

纸钱 有两种解释，一种解释即与古代的铜钱相对应，指纸制的钱币，最早的纸币是我国的交子；另一种说法是指烧给死去人的一些仿造的纸币，也称作"冥币"，这种烧纸钱的习俗来自东汉，后流传至今。现多用后一种解释。

现寒流，冻得人们手脚发麻。那时，供完一轮饭的一家，以为没事，便安心早睡，另一家准备明日早起煮饭，也天一黑就钻入被窝入睡了。

谁知，冷得难以入眠的几位木匠师傅，干脆披上衣裳到工地挥斧舞刨加班干活取暖。他们本想主人会送来热腾腾的夜宵，不料时过半夜仍没见动静。

这时，饥肠辘辘的师傅们便有了些埋怨，便分工匆匆锯了几个榫头，凿了几个榫眼，便叹息着钻入了冰冷的被窝里。

不知是木匠师傅夜里饿得精神差，还是有意作弄，加班做出来的榫头太小、卯又太大，装起来便都松松垮垮的。到了立柱架梁时，他们便一根一根凑上去，一时也看不出有什么异样。

后来，当楼建到了第七层，瓦片还没有盖完时，一群外乡人到楼后山上扫墓祭祖，燃放了不少鞭炮，又烧了许多纸钱，忽然刮来一阵风，引火烧掉了七楼

榫头 指器物两边分别利用凹凸相接的凸出的部分，凹下去的地方称为卯。剡木入窝也，俗谓之"榫头""笋头"。在我国古代木艺大多采用榫接方式。若榫接得当，两块木结构之间就能严密扣合，达到"天衣无缝"的程度。

■ 梁、柱都歪斜的裕昌楼

千年悠韵的古村古居

椽子和木柱，盖上去的瓦片也全塌落破碎。

火熄灭后，楼主人都嫌七楼晦气，于是，决定连六楼一起拆掉，就在五楼重新盖瓦，并在楼内再盖了一座厅堂和一圈平房，祈盼"楼包厝代代富，厝外楼子孙贤。"

5层圆楼盖顶后，还要等墙体基本干透，才能铺松木楼板，隔各户房间，一般要等过一两年。这期间，新楼空荡荡，少有人管。

不知过了多久，土墙干得很坚实，而椽、梁、柱全都变得歪歪斜斜，似有倾倒散架倒落的危险。

这时，木匠师傅领完工钱早已回家去了，主人干瞪眼，谁也说不出怎么会歪斜的所以然来，大家七嘴八舌地议论，多数人认为是哪一家对木匠照料不周，加上拆除六七两层的震动所致。那交接供饭的两户人家忽然想起那个寒夜，好不后悔，都很自责，让大家

■ 福建圆形土楼

吸取教训。又过了一年，见楼内的椽、梁、柱全都坚实牢靠，楼身都没歪，各姓人家便开始在各自单元隔间抹壁安装门窗，并陆续入楼居住，新楼便变得热闹起来了。

不久后有个傍晚，忽有一只老虎进入楼来，在楼下回廊走了一圈，又慢慢爬上二楼回廊走了一圈，才不声不响从后窗跳出去，始终不发虎威，不伤人畜。

说来也怪，老虎跳出楼外，却撑起前脚坐在山坡，细细看过圆楼后才轻轻吼了一声。

这一声，楼里人都听得分明，刘姓人家说，这是叫“好”声，为建楼祝贺，好事，而其余四姓人家却说，老虎入楼，有一次就会有两三次，日后定凶多吉少。

不久，罗、张、唐和范四姓人家一怕虎凶，二怕楼垮，便贱价把各自的单元房间卖给了刘家，自己迁往他乡定居去。

刘家置了全座圆楼后，对歪歪斜斜的梁柱进行认真观察研究，得出由于梁柱的相依、相靠、相接、相连楼才散不了，垮不倒的结论。

福建圆形土楼

五行 是我国古代的一种物质观。广泛地用于哲学、中医学和占卜方面。五行指金、水、木、火、土。古人认为大自然由5种要素所构成，随着这5个要素的盛衰，而使得大自然产生变化，不但影响到人的命运，同时也使宇宙万物循环不已。

于是这奇妙的歪斜，便成了楼里人齐心创新业、和和睦睦过日子的一面镜子，并在楼门贴上，"裕及后昆克勤克俭成伟业，德承先世维忠维孝是良规"的对联作为楼训。还给圆楼取了寓意富裕昌盛的楼名"裕昌楼"，祈望子孙兴旺发达。

一年又一年，这良规楼训、梁柱哲理一直鼓舞着楼里人克勤克俭、有志有力、齐心成伟业。后来，这楼也有了另一个独特的名字"东歪西斜楼"。

楼为五层结构，每层有54间大小相同的斧状房间，底层为厨房，家家厨房有一口深1米、宽0.5米的水井，井水清净甘甜，拿起瓢子伸手即可打水。

楼内天井中心建有单层圆形祖堂，祖堂前面天井用卵石铺成大圆圈等分5格，代表"金、木、水、火、土"五行。

土楼从无石基到有石基有一个过渡期，其间或为半石基土墙，即其石基不高出地面，或沿墙根一米高左右加罩石裙遮护。如大约建于1530年的高东永固楼，其前后四面墙都有半石基。

大概到了明末清初，由于水患频发，乾隆《永定县志》记载："永定置县1478年至1618年间，共发生特别严重的水灾6次，冲毁房屋，溺死人畜无数。"为了更好地保护土墙，才普遍采用石基。有了石基，土楼防洪抗潮能力大大增强。

土楼从方形到圆形是永定土楼建筑的创造性发展。高头承启楼是规模最大、环数最多、居民最多的圆楼，被誉为"圆楼之王"。此后，在永定东南部的古竹、高头、湖坑镇、大溪镇、岐岭镇和下洋镇等，圆楼如雨后春笋般拔地而起。

承启楼坐落在福建省永定县高头乡高北村，依山傍水，面前是一片开阔的田野。这里有数十座大大小

323

湖坑镇 湖坑镇位于福建省龙岩市永定东南部。明、清时属金丰里，民国时称湖山联保，设中金区、第四区。新中国成立后称南溪区、上金区、第三区。这里讲客家方言，是著名的土楼旅游区、侨台区、边区、老区。1999年被福建省定为"历史文化名镇"。

东方古城堡

福建土楼

■福建永定承启楼

小，或圆或方的土楼，错落有致高低起伏，组成了一幅色彩斑斓的土楼画卷。

承启楼从明代崇祯年间破土奠基，至清代1709年竣工，3代人经过83年的努力奋斗，终于建成这座巨大的江姓家族之城。

相传在建造过程中，凡是夯墙时间均为晴天，直至下墙枋出水后，天才下雨，承启楼人有感于老天相助，所以又把承启楼称作"天助楼"。承启楼坐北朝南，总占地面积5376.17平方米，楼体直径73米，全楼由4个同心圆环形建筑组成。

第一环承重土墙底层厚1.5米，至第四层土墙厚0.9米，楼高12.4米，分4层，每层又分72个开间。第二环高两层，每层40个房间。

第三环为一层平房，共32个房间。第四环为祖堂，是单层，共两间，比第三环略低。全楼呈现外高内低、逐环递减的样貌，形成错落有致的建筑层次。

这一时期还出现许多扬名中外的土楼杰作，有建于清康熙末年的

千年悠韵的古村古居

承启楼内部建筑

古竹五实楼、建于清雍正年间的坎市燕诒楼、建于1750年的业兴楼、建于1834年的洪坑奎聚楼、建于1835年的高陂裕隆楼、建于1838年的抚市永豪楼、建于1850年的遗经楼、建于

1875年的永隆昌楼群、建于1880年的福裕楼、建于1886年的峰市华萼楼等。圆楼有湖坑环极楼、古竹深远楼和南溪衍香楼等。

阅读链接

五福楼位于福建省永定县大溪乡太联村。

相传明正德年间，永定湖余氏出了一位品貌出众的姑娘。姑娘小时候孤苦凄惨。一场灾难，父母双亡，留下姐弟两人相依为命。16岁时，余氏姑娘被举入宫，入宫即被选为贵妃，其亲弟自然成了国舅爷。

过了几年，贵妃想念弟弟，皇上降旨召国舅爷入宫。尽管国舅爷对锦衣玉食十分满意，但毕竟久居山野，对宫中的繁文缛节甚为不惯，对宫中的丝竹管弦也不感兴趣，遂告辞还乡。

然而，国舅爷又对皇宫非常留恋，出得宫门后频频回首，一副欲言又止的样子。

皇上问其缘由，他回答说家中房屋矮小，没有京城宫殿那般高大雄伟、金碧辉煌，想想回去以后再也看不到这样的宫殿了，因此想多看几眼一饱眼福。

皇上听后，特恩准他回乡后可以兴建高楼深宅。这位国舅爷回到永定，果真建起了高大雄伟、宽敞明亮的五福楼。

兄弟共建振成楼

太平天国时期，福建省永定县洪坑村林氏家族的第十九代人林在亭生有3个儿子，长子名德山、次子名仲山、三子名仁山。为避战乱，林在亭率三子到永定抚市镇的亲友家居住，并在这里刻苦学习打烟刀的手艺。

早在北宋年间，烟草便由菲律宾传入我国，时称瑞草，很快从广

■振成楼远景

永定土楼振成楼

东南雄引进到了永定，随即成为永定经济收入的重要来源。

林氏三兄弟看准了这个时机，他们抓住机遇，回家乡洪坑自行经营，以3个银圆起家，办起了第一家烟刀厂，字号"日升"。

三兄弟肯吃苦，讲信用，经营有方，3年里先后在邻村创办了10多个厂。老大负责在各厂检验质量，老二负责采购，老三负责推销。

由于"日升"号烟刀工艺独特、价廉物美，产品畅销全国。三兄弟在广州和上海等城市设点推销，经过多年艰苦创业，终于成为乡里首屈一指的大富翁。

三兄弟致富后，四处修桥、筑路、建凉亭、办学校，为乡邻做了不少公益事业，振福楼就是他们兄弟三人出资兴建的。

兄弟三人又花了20万光洋建造一座府第式的方形

凉亭 传统木结构单体建筑之一。建筑在路旁供行人休息的小亭。因为造型轻巧，选材不拘，布设灵活而被广泛应用在园林建筑之中。从形状上来说，有四角亭、六角亭、八角凉亭、扇形凉亭之分；从垂直方向分：有单檐亭和重檐亭之分。

永定土楼内景

千年悠韵的古村古居

土楼，即福裕楼。按高中低三落、左中右三门三格布局，兄弟既可共居一楼，又可各自成一单元。

兄弟们事业发达，首先想到的是教育事业，因为当时农村落后，前后村都无学校。

兄弟三人分家后，老二仲山便在洪坑村口独资兴建了一所光汉学校，受到村民的称赞。

1903年，老三仁山在洪坑村头又独资兴建了一所古色古香、中西合璧式学校，也就是日新学堂，当时汀州府府太爷张星炳为学堂题字"林氏蒙学堂"。

学堂门的对联是：

训蒙心存爱国；为学志在新民。

张星炳 字叙臾，号粤生，河南固始人，光绪六年进士，翰林。1897年任汀州知府。1904年创办汀郡中学堂，并兼任总办官。他常到校巡视，勉励学生，以宏教育。在汀州10年为官，严饬吏治，爱民如子，政声卓异。据说，福裕楼就是由他设计的。

之后老大和老二相继去世。1909年，老三仁山开始筹划兴建一座圆土楼，但是选定为楼址的土地，他只有一半的产权，另一半是他一个侄儿的，建楼的事就几度搁了下来。

1912年，老三仁山在未能建成圆楼的遗憾中离开了人世。老三仁山次子林鸿超，又名逊之，是清末时期的秀才，他一生研究易经，琴棋书画，无所不通。

为了继承父志，林鸿超亲自设计并邀集了叔伯数兄弟合资共建振成楼，历时5年，花费8万光洋，终于大功告成。振成楼的楼名是纪念上代祖宗富成公、丕振公父子而命名的。

走近振成楼，便可以看到门楣上有石刻的3个苍劲大字："振成楼"，楼门联是："振纲立纪，成德达才"。

振成楼是一座八卦形的同圆心内外两环的土楼。外环四层高16米，一共有184个房间，内环两层，有32个房间。外环以标准八卦图式分为八卦即八大单元，一卦设有一部楼梯，从一层通向四层。

每卦之间筑青砖隔火墙分开，但有拱门相通，如果关起门来，便自成院落，互不干扰，开门则全楼贯通，连成整体。

走过振成楼的楼门厅，面前是二层的内环楼，门楣上刻着"里堂观型"4个字，出自当年北洋政府总统黎元洪的手笔，意为"乡邻学习效仿的楷模"。楼主林鸿超在1913年做了北洋政府的参议员，曾与黎元

八卦图 即为表示八卦方位的图形符号。八卦符号通常与太极图搭配出现，代表我国传统信仰的终极真理，即"道"。八卦图衍生自我国古代的《河图》与《洛书》，传为伏羲所作。其中《河图》演化为先天八卦，《洛书》演化为后天八卦。

■ 振成楼

永定土楼内景

德辉楼 位于我国福建省永定县下洋镇，是小型的3层方楼。至今保存完好。方楼内院中设置精致的围墙和厅廊，在方楼的中轴线上形成两个尺度宜人的小天井，空间既分隔又流通。这个方楼并非标准的方形，其正面的宽度比背面窄10多厘米，前窄后宽使整个平面微呈倒梯形，形如收谷子的簸箕。

洪共事，振成楼落成时黎元洪特地赠匾褒奖。

穿过两环两重大门，便是全楼的核心：祖堂。这个宽敞明亮的祖堂大厅，像是一个现代化的多功能大厅，可供全楼人婚丧喜庆、聚会议事、接待宾客以及演戏观戏。

正门两边耸立4根圆形大石柱，象征灵魂接天的意思，屋顶呈三角形，酷似古希腊的雅典神庙。每根石柱高7米，周长1.5米，重达5吨，当时没有机械作业，全靠人工运进楼内并架构起来，实在令人叹服。

内、外环楼的东西两侧，各有一口水井，恰好位于八卦的阴阳两极上。

东边水井处于阳极，相传建楼的初期，不少人常喝此井之水，后来都成了工匠师傅，故称为"智慧井"。

西边水井在阴极，水质清冽，犹如一面镜子，喝入口中则清爽甘甜，据说常饮此水会使皮肤娇嫩，头发变得更黑更亮，所以叫作"美容井"。

令人称奇的是，两井之间距离不过30米，同处一个水平面，水温、水位和水的清澈度却明显不同。当然你如果来到这里，最好两口井的水都喝它几口，熊掌与鱼得兼，没有比这更美的事情了。

楼里的镂空屏门、门上的木雕、螺旋形的铁栏杆，精致典雅，每一处都是完美的艺术品；楼里还有20多副楹联，其中后厅有一副脍炙人口的长联：

振作那有闲时，少时、壮时、老年时，时时需努力；
成名原非易事，家事、国事、天下事，事事要关心。

振成楼吸收了西洋建筑技术与风格，为土楼建筑艺术开辟一个新境界，使之成为中西合璧的精品。在这一时期还有很多海外侨胞回乡兴建土楼，如德辉楼、永康楼和虎豹别墅等，都是各具特色的杰作。

阅读链接

形状独特的客家土楼，曾经被误为核弹发射井。

1985年的一天，美国总统看到一份秘密报告：根据每天7次通过中国上空的KN22卫星报告，在我国福建省西南部的6000平方千米范围内有数千座不明性质建筑物，呈巨型蘑菇状，与核装置极为相似，这里很可能是一个大得无法想象的核基地。

美国总统曾派情报人员贝克以摄影家的身份潜入永定乡村，进行实地拍照，才发现漫山遍野的"核基地"只不过是普通的客家土楼。

返回美国后，贝克写了一份报告，在报告中他写道：在中国福建省西南部3001平方千米的范围内，发现有1130多座各种类型的土楼，这是客家人居住的地方。有圆、方、伞形等形状，每座占地1000平方米左右，一般为三五层，十分坚固。从高角度俯视，往往被认为是有特殊用途的建筑，产生误解。

世界遗产的土楼群

　　田螺坑土楼群位于福建省南靖县西部的书洋上坂村田螺坑村，为黄氏家族聚居地。田螺坑村因地形像田螺，四周又群山高耸，中间地形低洼，形似坑而得名。

■ 步云楼　田螺坑第一座土楼步云楼，是一座方形的土楼，内通廊式土木结构，占地面积906平方米，建筑面积1311平方米，高3层，每层26个房间，全楼78间，有4部楼梯。取名步云，寓意子孙后代从此发迹，步步高升，青云直上。

田螺坑土楼群的精美建筑组合，构成人文与自然巧妙之成的绝景。从远处眺望，它更像一朵绽开的梅花。5座土楼，依山附势，高低起伏，错落有致。它们与邻近的层层梯田呼应，叹为观止，成为后来南靖土楼的经典。

步云楼位于田螺坑土楼群的中部，为方形土楼，是黄氏第十二世黄启麟于1662年至1672年间所建。它是田螺坑的第一座土楼，位于"梅花"花心部位。土楼坐东北朝西南，楼高3层，每层26间，土木结构，内通廊式，承重墙以生土为主要原料。

土楼取名步云，寓意子孙后代从此发迹，读书中举，仕途步步高升、青云直上。后来，步云楼不幸在1936年被烧毁，又于1953年在旧址上重建。

步云楼的寓意果然得到了应验，1853年，黄氏族人又有了财力，随即在步云楼东向动工修建了新一座圆楼，名叫和昌楼，也是3层高，每层22个房间，设两部楼梯。

1930年，黄氏族人在步云楼的西侧又建起了一座圆楼振昌楼，还是3层高，每层26个房间，共78间。

1936年，瑞云楼在步云楼的东南侧拔地而起，仍然是3层，每层26个房间。

■ 和昌楼 建于1853年，位于步云楼东向，圆形，占地面积865平方米，建筑面积1141平方米，楼3层，每层22个房间，共计66间。

田螺坑村 属福建省漳州市南靖县书洋镇，是一个土楼村落，由5座土楼组成，5座土楼依山势错落布局，在群山环抱之中，居高俯瞰，像一朵盛开的梅花点缀在大地上，又像是飞碟从天而降。2001年5月被列入国家重点文物保护单位。

田螺坑土楼群

千年悠韵的古村古居

田螺坑土楼在基址的选择上，遵循了我国的风水文化。据专家考证，5座土楼之间采用黄金分割比例2：3、3：5、5：8而建造。史学家、地理学家称这5座土楼为《周易》金、木、水、火、土的杰出代表。

福建民间流传田螺姑娘的故事，便源自此楼。据说，在清朝，一个名叫黄贵希的老汉带着一家赶着一群鸭子，来到了田螺坑的山脚下。他们看到这里谷深林密，在烂泥地里，山涧里到处都是田螺，是个养鸭的好地方，于是，他们就把家安在了这里。

黄贵希每天赶着鸭群沿山涧去放养，母鸭吃了田螺和小鱼虾后，下的蛋又多又大，每隔一天，妻子就挑着鸭蛋去卖，日子越过越好，不到半年，一家人就把草房改建成了土墙平房。

黄贵希夫妻既勤劳又善良，有人路过他们家时，他们都热情地招待茶水，有时还留人吃饭。

有一天，一位过路人病了，向黄贵希要点水喝。黄贵希见他病得不轻，就留他住了下来，还为他煎草药汤，3天后，那个过路人病好了要走。

黄贵希的妻子为他准备了干粮和茶水叫他带上。那个过路人被黄贵希夫妻的热情和善良所感动。临行时，他嘱咐夫妻俩说："对面那片烂泥坡地，是块风水宝地，你夫妻这样有量有福，可在那块坡地上开基，后代子孙会很兴旺。"

原来这位过路人是个风水先生，他还说，3年后他会再来帮黄贵希选择建房地点。

黄贵希夫妻听后自然满心欢喜，从此更加热心行善，也更加勤劳节俭，想3年后先生来了，好在那块风水宝地上建造一座土楼。

可是3年过去了，却一直不见那位风水先生踪影。黄贵希还是每天赶着鸭群到田螺坑去放养。他每天早出晚归，中午就在田螺坑那山坡上休息。山坡上有一块平面石，黄贵布就在那块大石边搭了一间草房，方便中午休息，雨天也可把鸭群赶到房里避雨。

风水宝地 通俗地讲就是风水好的地方，居于此处，能助人事兴旺、财源广进，可令后代富贵显达。严格地讲，就是符合风水学中"富"和"贵"原则和标准的地理位置或环境。鲁班符咒记载：伏以，自然山水，镇宅地板，抵抗一切灾难，地镇宅就是最好的风水宝地。

■ 田螺坑土楼

观音菩萨 又作观世音菩萨、观自在菩萨、光世音菩萨等，是四大菩萨之一。他经常手持净瓶杨柳，具有无量的智慧和神通，大慈大悲，普救人间疾苦。在佛教中，他是西方极乐世界教主阿弥陀佛座下的上首菩萨，同大势至菩萨一起，是阿弥陀佛身边的胁侍菩萨，并称"西方三圣"。

有一天中午，黄贵希正在那间草房里休息。突然间，天上乌云密布，黄贵希刚把鸭群赶进草房里，瓢泼般的大雨就下起来了，直至天黑雨也没停。没办法，黄贵希只好吃了点干粮，就在草房里过夜。

到了半夜，风雨停了下来，黄贵希在睡梦中，隐约看到观音菩萨从天而降，来到自己跟前，说："鸭双蛋，楼基安，梅花开，旺丁财"。

黄贵希赶快起身跪拜在地。他突然惊醒，醒来后发现草房外是一片月光，心里好生欢喜，心想，是观音菩萨来指点我宝地了。

第二天大清早，黄贵希就到鸭群里拾蛋。果然在那草房边角的地方有几只母鸭下了双蛋。黄贵希心里一下子就明白了，那母鸭生双蛋的地方，就是建造土楼的中心点。而那"梅花开"，则想不明白，"旺丁财"自然是后代子孙会丁财两旺。

不管怎样，黄贵希还是请来了建筑土楼的师傅。

■ 田螺坑土楼群

福建南靖土楼

以那个母鸭生双蛋的地方，作为中心点开始建一座方形土楼，并取名为"步云楼"。

黄贵希的儿子黄百三郎，眉清目秀，知书达理，勤劳勇敢。一天午后，突然乌云密布，雷电交加，刹那间，倾盆大雨接踵而至。黄百三郎被这突如其来的巨变，吓得心慌意乱，不知如何是好。

就在此时，黄百三郎听见从坑边传来了呼救声，便不顾倾盆大雨，向山坑那边冲去，跑到小坑边，他看见坑水越来越大，只听到声音不见人影，找了好一阵子，他才发现坑里有一只大田螺。

黄百三郎从坑里把一粒硕大的田螺抱上来，突然间，怪事发生了，一位貌若天仙的姑娘站在他面前，微笑着对他说："三郎，我是田螺姑娘，请你别害怕，我姓巫，名叫十娘。"

巫十娘为感谢黄百三郎的救命之恩，就指点他"和昌楼"的蟹形地和祖祠的旗形地。所以步云楼还未完工时，黄百三郎就开始兴建和昌楼了。

后来，黄百三郎病倒了。黄贵希也知道了田螺姑娘的事，他怕儿子招惹妖气，连夜带着儿子远走他乡。几年后，黄贵希病故。黄百三郎回到田螺坑。在田螺姑娘的帮助下，家业红火，人丁兴旺。

20世纪前半叶，战乱频仍，福建省许多村庄和土楼毁于战火。新中国成立后，这些被毁的村庄、楼房，由人民政府支持重建。其他地区的居民也先后新建了几千座大小不一的土楼。

这些新建的土楼，日益受到国内外普遍关注，政府和群众开始采取各种积极措施加以保护。后在加拿大魁北克城举行的第三十二届世界遗产大会上，被正式列入《世界遗产名录》。

千年悠韵的古村古居

阅读链接

关于田螺坑土楼群的形成还有另外一种传说。

说在元朝末年，黄贵希带着儿子黄百三郎，在田螺坑选定了安营扎寨之所后，就着手搭盖草棚，解决了居住问题后便以看管母鸭为生计。传说他的母鸭每晚产两个蛋。日积月累，黄百三郎积攒下大量钱财。

明朝洪武初年，黄百三郎请来地理先生察看地形，认定黄百三郎搭草棚的住地是块风水宝地。于是，黄百三郎在原草棚地上修建一座方形土楼，也就是和昌楼。该楼始建于明朝洪武年间，原为方楼，20开间，高三层墙厚3.6米，没石基。

和昌楼建好后，又在楼下方修建一座江厦堂祖祠。1936年，丙子年国民党军队围剿上坂革命基点村，全村13座大土楼被烧毁，和昌楼也在其中。后来，在1953年重建和昌楼时，把方形楼改建为圆楼。

黄氏传至十二世黄启麟则兴建步云楼，建楼时间约在1681年左右。时隔数百年后，由于人口的增长，在1930年至1932年间修建了振昌楼，在1932年至1934年间修建了瑞云楼，一直延续至1966年至1969年，又建起了文昌楼。

北京民居

　　北京四合院作为老北京人世代居住的主要建筑形式，驰名中外，世人皆知。这种古代劳动人民精心创造出来的民居形式，伴随人们休养生息成百上千年，在人们心目中留下了深刻印象。

　　四合院大都在胡同里。胡同的形成是随着北京城的变化、发展和演进的。为保护古都风貌，维护传统特色，北京城区划定了20余条胡同为历史文化保护区，像南锣鼓巷、西四北一条等就被定为四合院平房保护区。

元代四合院定型

四合院的历史和北京城的历史一样悠久，作为当时我国政治中心的主要民居样式，四合院的历史最早可以追溯至辽金时代。

北京那时称为蓟城，是幽州的首府，由于京杭大运河的开通，蓟

天井式四合院

城变得日益繁华起来。

老北京四合院模型

居住在西辽河上游的契丹人，男子个个能征善战，但经济并不富庶，生产力水平低下，契丹首领很早就希望得到城池繁华的蓟城。

938年，契丹的军队攻入这座汉人的城池，将其改为南京，又称燕京，作为陪都。从此，燕京由地区性的行政治所开始向全国性的政治中心转变。

新的统治者上台，燕京地区自然就要大兴土木，为数以万计的官员和随从建造办公地点及住宅。

大批能工巧匠从各地被征调上来，各种各样的建设方案送到了统治者的手里。契丹统治者大概出于自身安全的考虑，最后选择了比后来的北京城小得多，但格局相仿的燕京城建设方案。

《辽史·地理志》记载：燕京城"方三十六里，

幽州 又称燕州，我国历史古地名。古九州及汉十三刺史部之一；隋唐时北方的军事重镇、交通中心和商业都会。古九州及汉十三刺史部之一；隋唐时北方的军事重镇、交通中心和商业都会。幽州的中心是蓟城，即北京中部和北部。后朝代更替，它陆续又叫过"中都大兴府""北京市"。

■ 成吉思汗（1162—1227年），字儿只斤·铁木真，蒙古帝国可汗，尊号"成吉思汗"。世界史上杰出的政治家、军事家。他于1206年建大蒙古国称汗，1227年命丧六盘山。

崇三丈，衡广一丈五尺。城上设敌楼，共有八门"。

《契丹国志》记载：燕京城"户口三十万，大内壮丽，城北有市，路海百货，聚于其中。僧居佛寺，冠于北方。锦绣组绮，精绝天下"。

当时皇上办公的地方在燕京城的西南方，宫殿林立，堂阁栉比，四周有高大的围墙，东西南北都有重兵把守的门户，跟后来的紫禁城在格局上有些类同，只是规模要小得多。

除了皇上办公的地方以外，契丹的统治者还建设了相当多的民居，为下层官员和一般老百姓居住。这些民居排列在街巷的两旁，一个一个形成院落，每个院子自成一统，有门户通向街巷。这实际上就是后来的北京民居，即四合院的雏形。

当时为了便于管理，整个燕京城被分成了26坊，

■ 忽必烈（1215—1294年），字儿只斤·忽必烈，蒙古族，元朝创建者。他同其祖父成吉思汗一样，是蒙古民族光辉历史的缔造者，是蒙古族卓越的政治家、军事家。他在位35年，1294年正月，在大都病逝，庙号世祖。

每个坊都有专人管理。燕京城的坊巷布局，横平竖直，井然有序。

1206年，成吉思汗创建蒙古帝国。随后骁勇善战的蒙古铁骑不断地跑马占地。1215年，强大的蒙古军队攻占了契丹人统治的燕京。忽必烈1264年颁诏以燕京为中都，作为蒙古帝国的陪都。

8年以后，忽必烈索性离开了自己的老巢，带着所有的马匹辎重浩浩荡荡地开进了中都，从此北京就成了蒙古王统治下的大中华版图的政治中心，中都也被忽必烈改成了大都，这就是元大都的来历。

由于忽必烈已经完全统一了中华版图，中都变成了大都，大兴土木肯定是必不可少的。

当时一个叫刘秉忠的汉人主持设计了"理想城"，他在设计元大都时坚持实践儒家"以礼治国"的理论。忽必烈便采用了他的设计，这是有史以来第一次按照"设计图纸"进行合理有序的规划而建立的城市。

大都的规划气势雄伟，建筑辉煌，外城呈长方形，周长达30多千米。建造了南、东、西各3个门，北2门，共11门。

城门外筑有瓮城，城四角建有高大的角楼。城墙

■ 老北京四合院门楼

瓮城 是为了加强城堡或关隘的防守，而在城门外修建的半圆形或方形的护门小城，属于我国古代城市城墙的一部分。瓮城两侧与城墙连在一起建立，设有箭楼、门闸、雉堞等防御设施。瓮城城门通常与所保护的城门不在同一直线上，以防攻城槌等武器的进攻。

千年悠韵的古村古居

老北京四合院过年民俗

南锣鼓巷 是北京最古老的街区之一，呈南北走向，它北起鼓楼东大街，南止地安门东大街，全长786米，宽8米，与元大都同期建成，是我国唯一完整保存着元代胡同院落形制、规模最大、品级最高、资源最丰富的棋盘式传统民居区。

外挖了宽达10多米的护城河，可以通船。

元大都还建设了水面辽阔的太液池，也就是后来的北海及中海、南海。在建筑元大都城池、水泽的同时，街道和民居的建设也开始了。中都的街道比较窄，房子与街道的衔接不是很流畅。

元大都的城市建设较好地克服了这一缺点，许多道路都拓宽并取直了。

全城街道的走向跟棋盘相似，横平竖直，纵横相交。东西和南北各有9条大街。在9条南北向大街的东西两侧，小街和胡同纵向排列，小街和胡同的宽度不足大街的一半，一头连着东边的大街，一头连着西边的大街。

居民的住宅都沿着胡同两侧排列，南边的门户对着北边的门户。这种布局形状上有点像"鱼骨刺"，最典型的是南锣鼓巷地区，直至后来一直保持着这样的布局。

这一时期的四合院基本都是方方正正，每个院落占地8亩，一排南房一排北房，还有两侧的厢房。

从此，四合院的建造开始跨入了规模化和制式化的时代，有统一的标准、统一的规划、统一的材质和统一的建筑队伍。

当然，能住进新城里这些四合院的人绝不可能是一般的百姓，他们多是蒙古官吏或贵族。

有幸进入新城的汉民，也都是跟蒙古新贵有着千丝万缕的联系，要不就是腰缠万贯的富商大贾。

元大都新城基本上成了一座官吏之城、贵族之城，一般穷人的影子很难寻觅。

阅读链接

四合院为什么一定要将宅门开在南边呢？

首先，这是元代建大都时的城市规划所框定的。元大都为棋盘式结构，南北为街，东西为巷。

街的主要功能为交通和贸易，巷就是我们所说的胡同，是串联住家的通道。因此，宅院的大门自然是开在南边最为合适。

其次，与传统的建筑风水学有关。北京地区的阳宅风水学讲究的是"坎宅巽门"，坎为正北，在"五行"中主水，正房建在水位上，可以避开火灾；巽即东南，在"五行"中为风，进出顺利，门开在这里图个吉利。

北京内城大户一般都是做官的，官属火，门开在南边，自然会官运亨通。

再次，华北地区风大，冬天寒风从西北来，夏天风从东南来，门开在南边，冬天可避开凛冽的寒风，夏天则可迎风纳凉，舒适宜人。

明清完善四合院

1368年，朱元璋称帝建国，同年8月，大将徐达攻占大都，改为北平，明朝建立。

明朝建立以后，对元大都的城市格局没做太大的改动，还将北部的城墙向里面缩了几千米，撤掉了两个城门健德门和安贞门，由原来的11个城门变成了9个城门。

内城的改造也是在元大都的基础上进行的，原来内城的四合院和

■ 朱元璋（1328—1398年），字国瑞，明朝开国皇帝，安徽凤阳人，原名朱重八，后取名兴宗。他出身贫农家庭，小时候曾在皇觉寺做过和尚。1368年，他在击破各路农民起义军和扫平元的残余势力后，于南京称帝，国号大明，年号洪武，建立了全国统一的封建政权。

■ 朱棣 （1360—1424年），明朝第三位皇帝，明太祖朱元璋第四子。生于应天，时事征伐，受封为燕王，后发动靖难之役，起兵攻打侄儿建文帝。1402年夺位登基，改元永乐。他五次亲征蒙古，巩固了北部边防，维护了中国版图的统一。

街道基本都没有动，只是进行了整修和粉刷，改换了标志。比较大的动作是在内城闲置的大片空地上，建起了大量的四合院民宅。

1421年，朱棣称帝后，都城从南京迁到北京以后，人口增长很快，从浙江、山西等处迁进数以万计的富户，住房建设成为当务之急。这时期，制砖技术空前发达，这促进了建筑业和住宅建设的发展。

明朝统治者先后在钟鼓楼、东四、西四、朝阳门、宣武门、阜成门、安定门、西直门附近的空地上建设了数千套四合院，以适应人口激增的需求。

总体来说，这一时期四合院规模都很小，当然麻雀虽小五脏却俱全，都有北房、南房、东房和西房。

这些四合院突破了元大都建造四合院必须占地8亩，不能多也不能少的限制，有大有小，因地而宜，地方大就大一点，地方小就小一点。

也不严格限制必须是方方正正，如果空间不够用，长方形、扁方形的都可以。

样式也更加灵活，建筑的高度、屋脊的样式、门

徐达 （1332—1385年），字天德，汉族，濠州钟离人。元末汉族军事家、明朝开国功臣。他智勇兼备，战功卓著，位于诸将之上。渡江拔城取寨，皆为军锋之冠，后为大将，统兵征战。吴元年，拜大将军。洪武初累官中书右丞相，封魏国公，追封中山王。

■ 明清四合院

户的大小和走向，都可以灵活掌握，使四合院更加适应居住的需求。

为了发展工商业，明朝统治者在北京南城一带建了很多铺面房，称之为"廊房"，用以"招民居住，招商居货"，前门附近的廊坊头条、二条、三条就是当时建造的铺面房。

朝代的更迭使四合院里的居住成分也发生了变化，不再仅限于达官贵族和富商大贾，相当多京城的土著和应召来京的工匠都住进了灰砖灰瓦的四合院。

清朝统治者占领北京以后，基本认可了元明两代的城市格局，没有做特别大的变动。清初实行满汉分住，内城被辟为八旗兵驻地，原来居住在内城里的汉民要全部搬到外城去，主要迁往南城一带。

内城里的八旗兵按照满人传统的规矩排列。其左翼镶黄旗居安定门内，正白旗居东直门内，镶白旗居朝阳门内，正蓝旗居崇文门内；其右翼正黄旗居德胜

廊房 用现在的话说就是商业街。廊房头条位于北京西城区东北部，东起前门大街，西至煤市街。历史上，廊房二条以经营古玩、玉器著世，有"玉器古玩街"之称。据说最兴旺时，此街共有店铺103家，其中90余家经营珠宝玉器。

门内，正红旗居西直门内，镶红旗居阜成门内，镶蓝旗居宣武门内。

八旗兵进驻内城，并没有采取激烈的驱赶汉民的政策，当时清政府出台了一个通告："凡汉官及商民等尽徙南城居住，其原房屋拆去另盖或贸卖取价，各从其便。让户部、工部详查房屋间数，每间给银4两，作为搬迁费用，并限年终搬尽。"

城内汉人的房子腾空以后，当时很少有汉人将原来的房子扒掉以后异地重建，都采取的是贸卖取价，拿钱走人。

汉人搬迁以后，八旗兵及其眷属就住了进去，他们对四合院似乎很欣赏，住在里面乐不思蜀。级别高一些的将领和贵族，把原来的四合院翻新改造，院子里搞起了花园，大门里新建了影壁，使四合院更加富有情调。

清代四合院的规模也获得了空前的发展，许多四合院都是三进、四进、五进甚至更多。比如清代乾隆

土著 是相对于外来殖民者而言的。土著是指在殖民者从其他地方来到之前，就住在他们土地上的人民。他们的祖先在不同文化，或不同种族的人来的时候，就已居住在一个国家或一个区域。

八旗 八旗制度是清太祖努尔哈赤于1601年正式创立，初建时设四旗：黄旗、白旗、红旗、蓝旗。1614年所设四旗又改为正黄、正白、正红、正蓝，并增设镶黄、镶白、镶红、镶蓝四旗，合称八旗，统率满、蒙、汉族军队。

■ **影壁** 也称照壁，古称萧墙，是我国传统建筑中用于遮挡视线的墙壁。影壁可位于大门内，也可位于大门外，前者称为内影壁，后者称为外影壁。形状有一字形、八字形等，通常以砖砌成，由座、身、顶三部分组成。影壁还可以烘托气氛，增加住宅气势。

抄手游廊 是我国传统建筑中走廊的一种常用形式，多见于四合院中，雨雪天可方便行走。抄手游廊的名字是根据游廊线路的形状而得名的，一般抄手游廊是进门后先向两侧，再向前延伸，到下一个门之前又从两侧回到中间，形似人将两手交叉握在一起时，胳膊和手形成的环的形状，所以叫"抄手游廊"。

■ 四合院建筑

年间权相和珅的住宅，后为恭王府的一部分，就是一个十三进的大四合院。

和珅四合院的中轴线上，共排列着13座规模宏伟的大四合院，而且院落里有花园、假山、池塘、水榭、庭院，气势宏伟，景色秀丽。

而从内城搬出去的汉民在拿到了清朝政府的补偿后，在南城也大量建造各种各样的四合院，以满足栖身需要。由于土地的紧张，加上补偿款的不足，汉人新建造的四合院大多很简陋，占地也很小。

当然也有少量有钱的汉人，他们建造了跟内城四合院毫不逊色的四合院。有一些汉人在朝廷里做官，但他们也不能住在内城，所以南城也出现了一些高端的四合院。

康熙年间官至刑部尚书的著名诗人王士祯就住在南城虎坊桥一带的保安寺街，他的四合院建得比内城的四合院还好，当时人们称其住所是"龙门高峻，人不易见"。

但南城绝大多数的四合院都很简陋，院落狭窄，质地粗糙，院墙矮小，门户单薄，并且胡同窄小，街道局促。

政府的无为而治倒使南城一带的商业很快繁荣起来，这样一来，外城的街道布局及房宅式样越来越适应商业的需求，所有的临街四合院都被改造成店铺和商号。

元代四合院的工字形布局在明清四合院里也基本被淘汰，而代之以正房、厢房、抄手游廊等组成的更合理的布局。民间有"天棚、鱼缸、石榴树，老师、肥狗、胖丫头"的顺口溜，说的就是清代的北京四合院。

阅读链接

在等级森严的王朝制度里，人和人之间因为社会地位的不同存在着巨大的差异，这在很大程度体现在住宅上。

大官高官就住大房子好房子，一般的官吏就住一般的房子，布衣平民自然就要住品质最差空间最小的房子。没有功名即便有钱也不行，腰缠万贯的平民也不能随意盖房子。

什么人住什么房子，这是封建王朝一条不能破的清规戒律。即便是在官府里做官的人，或者是皇亲国戚，也不能随便建造房屋，要严格按照皇家制定的规制行事。

清代的建筑规制比明代的更细致，清朝每个皇帝上台都要亲自制定各级官吏及皇亲国戚宅院的建筑标准。正房几间，厢房几间，房基多高，大门多大，涂什么颜色的油漆，砖瓦是什么质地，都是有严格规定的。

如果有谁敢在京师建造一个跟一品官员和珅一样十三进的四合院，那脑袋就有可能保不住了。

四合院里文化内涵

北京现存最多的是清代末年和民国时期建造的四合院，据统计，1949年北京市住宅中94％是平房四合院。这些中式楼房和平房、四合院多建于晚清和民国时期，明朝的四合院已经不多见了。

民国时的四合院也是从清朝末期演变而来的，当时皇室威严一落

清代的四合院

千丈，王公大臣风光不再，甚至生存都成了问题，于是许多落魄的满人将祖上留下的房产变卖以维持生计。

推翻了旧朝代后，人气越来越旺盛，收入越来越丰厚，还有一些做生意发了财的富商大贾，落魄满人的房产就成了这些人的收购对象，他们买下以后加以翻新改造，建了不少高端的四合院，有的还融进了西洋样式。

当时许多汉族文化名人和政界、军界人物都在北京购置房产，还有一些经商发了财的汉人，甚至洋人也在北京购置四合院。经过若干年以后，北京内城逐渐演变成了满汉杂居、官民杂居的城市。

随着满族势力的衰落，内城里的满人越来越少，汉人越来越多。这时候，四合院里的情况开始变得复杂起来，不少四合院里居住的人不再是单一的家庭了，一般都是两家，但也有少数四合院出现3家共住或4家共住的情况。

这个时期的人不习惯和陌生的人合居在一个四合院里，经过一段时间的演变，有的是原房东有了经济实力重新买回了自己卖出的房子，这样四合院就重新恢复了一个大家族居住的局面。

在看似严肃的四合格局之中，院内四面房门都

■ 四合院门前吉庆有余门墩

中式楼房 是以宫廷建筑为代表的我国古典建筑的室内装饰设计艺术风格，气势恢宏、雕梁画栋、金碧辉煌，造型讲究对称，色彩讲究对比，装饰材料以木材为主，图案多龙、凤、龟、狮等。但中式风格的装修造价较高，而且缺乏现代气息，只能在家居中点缀使用。

四合院一角

千年悠韵的古村古居

门簪 是将安装门扇上轴所用连楹固定在上槛的构件。这种大门上方的出头，略似妇女头上的发簪，少则两枚，通常4枚，或多至数枚，具有装饰效果，成为旧时大门的常见构件。以至民居大门上门簪的设置，只为美观，并无结构功用。

开向院落，又通过庭院和中轴甬道沟通，形成一个和睦环境，一家人和美相亲，其乐融融，同时宽敞的院落中还可植树栽花、饲鸟养鱼、叠石假山，居住者尽享生活之乐。

由"合"而"和"，体现着传统的中国风味，也体现出"天人合一"的思想。四合院得天时，有地利，材又美，工又巧，符合自然规律，属于真正的良居。

中国人居住的空间里边必须包含着一部分没有房子的空间，也就是庭院，庭院直通宇宙空间，从而营造出一个和大自然相通相近的环境。如果上升到哲学观点上，这就是天人合一的境界。

四合院的装修、雕饰、彩绘也处处体现着民俗民风和传统文化，表现出人们对幸福和吉祥的追求。

如以蝙蝠、寿字组成的图案，寓意福寿双全；以花瓶内安插月季花的图案寓意四季平安；而嵌于门簪、门头上的吉祥词语，附在抱柱上的楹联，或颂山川之美，或铭处世之学，充满浓郁的文化气息。

即便是普通的四合院，也可在院门上看到"忠厚传家久、诗书继世长"之类宣扬传统文化思想的门联，使老北京人从小就受到道德传统的教育。

四合院也是我国传统建筑文化的体现。首先四合院房屋的设计与施工比较容易，所用材料十分简单，都是青砖灰瓦黄松木架，砖木结合，符合建筑力学。

在木架制造上，也充分体现和传承着传统的木构造艺术，包括各种构件、不同规格方式的榫卯结构等，都是传统建筑工艺的体现。

院落的整体建筑色调多为灰青，给人印象十分朴素，屋里是方砖地，窗明几净，屋外绿植满眼，也是建筑美学的体现。

四合院的营建极讲究风水和禁忌，风水学说实际是我国古代的建筑环境学，是我国传统建筑理论的重要组成部分。四合院大门都在巽位上，就是"坎宅巽门"风水学说的实际运用。

■ 整体青灰色的四合院

老北京四合院复原模型

同时，在房屋布置、装饰上，在庭院树木栽植上，也有很多禁忌风俗。

有的院落一进门处的正对面，修建一个影壁砖墙，也是民间风水文化的一种体现。

影壁一般都有松鹤延年、喜鹊登梅、麒麟送子等吉祥的图案，或福禄寿等象征吉祥的字样，除去给庭院增加气氛，祈祷吉祥之外，也起到使外界难以窥视院内活动的隔离作用。

阅读链接

四合院中的老北京人把所喜欢饲养和赏玩的种种动物多称为"玩物"，而很少用时下最流行的"宠物"一词。单单这个玩物中，就蕴含着丰厚的文化内涵。

老北京四合院里的宠物大致分起来有4类：一是鸟类；二是虫类；三是鱼类；四是兽类。

饲养宠物既是老北京人的一种嗜好，也是四合院文化的重要组成部分。人们在玩赏宠物之中得到的是一份精神上的愉悦与享受，使四合院里的生活更富情趣。

老北京经常饲养的飞禽就有10多种，什么画眉、百灵、黄雀、玉鸟、鹦鹉、八哥、相思鸟、文鸟、鸽子等，仅鹦鹉按体型就分为大中小类，最常见的是虎皮鹦鹉、小五彩鹦鹉、葵花鹦鹉等。

相守四合院的胡同

胡同，是元朝的产物。蒙古人把元大都的街巷叫作胡同。据说，胡同在蒙古语里的意思是指"水井"。

13世纪初，蒙古族首领成吉思汗率兵占领中都，烧毁了城内金朝的宫阙，使中都城变为了一片废墟。之后，新兴的元朝重建都城，

北京七井胡同

严嵩塑像

称为大都。大都城分为50多个居民区，称作坊，坊与坊之间为宽度不等的街巷，全城总计有400余条。

元大都是从一片荒野上建设起来的。它的中轴线是傍水而划的，大都的皇宫也是傍"海"而建。

因此，其他的街、坊和居住小区，在设计和规划的时候，不能不考虑到井的位置。或者先挖井后造屋，或者预先留出井的位置，再规划院落的布局。无论哪种情况，都是"因井而成巷"。

明灭元之后，就在元大都的基础上重建了都城，称为北京。北京城街巷胡同增加至1100多条。

清朝建都后，沿用北京旧城，改称京师。内城街巷胡同增至1400多条，加上外城600多条，共计2000余条。

现在随着城市现代化建设的深入，为了使胡同这一古老的文化现象延续下去，北京市政府将一些特色胡同确定为历史文化保护区，这对保护古都风貌起到了重要的作用。

北京的大小胡同星罗棋布，每条都有一段掌故传说。胡同的名称，作为事物的代号是必须要有的，人们对胡同的最初命名，是根据其某一方面的特征，经过流传，最终被大家所接受并确定下来。

北京宣武门外有一条叫丞相胡同的横街，即因严

严嵩（1480—1567年），字惟中，号勉庵、介溪、分宜等。是明朝重要权臣，擅专国政达20年之久，为我国历史上著名的权臣之一。他身材细高，两道疏眉之间有一种阴诈之气，说起话来声音极响，听起来让人有一种惧怕的感觉。

嵩曾在此居住而得名。

严嵩是明代有名的奸臣。他做宰相时，府邸就在菜市口的丞相胡同。他的宅子十分宽大，整整占了丞相胡同一条街。

传说严嵩的家财无数，豪华无比，他宅子的阴沟里每天流出来的全是白米。严嵩在朝中，与儿子严世蕃一起培植党羽，欺上瞒下，清除异己，营私舞弊，无恶不作。发展至最后，就连皇帝也渐渐地对他不放心，厌恶其行径了。于是就降旨将严世蕃治罪正法，随后又把严嵩从朝廷中轰了出去。

传说，严嵩在被轰出朝廷时，皇帝让给他一只银碗，叫他以后去沿街要饭。严嵩没法，还真的端着这银碗出去要饭了。他开始总是拉不下脸来，后来饿得实在不行了，就把银碗揣在怀里，找人少的地方去。

一天，严嵩来到地安门外大街的一条小胡同里，他的肚子饿得直叫，但又实在张不开口，于是只得一人没精打采地乱转。

忽然，一家的院门被打开了，从里边扔出一堆白薯皮，严嵩看到后馋得直流口水，他望望前后没人，便像饿狗似的，抓起几块白薯皮装在碗里。

说来也巧，这时一个衙役走了过来，一眼就认出了他，于是随口喊道："这不是相爷吗？"

严嵩一听，吓了一跳，头也没抬，就像耗子一样跑了。从此，人们就把这条胡同叫成了"一溜儿"胡同。

自此，严嵩就再也不敢随街捡饭吃了。后来他便

菜市口 是清代杀人的法场。北京的胡同多，街口就多，名气最大的当属宣武门外的菜市口。菜市口名气大是因为这曾是杀人的刑场，有不少名人都是在菜市口被斩首的。

严世蕃（1513—1565年），号东楼，明朝宰相严嵩之子。严世蕃不是经过科举走上仕途的，而是借他父亲的光。他短硕肥体，一目失明，而且好猾机灵，通晓时务，熟悉国典，而且还颇会揣摩别人的心意。

旨 即圣旨，是我国古代皇帝下的命令或发表的言论。圣旨是我国古代帝王权力的展示和象征，圣旨两端则有翻飞的银色巨龙作为标志。圣旨作为历代帝王下达的文书命令及封赠有功官员或赐给爵位名号颁发的诰命或敕命，颜色越丰富，说明接受封赠的官员官衔越高。

专到庙里要饭，但被老和尚训斥了一顿，赶了出来。以后严嵩就连庙宇也不敢去了。

严嵩吃不到东西了，没办法，他只好端着他那银碗，挨门挨户地去要，可是无论谁家，只要看出他是严嵩，都不给他饭吃。

就这样，没过多久，严嵩就支持不住了。一天，当他走到一条胡同里时，终于倒在地上，银碗摔出好远，爬不起来了。

此后，人们便把严嵩摔银碗的那条胡同叫银碗胡同，而那条东西胡同，就叫作"官帽胡同"了。

千年悠韵的古村古居

阅读链接

灵境胡同，位于北京西单地区一条东西向的胡同。早在明朝时，灵境胡同分为东西两部分，东段因坐落有灵济宫，因此被称为"灵济宫街"；西部南侧有宣城伯府，因此称"宣城伯后墙街"。

清朝时，以西黄城根南街为界，东段因原灵济宫逐渐变读为灵清宫、林清宫，因此被称为"林清胡同"，西段则称"细米胡同"。

20世纪初期，东段改称为黄城根，西段则称为灵境胡同。直至1949年后，两段才并称为灵境胡同。

据说这条胡同名称源于一座道观，观名为洪恩灵济宫。灵济宫地势宽敞，殿堂宏伟壮观，始建于明朝，是为祭祀南唐人徐知证和徐知谬兄弟俩而建的。传说，徐氏兄弟有着神奇的本领，喜欢助人为乐，替人排忧解难。洪恩灵济宫在明朝时，香火鼎盛。

至清代，灵济宫就不那么红火了。灵济宫的名称，在人们的口传中，以讹传讹，把灵济变成了灵清，后来又转成了灵境。道观所在之地也就成了灵境胡同了。

开平碉楼

开平碉楼位于广东省江门市下辖的开平市境内，是我国乡土建筑的一个特殊类型，是集防卫、居住和中西建筑艺术于一体的多层塔楼式建筑。其特色是中西合璧的民居，有古希腊、古罗马及伊斯兰等风格多种。

根据现存实证，开平碉楼约产生于明代后期。其丰富多变的建筑风格，极大地丰富了世界乡土建筑史的内容，改变了当地的人文与自然景观。

作为近现代重要史迹及代表性建筑，被国务院批准列入第五批全国重点文物保护单位名单。

远涉重洋寻金山梦

　　早在16世纪中叶，我国广东省开平·市就有人远渡重洋，到东南亚一带谋生。至19世纪中期，开平则出现了大规模移民的现象。

　　1840年，鸦片战争爆发，清政府腐败无能，民不聊生，同时开平又爆发了大规模的土客械斗，旷日持久，人人自危。

■ 开平碉楼

■ 开平碉楼建筑

此时，恰遇西方国家在我国沿海地区招募华工去开发金矿和建筑铁路，于是，开平人为了生计，背井离乡远赴外洋。从此，开平逐步成为了一个侨乡。

在鸦片战争后30多年的时间里，美洲的华工已多达50万，巴西的茶工、古巴的蔗工、美国的淘金工、加拿大的筑路工……在远离故土的地方，华工靠出卖自己的血汗讨生活。

后来，又有一批批侨乡人移民海外，致使开平一半人走出了家园。出去的人努力打造着自己的"金山"梦，将一笔笔血汗钱寄回家乡。

于是，留声机、柯达相机、风扇、浴缸、饼干、夹克……这些在当时极为稀罕的事物便成了开平人富足甚至可称奢侈的生活。

中国人强烈的"衣锦还乡""落叶归根"的情结使他们中的大多数人挣到钱后首先想到的就是回家买地、建房、娶老婆。于是，在20世纪二三十年代形成

土客械斗 土客冲突专指明清时期，在我国南方族群混居地区，各汉族不同民系、少数民族之间的激烈冲突，其最高峰是清朝末年在广东发生的土客械斗。土、客，分别是先住民和后住民的意思，按当地不同族群到来的先后进行区分。

了侨房建设的高峰期。

但是，我国在当时兵荒马乱，盗贼猖獗。又由于开平侨眷、归侨生活比较富裕，土匪便集中在开平一带作案。

据粗略统计，仅1912年至1930年间，开平较大的匪劫事件就有70余宗，杀人百余，掠夺财物无数。一有风吹草动，人们就收拾钱财，四处躲避，往往一夜要惊动好几次，彻夜无眠。

稍有疏忽，就会有家破人亡的结果。匪患猛于虎，在当时民谣流传着"一个脚印三个贼"的说法。

土匪还曾3次攻陷当时的县城，有一次连县长也被掳去。在这种险恶的社会环境下，防卫功能显著的碉楼应运而生。

1922年12月的一个晚上，北风呼啸，寒雨淋漓，100多个贼匪乔装打扮，突袭了有很多是华侨子弟就读的开平中学，他们将校长及师生掳去，准备将这些师生押回贼窝，然后通知其亲属交钱赎人。

众贼匪途经赤坎镇英村时，被该村宏裔楼的更夫发现。楼上的人立即拉响警报器，并用探照灯将贼匪照得清清楚楚，他还开枪将一些贼匪击伤，在村民的配合下，擒获贼匪10多名，救回了校长和学生。

千年悠韵的古村古居

■ 广东开平碉楼建筑

此事随即轰动了全县，海外华侨闻讯，觉得碉楼在防范匪患中起了重要作用，因此，在外节衣缩食，集资汇回家乡修建碉楼，并在碉楼里配置枪支弹药、发电机、探射灯、警报器等设备，用以抗击贼匪，保卫家园。于是便有了"无碉楼不成村"的说法。

一些华侨为了家眷安全，财产不受损失，在回乡修建新屋时，也纷纷将自己的住宅建成各式各样的碉楼。这样，碉楼林立逐渐在开平蔚然成风。

先后建造起来的碉楼具有防卫、居住两大功能，可分为更楼、众楼、居楼3种类型。更楼出于村落联防的需要，多建在村口或村外山冈、河岸，起着预警作用。

众楼建在村落后面，由若干户人家集资共建，其造型封闭、简单，但防卫性强。居楼也建于村后，由富有的人家独资建造，楼体高大，造型美观大方，往

赤坎镇 它的历史约350年，是著名侨乡，位于广东省珠江三角洲经济开发区内、开平市中部。赤坎境内保留有大量的华侨建筑，仅碉楼就有200多座，尤其是具有400年历史的迎龙楼、抗日旧址南楼、远近闻名的关族和司徒氏图书馆、堤西路的骑楼建筑群更是侨乡一绝，被广东省政府定为文物保护单位。

往成为村落的标志。

在建造碉楼的过程中，侨民们也有意识、无意识地仿造了国外的各种建筑风格。既有我国传统的硬山顶式建筑、悬山顶式建筑，还有中西结合的庭院式、别墅式等。

在碉楼里看到的不只是一些单纯建筑上的中西融合，还能看到一种颇具智慧的创造以及表达生活愿望的融合。比如碉楼里的意大利地板砖、德国的马桶、英国的香烟盒等文物和"舞狮滚地球"的壁画等。

一年年、一代代，侨民们背靠故土，眼望世界，逐渐形成开放、包容的心态。开平一个继承了传统的侨乡，一个连通着世界的侨乡，就是在这里流传着旅美华侨谢维立和他的二太太谭玉英之间的感人故事。

谢维立在海外漂泊半生，中年时思乡心切，于是

硬山顶 即硬山式屋顶，是我国传统建筑双坡屋顶形式，常用于我国民间居住建筑中。房屋的两侧山墙同屋面齐平或略高出屋面，屋面以中间横向正脊为界分前后两面坡，左右两面山墙或与屋面平齐，或高出屋面。高出的山墙称风火山墙，其主要作用是防止火灾发生时，火势顺房蔓延。

■ 开平立园

开平立园建筑

带着半生积蓄回到故土，修建了有"开平大观园"之称的"立园"。

从1926年开始，"立园"开始修，至1936年最终落成。除了精巧的布局，精致的装潢堪称经典之外，"立园"中的毓培楼和花藤亭更惹人遐思。

据说有一天，谢维立和仆人泛舟运河之上，仆人捕到一条硕大的红鲤鱼，谢维立见那鲤鱼周身通红，甚为喜人，于是将其放生。当晚，他便做了一个梦，梦中有个美貌女子朝他微笑，似有答谢之意。

又过了几天，谢维立上街遭遇大雨，忽有一妙龄女子撑伞相助，而这位女子的长相竟然与那日梦中女子一模一样。谢维立遂将其娶为二太太，这名女子，就是谭玉英。

谢维立专门为谭玉英在"立园"中修建了一个巨大的花架，叫作花藤亭，又名花笼。顶部仿英国女王金冠而建，四壁用钢筋水泥做成花笼，一年四季，花

悬山顶 悬山顶，即悬山式屋顶，宋朝时称"不厦两头造"，清朝称"悬山""挑山"，又名"出山"，是中国古代建筑的一种屋顶样式，也传到日本、朝鲜半岛和越南。在古代，悬山顶等级上低于庑殿顶和歇山顶，仅高于硬山顶，只用于民间建筑，是我国一般建筑中最常见的形式。

开不辍。

岂知，谭玉英19岁嫁入谢门，19岁便香消玉殒。等谢维立闻讯从美国赶回时，只能对着照片中的倩影哭诉衷肠了。

为了纪念爱妻，谢维立又在园中修建了毓培楼，内有4层建筑，每一层地面精心选用图案，巧妙地用4个"红心"连在一起，也许那正是园主对爱妻心心相印的情怀。

阅读链接

赤坎镇新安村的村民谭积兴与其夫人余怀春的悲剧，就是典型的华侨家庭的例子。

1904年，谭积兴婚后不久即赴加拿大谋生，离乡时妻子已怀有身孕。次年，余怀春产下一女，独自抚养。抗战时期一家人经常挨饿，谭积兴自离家后也一直未能存够归国的盘缠。

直至1959年，谭积兴才有机会到香港和妻子见了一面。这一面，也是两人的最后一面，两年后余怀春就病逝了。这对夫妻从结婚至死亡，一生只见了两次面。而作为父亲的谭积兴则终生未见过在家乡的女儿，最后客死异域。

防范匪患建造碉楼

明朝末年，战事频仍，社会动乱，中原地区人民纷纷南下避难。一位姓关的老伯带着家眷，来到了广东开平的赤坎一带，当时这里叫驼驮。此地是冲积平原，水草茂密，芦苇丛生，成群的水鸭飞来飞去，啄食鱼虾。

关姓老伯看到此地山清水秀，土地肥沃，物产丰富，是立村开族的好地方。于是，他就与家人一起，在这里安安稳稳地定居下来。他特别喜欢芦花，就在河岸上的芦丛旁边筑了一个书斋，叫"芦庵"，大家就叫他"芦庵公"。

广东开平碉楼

数十年的休养生息，芦庵公的后人人丁兴旺。另外，一些从北方南迁的人家也陆续来到这里聚居。几个村落就这样形成了。芦庵公所在的村子叫井头里，与井头里毗邻的是三门里。

当时朝政腐败，盗贼猖狂，老百姓深受其害。为了保障家族和乡邻生命财产的安全，芦庵公的第四个儿子关子瑞，在井头里兴建了一座3层高的碉楼，叫瑞云楼。

瑞云楼为砖石结构，非常坚固，一有匪情，井头里和三门里的村民都躲进楼里暂避。后来，人口逐渐增多，瑞云楼容纳不了两个村子的群众。

芦庵公的曾孙公圣徒决定在三门里兴建"迓龙楼"。他的夫人也拿出私房钱，与他共襄善举。

400多年来，在抗匪和防洪的斗争中，瑞云楼和迓龙楼起了很大的作用。由于村民对这两座碉楼感情深厚，悉心保护，不断维修，所以完好地保存下来。

迓龙楼是典型的传统式碉楼。楼高3层，占地面积152平方米。碉楼四角突出，每层四角均有枪眼，底层正面开有一圆顶门，门的两边各开一个四方形

■ 开平碉楼群

的小窗，二三层正面各开3个四方形小窗。

每层均分中厅和东西耳房，楼顶为我国传统建筑硬山顶式。由于"迓"字人们在口头上少用，便在书写楼名时改为"迎龙楼"。门口上方有"拔萃"两字。门口两边还写有"迎貔瑞稔，龙虎气雄"的对联，后被铲去。

开平塘口镇自力村，在立村之初，该地只有两间民居，周围均是农田，后购田者渐多，又陆续兴建了一些碉楼。

碉楼的楼身高大，多为四五层，其中标准层二三层。墙体的结构，有钢筋混凝土的，也有混凝土包青砖的，门、窗皆为较厚铁板所造。

建筑材料除青砖是楼冈产的外、钢筋、铁板、水泥等均是从外国进口的。碉楼的上部结构有四面悬挑，四角悬挑，后面悬挑。

建筑风格方面，很多带有外国的建筑特色，有柱廊式、平台式、城堡式的，也有混合式的。

为了防御土匪劫掠，碉楼一般都设有枪眼，先是配置鹅卵石、碱水、水枪等，后又有华侨从外国购回枪械。配置水枪的目的是，因水枪里装有碱水，当土匪靠近时喷射匪徒的眼睛，使其丧失战斗力，知难而退。为了增强自卫能力，很多妇女都学会开枪射击。

这些碉楼，有的是根据建楼者从外国带回的图纸

■ 广东开平碉楼建筑

悬挑 建筑专业术语，建筑构件利用拉索结构或其他结构达到的一种效果。其部分或全部建筑物以下没有任何支撑物，给人一种不稳定感。悬挑结构在建筑中应用非常广泛，常见的有挑檐、阳台、体育场看台顶棚及剧院的挑台，还可以直接用于屋顶等。

广东开平碉楼建筑

所建，有些则没有图纸，只是出于楼主的心裁。楼的基础惯用三星锤打入杉桩。打好桩后，为不受天气的影响，方便施工，一般都搭一个又高又大的帐篷，将整个工地盖着。

居庐的主要功能是居住和生活。自力村的居庐多为三四层，楼体开展、门窗开敞，均为铁制；为了防贼，庐的前后门上方开枪眼，居庐还筑有燕子窝。

该村先后建筑了龙胜楼、养闲别墅、球安居庐、云幻楼、居安楼、铭石楼、逸农楼、叶生居庐、官生居庐、兰生居庐、湛庐等。

这些先后建起来的碉楼组成了后来有名的自力村碉楼群，在防匪贼方面发挥了重要的作用。

阅读链接

清朝康熙年间，开平月山镇龙田村有一个远近闻名的商人叫许龙所。

一天清晨，许龙所的妻子黄氏去赶集，直至月亮升起，还没有回来，许龙所有一种不祥的预感袭上了心头。

正在许龙所着急的时候，忽然，有人从门口外扔进院里一包东西，里面是一张字条，字条上歪歪斜斜地写着"白银万两，钱到放人"8个字。

许龙所父子商议，决定筹钱救出黄氏。谁知赎金还没有送去，却等来黄氏在跳崖之前托人带来的血书。血书上写道："母不必赎，但将此金归筑高楼以奉尔父足矣！"

许龙所的儿子遵照母亲遗嘱筑了一座4层高的坚固碉楼，取名"奉父楼"。奉父楼建成后便成为村民的庇护所。一有匪情，村民们都到奉父楼里躲避，贼人唯有望楼兴叹。

风格各异的开平碉楼

塔楼式建筑

开平碉楼

开平碉楼体现了近代中西文化的广泛交流，它融合了我国传统乡村建筑文化与西方建筑文化的独特建筑艺术，成为开平侨乡历史文化的见证，也是那个历史时期，我国移民文化与不同族群之间文化的相互交融，并促进了人类的共同发展。

开平碉楼丰富多变的建筑风格，凝聚了西方建筑史上不同时期的

柱廊式碉楼

许多国家和地区的建筑风格，成为一种独特的建筑艺术形式，它极大地丰富了世界乡土建筑史的内容，改变了当地的人文与自然景观。

开平市内，碉楼星罗棋布，城镇农村，举目皆是，多的一村10多座，少的一村两三座。

从水口至百合，又从塘口至蚬冈、赤水，连绵不断，蔚为大观。

这一座座碉楼，是开平政治、经济和文化发展的见证，它不仅反映了侨乡人民艰苦奋斗、保家卫国的一段历史，同时也是活生生的近代建筑博物馆，一条别具特色的艺术长廊。

开平碉楼为多层建筑，远远高于一般的民居，便于居高临下的防御；碉楼的墙体比普通的民居厚实坚固，不怕匪盗凿墙或火攻；碉楼的窗户比民居开口小，都有铁栅和窗扇，外设铁板窗门。

碉楼上部的四角，一般都建有突出悬挑的全封闭或半封闭的角堡，俗称"燕子窝"。

角堡内开设有向前和向下的射击孔，可以居高临下地还击进村的敌人。同时，碉楼各层墙上都开

蚬冈 该镇位于开平市西南部，距开平市区26千米，东邻台山市白沙镇，南接赤水镇、金鸡镇两镇，西与恩平市君堂镇交界，北临锦汀洞。蚬冈镇镇内多小山，形同蚬壳，故名。该镇拥有碉楼150多座，其中坐落于锦江里的瑞石楼号称"碉楼之王"。

千年悠韵的古村古居

■ 广东开平碉楼塔楼

设有射击孔，这就增加了楼内居民的射击点。

开平碉楼种类繁多，若从建筑材料来分，可以分为石楼、夯土楼、砖楼和混凝土楼。

石楼主要分布在低山丘陵地区，在当地又称为"垒石楼"。墙体有的由加工规则的石材砌筑而成，有的则是把天然石块自由垒放，石块之间填上土来黏结。目前开平现存石楼仅10座。

夯土楼分布在丘陵地带。当地多将此种碉楼称为"泥楼"或"黄泥楼"。这种碉楼经几十年的风雨侵蚀，仍然十分坚固。现存100多座。

砖楼主要分布在丘陵和平原地区，所用的砖有3种：一是明朝土法烧制的红砖，二是清朝和20年代初期当地烧制的青砖，三是近代的红砖。

用早期土法烧制的红砖砌筑的碉楼，目前开平已很少见，迎龙楼早期所建部分，是极其珍贵的遗存。

青砖碉楼包括内泥外青砖、内水泥外青砖和青砖砌筑3种。少部分碉楼用近代的红砖建造，在红砖外面抹一层水泥。目前开平现存砖楼近240多座。

混凝土楼主要分布在平原丘陵地区，又称"石屎楼"或"石米楼"，多建于20世纪初期，是华侨吸取世界各国建筑不同特点设计建造的，造型最能体现中

■ 赤坎碉楼建筑

夯土 古代建筑的一种材料，我国古代建筑材料以木为主角，土为辅助，石、砖、瓦为配角。在古代，用作建筑的土大致可分为两种：自然状态的土称为"生土"而经过加工处理的土被称为"夯土"，其密度较生土密。在我国，最早在龙山文化已能掌握夯土的技术。

西合璧的建筑特色。

　　整座碉楼使用水泥、沙、石子和钢材建成，极为坚固耐用。由于当时的建筑材料靠国外进口，造价较高，为了节省材料，有的碉楼内面的楼层用木阁做成。目前开平现存混凝土楼1470多座。

　　中西合璧，也就是亦中亦西、亦土亦洋的建筑风格，开平现存的碉楼千姿百态，无一座完全相同，根据上部的造型，又可分为柱廊式、平台式、城堡式和混合式4类。

　　柱廊式碉楼比较多。等距离排列的西式立柱与券拱结合，呈开敞状，显得典雅富贵。碉楼的柱廊多为步廊，有一面柱廊、三面柱廊和四面柱廊之分。

　　柱廊是一种源自希腊神庙的古典建筑样式，古罗马建筑中也经常出现。古罗马建筑柱廊式的经典代表是雅典娜女神庙。

　　柱廊的券拱造型多数是采用古罗马的券拱，带有明显的罗马建筑风格。另外欧洲中世纪哥特式建筑风格的尖券拱和具有伊斯兰建筑风格及富有装饰性的花瓣形券拱，在开平碉楼也有表现。

　　平台式碉楼不像柱廊式上面覆顶，而是露天的，造型显得开放。平台的围栏多数是通过实心混凝土栏板，在外墙进行细部处理，增加其装饰性。也有围栏

■ 开平碉楼

廊 是指屋檐下的过道、房屋内的通道或有顶的通道。包括回廊和游廊，具有遮阳、防雨、小憩等功能。廊是建筑的组成部分，也是构成建筑外观特点和划分空间格局的重要手段。我国古代建筑中的廊常配有几何纹样的栏杆、坐凳、彩画，隔墙上常饰以什锦灯窗、漏窗、瓶门等各种装饰构件。

采用西方华丽的古典栏式，比如古罗马建筑中的多立克、爱奥尼克、塔司干风格的栏杆也有所运用。

城堡式碉楼采用的是中世纪欧洲城堡封闭的圆柱体和教堂顶部塔尖装饰的建筑要素，楼体的开窗和射击孔都注重与其上部的造型风格相协调。这类碉楼远看就像欧洲的城堡。

混合式碉楼即是以上几种形式的混合体，这种形式的碉楼在开平碉楼中非常的常见，或柱廊与平台混合，或柱廊与城堡混合，或平台与城堡混合，或三者混合。

混合式的碉楼更显华贵。其实这些散落在岭南之角的外国建筑风格的碉楼大多是混杂着多种文化艺术建筑，它们没有过多地追求要建特定类型的建筑，根据的是主人的爱好以及其在外吸收的建筑经验。

因而，开平碉楼的建筑风格集中世纪众多典型建

岭南 又称岭外表。古时为百越之地，是百越族居住的地方。秦末汉初，它是南越国的辖地。岭南是块天然屏障，阻碍了岭南地区与中原文化的交流，当时中原华夏汉人称之为"蛮夷之地"。自唐朝宰相张九龄开凿梅关古道后，岭南地区才得到逐步的开发。

塔楼式建筑

开平碉楼

■ 广东开平碉楼复原模型

开平碉楼民居

筑风格于一身。开平碉楼荟萃着众多西欧建筑特色，如希腊罗马的柱廊式、西欧哥特式、意大利巴洛克式、欧洲的古堡式。

随着历史的延伸，开平碉楼以其非凡的魅力，吸引着世人的眼球，向世人诠析着开平人非凡的技艺，洋为中用，模仿而非抄袭，结合自身的岭南风格，开创出独特的建筑艺术风格。

这些不同风格流派、不同宗教门类的建筑元素在开平表现出极大的包容性，汇聚一地和谐共处，形成一种新的综合性很强的建筑类型，表现出特有的艺术魅力。

千年悠韵的古村古居

阅读链接

瑞石楼号称"开平第一楼"，坐落在开平市蚬冈镇锦江里村后左侧。楼高9层，建于1923年，是开平市内众多碉楼中原貌保存得最好、最高的一座碉楼，堪称开平碉楼之最。

说它是"开平第一"，不仅是高度上第一，外观上也是别的碉楼难以相比的。楼的顶部有3层亭阁，凸现西方建筑独特风格，其中以四周的罗马穹隆顶和拜占庭造型最为显著，给人以异于常态的美感。

当年59岁的黄璧秀因父母和妻子在家乡居住，为了家人的安全，所以他不惜投入巨额资金，于1923年筹建家居碉楼，1925年竣工，历时3年。楼建成以后，他便以自己的号取名，叫"瑞石楼"。

碉楼楼名及楹联文化

开平现存的碉楼与居庐，除个别"无字楼"外，基本都有属于自己的名号。这些碉楼除楼名的文字记录外还有不少对联，这些文字就如同一张张定格的历史存照，供人凭吊、欣赏与研究。

■土塘碉楼

开平碉楼建筑

千年悠韵的古村古居

马冈镇 位于开平市西北部。北邻龙胜，南毗塘口，西靠大沙镇、恩平市，东与苍城接壤。马冈镇是开平市最大镇之一。马冈镇属半丘陵地区，土地肥沃。

塘口镇 隶属于广东省阳西县，位于阳西县西北部，四面环山，气候怡人，北部沟漏山脉连绵百里。该镇有较为悠久的历史，拥有多座古堡，人文气息浓厚。

开平众多的碉楼中有一种楼名是反映当时社会治安状况及人民对和平安定的诉求的。因此说在开平村野上高耸着的碉楼群中，带"安"字号的楼名特别多，其中各地出现频率较高的如"镇安""保安""建安""靖安" 和"联安"等楼名。

土塘地处开平马冈镇与塘口镇的交界处，是当时出了名的贼窝，靠近土塘一带的村庄，被称为"贼佬碗头"，也就是菜盆的意思，贼人无食无用的时候，就会来此搜掠。因此，在塘口镇四九、卫星、龙和一带的村前防卫特别森严，兴建的碉楼也特别的多，特别坚固。

还有一种碉楼名字是反映侨乡人温和淳厚的道德民风的，比如"慈安""慈乐""厚和""侨安""远安""义安""家谐""仁和""齐家""恋家""爱亲""叙伦""孙怀""佑康"等楼名，这些名字最能反映当时侨乡人人隔万里，两地相思的离愁别绪。

塘口镇龙和村旅美华侨陈以林于1921年归乡建了一座4层高的居楼，命名"居安"，他还郑重其事地题了副门联："居而求志，安以宅人"，他把愿望挂在门前以明志。

有些感情含蓄的楼主，还通过借喻、隐晦的

手法，托楼名以表心意，如 "秩楼""椿元""椿萱""昆仲""棠棣""寸草""爱吾"等。古文中的"椿萱"，喻为父母；"昆仲"指的是兄弟；"棠棣"的"棣"也通兄弟的"弟"；"寸草"则借孟郊《游子吟》中"谁言寸草心，报得三春晖"，道出自己建楼报父母恩之意。

塘口镇龙和村龙蟠里吴龙宇、吴龙其兄弟建了一幢4层楼的居庐，取名"永福"楼，并在门前加添了对联作注脚"永久骈臻如广厦，福常宠锡在本楼"，道出自己建楼可利己利人，又希望新楼既立，能更加得到父母的恩宠。

月山镇大湾村是较典型的华侨村。村前鱼塘相隔，村后簕竹环护，村头楼式闸阁，村中近10座楼、庐各有风采，其中最显眼者当属李嘉、李常炳两家。20世纪中叶这两家是当地出了名的华侨，他们购田建楼，各尽其美。

当时村人还编有民谣说：

千家万家不及李嘉，
千顷万顷不及常炳。

可知他们当时富庶的程度。这两位老人不但楼建得美，而且别出心裁地在家里开

塔楼式建筑
开平碉楼

■ 开平南楼

壁画 墙壁上的艺术，即人们直接画在墙面上的画。作为建筑物的附属部分，它的装饰和美化功能使它成为环境艺术的一个重要方面。壁画为人类历史上最早的绘画形式之一。如原始社会人类在洞壁上刻画各种图形，以记事表情，这便是流传最早的壁画。

挖了水井和地下室及外出通道。其中李嘉居楼命名为"朗照别墅"，常炳楼则书"万福咸臻"。

在这种竞美风气的感染下，村中"安然别墅""五权庐"及村中侨居文化气味特浓，所见壁画、对联、吉祥语特多，共通的有"怀忠孝信义，喜博爱和平""龙图启瑞，凤纪书元""吉光久远，庐振书香"等。

还有些楼名蕴含碉楼背后深沉的历史文化。比如开平最早的碉楼是建于赤坎镇芦阳村三门里的"迎龙楼"。该楼按族谱记载，约建于明嘉靖年间，倡建者为"圣徒祖婆"，占地152平方米，红砖土木结构，楼高3层，初名"迓龙楼"。

何谓"迓龙"，该村位于罗汉山下游，大雨降临，山洪暴发，村人就得收拾细软，携男带女往高

■ 开平碉楼建筑

处逃。圣徒祖阿婆见此，变卖首饰以首倡，并发动村人集资建了"迓龙楼"。

取名"迓龙"，其含意是，善待龙王，与它为友，使它莫再生洪水危害村民。

事实上，"迓龙楼"建成后，天灾人祸依然不断，但它在很长的一段时间内也真正担当起为村民消灾避祸的壁垒的作用。

1919年，村人见楼体破烂，便集资重修，拆第三层用青砖重建，并顺潮流使用新文化更名为"迎龙楼"。同时请村中有名的才子，写了首层和顶层两副对联。顶层联写道："迎龙卓拔，楼象巍峨"，首层联是"迎猫瑞稔，龙虎气雄"。

无独有偶，在大沙镇大塘村也有一座同名的"迎龙楼"。该楼约建于清代同治年间，楼高3层，保存较为完好，可惜楼上字迹已剥落。

关于这座楼名，村中一老先生解释说，大沙五村处有座状元山，龙是从山毛岗经水桶坳回状元山的。建此楼就是希望把它迎来此处，歇歇脚，显显龙气。

说也奇怪，自从该村建了迎龙楼后，村里先后出过好几位名人，其中陈宗毓、陈孝慈均是清末民初的举子，陈宗毓曾任恩平县长。

迎龙楼最初只有楼名没有对联，后来陈宗毓回乡

■ 开平碉楼

圣徒 本意指圣人的门徒或者圣人思想的追随者。"圣徒"一词在近代也成为其他宗教的借用译词，通常也指具有特别美德或者修行水平很高的教徒。圣徒和圣人本义上的区别是，圣徒是追随某一流派或宗教而受到该教派推崇的人，圣人则独立于而不是追随某人或某一思想派别。

迎龙楼门联

探亲，为楼写了两副对联，正门口联是"迎来门外双峰石，龙伏冈中百尺楼"；后门联是"占凤门开迎瑞气，贪狼阁峙显文章"。

迎龙楼两联写罢，这位老夫子意犹未尽，又给村中另一座无名碉楼安了个名字"继美楼"，并为这座楼题了联："继晷焚膏追往哲，美人香草慕前贤"。陈宗毓改名、题联之后，为两楼增色不少，并一直被村人传为美谈。

大沙镇是开平最边远的山区镇之一，位于西水的竹莲塘村，更是山上加山。然而，在这个小山村的村后，却巍然屹立着两座石垒的碉楼，"竹莲楼"和"竹称楼"。其中"竹称楼"最为壮美。

"竹称楼"是竹莲塘村民为防匪患、自己动手，拾山石、烧石灰而垒起的四层高的碉楼。此碉楼曾先后有过两次击溃土匪头企图劫村的记录，为保卫村民的生命财产安全立过大功，如今楼身上的伤痕，便是这位真君子不平凡经历的见证。

有一些碉楼名字借楼寄意，排解个人情感。比如，三埠迳头龙溪里旅美华侨李成伦，青年时在美国旧金山唐人街是出了名的戏剧演员，人称"小生

状元 是我国古代科举考试"殿试进士"的第一名。由皇帝或中央政府指定的负责人主持，用同一套试题，在同一地点开考，然后经统一阅卷、排名，并经最高当局认可的进士科国家级考试的第一名。

记"，可惜在一次演出中不慎得罪了权贵，后来，他返回家乡，独资在家乡建了一幢洋楼，取名"索居庐"，并配上门联曰："盘溪甚水，农圃为家"。

由失宠、惊怕到落叶归根、索居闲处，心头是一种解脱，一种释放，于是用楼名"索居"记之。

在塘口四九村西角坊闸口正对村头，屹立着一座带小庭院的居庐，名为"翰苑"，对联是"翰留香墨；苑发奇葩"。字体刚劲有力，名、联内容透露出几分自信和得意。

除了以上介绍的碉楼楼名的寓意外，还有以楼主的名字作楼名，体现自我、自信，比如百合镇中洞村之"焕福"、蚬冈镇东和村的"焕然"、水口新风村的"溢璋"楼等，均以楼主全名为楼名。

385

塔楼式建筑

开平碉楼

■ 开平碉楼群

还有以众人之名或集众人之意作为楼名，以示公平、团结，比如塘口镇魁岗村石滩里黄荣耀独家兴建的居楼称为"私和楼"。塘口卫星村张容沛、张容照、张容会、张容旭四兄弟于1925年合资建了一幢居楼，由于共同合作，大家出资，故取名为"四份楼"，将内情交代得清清楚楚。

还有巧用数字命名的碉楼，如：一枝楼、两宣楼、三星楼、四份楼、四豪楼、五福楼、六角楼、七星楼、八角楼、九合楼、万兴楼、十八万楼、添亿楼、亿枝楼、千亿居庐等。

阅读链接

塘口自力村的"云幻楼"，是我国著名铁路建筑专家方伯梁的弟弟方伯泉建的私家碉楼，方伯泉是个读书人，青年出外谋生，晚年回乡见祖居为两座平房，贼来了无处可躲，于是用积蓄在村后购地建起了外观壮美的碉楼。

方伯泉目睹时局纷乱，盗匪横行，一生中庸笃厚，不爱争强好胜的他，为碉楼取了个有点禅意的名号"云幻楼"，并在顶层天棚门口上写上横批"只谈风月"，楼顶还有一副长长的对联，写的是：

云龙风虎，际会常怀，怎奈壮志未酬，只赢得湖海生涯空山岁月；

幻影昙花，身世如梦，何妨豪情自放，无负此阳春烟景大块文章。

落款是："云幻楼主人自题"。

云幻楼的大门口写着：淑气临门，春风及第。作者借楼寄意，抒发怀抱，这是他期盼"善良，美好"和人生前程。

空中楼阁

吊脚楼，也叫"吊楼"，为苗族、壮族、布依族、侗族、水族、土家族等民族传统民居，在桂北、湘西、鄂西、黔东南地区的吊脚楼特别多。吊脚楼属于干栏式建筑，但与一般所指干栏有所不同。

傣族竹楼是另一种干栏式住宅。云南西双版纳是傣族聚居地区。傣族人民多居住在平坝地区，常年无雪，雨量充沛，年平均温度达21度，没有四季区分。所以在这里，干栏式建筑是很合适的形式。

土家族人的吊脚楼

千年悠韵的古村古居

土家吊脚楼

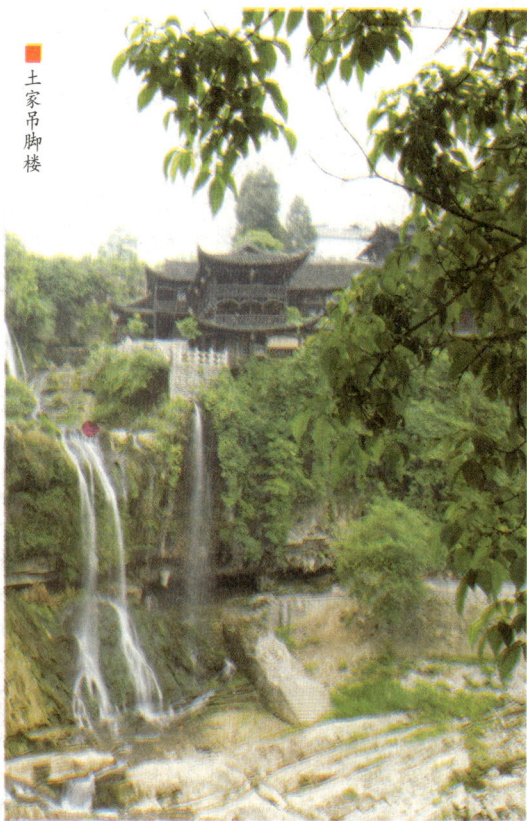

从前的吊脚楼一般以茅草或杉树皮盖顶，也有用石板当盖顶的。后来，吊脚楼多用泥瓦铺盖。

建造吊脚楼也逐渐成为土家族人生活中的一件大事。第一步要备齐木料，土家族人称"伐青山"，一般选椿树或紫树，椿、紫因谐音"春""子"而吉祥，意为春常在，子孙旺。

第二步是加工大梁及柱料，称为"架大码"，在梁上还要画上八卦、太极图、荷花莲籽等图案。

第三道工序叫"排扇"，就是把加工好的梁柱接上榫头，排成木扇。

第四步是"立屋坚柱"，主人选黄道吉日，请众乡邻帮忙。上梁前要祭梁，然后众人齐心协力将一排排木扇竖起。就在这时，鞭炮齐鸣，左邻右舍送礼物祝贺。

立屋坚柱之后便是钉椽角、盖瓦、装板壁。富裕人家还要在屋顶上装饰飞檐，在廊洞下雕龙画凤，还要装饰阳台木栏等。

吊脚楼多依山就势而建，呈虎坐形、三合院。讲究朝向，或坐西向东，或坐东向西。正房有长3间、长5间、长7间之分。大、中户人家多为长5间或长7间，小户人家一般为长3间，其结构有3柱2瓜、5柱4瓜或7柱6瓜。

吊脚楼正房中间的一间叫"堂屋"，是祭祖先、迎宾客和办理婚丧事用的。堂屋两边的左右间是人居间，父母住左边，儿媳住右边。兄弟分家，兄长住左边，小弟住右边，父母则住堂屋神龛后面的"抢兜房"。

人居间里又以中柱为界分前后两小间，前小间作

■ 飞檐

黄道吉日 旧时以星象来推算吉凶，称为青龙、明堂、金匮、天德、玉堂、司命六星宿是吉神，六辰值日之时，诸事皆宜，不避凶忌，称之为"黄道吉日"。泛指宜于办事的好日子。

窗花 是贴在窗户纸上或窗户玻璃上的剪纸。在宋元时期逐渐流传，逐渐成形。窗花是民间剪纸中分布最广、数量最大、最为普及的品种。分为"南北风格"，南方以"精致"为美，其特点是玲珑剔透；北方以朴实生动为美，其特点是天真浑厚。

为伙房，有两眼或三眼灶，在灶前安有火铺，火铺与灶之间是火坑，周围用青石板围着，火坑中间架三脚架，做煮饭、炒菜时架锅用。

火坑上面一人高处，是从楼上吊下的木炕架，供烘腊肉和炕豆腐干等食物。后小间是卧室。

吊脚楼不论大小房屋都有天楼，天楼分板楼、条楼两类。在卧房上面是板楼，也是放各种物件和装粮食的柜子。

在伙房上面是条楼，用竹条铺成有间隙的条楼，专放玉米棒子、瓜类，由于伙房燃火产生的烟，可通过间隙顺利排出。正房前面是左右厢房的吊脚楼，楼后面建有猪栏和厕所。

建造吊脚木楼讲究亮脚，也就是柱子要直要长，上上下下全部用杉木建造。屋柱用大杉木凿眼，柱与柱之间用大小不一的杉木斜穿直套连在一起，尽管不用一个铁钉也十分坚固。屋顶讲究飞檐走角，走角上

■ 屋顶讲究飞檐走角的土家吊脚楼

翻如展翼欲飞，有些吊脚楼的屋顶盖有瓦片。

山脚下的土家族吊脚楼

吊脚楼往往为3层，楼下安放碓、磨、堆放柴草；中楼堆放粮食、农具等，上楼为姑娘楼，是土家族姑娘绣花、剪纸、做鞋、读书写字的地方。

中楼、上楼外有绕楼的木栏走廊，用来观景和晾晒衣物等。在收获的季节，常将玉米棒子穿成长串，或将从地里扯来的黄豆、花生等捆绑扎把吊在走廊上晾晒。

为了防止盗贼，房屋四周用石头、泥土砌成围墙。正房前面是院坝，院坝外面左侧围墙有个朝门，房屋周围大都种竹子、果树和风景树。但是，前不栽桑，后不种桃，因与"丧""逃"谐音，不吉利。

房子四壁用杉木板开槽密镶，讲究的里里外外都涂上桐油又干净又亮堂。

土家族吊脚楼窗花雕刻艺术是衡量建筑工艺水平

剪纸 又叫刻纸，是我国汉族最古老的民间艺术之一，它的历史可追溯到公元6世纪。窗花或剪画。区别在创作时，有的用剪子，有的用刻刀，虽然工具有别，但创作出来的艺术作品基本相同，人们统称为剪纸。剪纸是一种镂空艺术，其在视觉上给人以透空的感觉和艺术享受。

高低的重要标志。

有浮雕、镂空雕等多种雕刻工艺，雕刻手法细腻，内涵丰富多彩。

雕刻内容有的象征地位、有的祈求吉祥、有的表现农耕、有的反映生活、有的教育子孙、有的记录风情等。

吊脚楼有着丰厚的文化内涵，土家族民居建筑注重龙脉，除了依龙脉而建和人神共处的神化现象外，还有着十分突出的空间宇宙化观念。

在其主观上与宇宙变得更接近，更亲密，从而使房屋、人与宇宙浑然一体，密不可分。

吊脚楼局部

阅读链接

土家族人把吊脚楼称为"走马转角楼"，或"转角楼"，把其厢房称为"马屁股"。在土家族人的意识中，吊脚楼就如奔腾怒嘶的马、开疆拓土的马。

更有意思的是，吊脚楼的外观与马也有几分相似，尤其是那半空悬吊的木柱，高高翘起的檐角，颇似腾空欲奔的马的雕塑，着实让人惊叹不已。

各具特色的吊脚楼

土家族民居最大的特征是干栏式建筑或半干栏式建筑，这种结构和居住形式主要受山区独特的地理环境影响与资源的制约，不仅具有适应性，而且能就地取材。这在生产力十分低下的情况下，充分地体现了土家族人的聪明才智。

依山傍水的土家吊脚楼

土家居住多为高山，地势凸凹不平，要想平整屋基，在当时的条件下，其工程之浩大是不可想象的。

普通老百姓所居住的地方更是糟糕至极，由于当时是土地私有制社会，好田好地都被土司或有钱人家占有，一般百姓只能在高山上栖身。

有首歌谣说："人坐湾湾，鬼坐凼凼，背时人坐在挺梁梁上。"当时的"背时人"说的就是土家族平民。在加之这里海拔较高，常年气温较低，空气湿润，因此，修建房屋只能依地势而定，屋后靠山，前低后高，所以厢房多建成吊脚楼。

吊脚楼楼外有阳台，以木制成各式各样的雕花栏杆。即使居地平坦，也多采用半杆栏式建筑，这种建筑具有防潮、通风和防蛇虫等优点。

栏杆上可以晾晒衣服及其他农作物，楼下饲养牲畜，既可防盗又可以作为野兽袭击时的"报警器"。人住在楼上如果听到响动，可立即到吊脚楼上观看，若遇强者则避之，若遇弱者则驱之，人畜共存，相依为命。

土家族人修建吊脚楼木房，正中堂屋脊上都要横搁一根大梁。梁上朝地的一面中央绘太极图。两头分别写

■ 吊脚楼栏杆

着"荣华富贵""金玉满堂"等吉祥词句，画着"乾坤"日月卦。土家族人很看重梁，说它寄托着今后的兴衰荣辱。

■ 临河而建的土家吊脚楼

建造房子前，主人在附近人家的山头上悄悄相中粗壮苗条、枝丫繁茂的杉树，粗壮苗条表示子孙兴旺后人多，枝丫繁茂表示家大业正又久长。

到了架梁的前一天夜里，主人请来几个强壮的年轻人，择黄道吉时出门，来到树前，先点燃3炷香，烧上一盒纸，再念几句祝词，用大斧砍倒后，抬起就走，中间不能歇气不能讲话，抬到主人家后由木匠加工成大梁。

第二天，树主看到树桩边的香灰纸灰，便知道自己的树被人砍掉做了梁木，不气也不恼，还十分高兴，因为这表示自家的山地风水好，种出了人家喜欢

乾坤 八卦中的两爻，代表天地，衍生为阴阳、男女、国家等人生世界观。乾：代表天，坤：代表地。古人以此研究天地、万物、社会、生命和健康。这是我国古代哲人对世界的一种理解，认为把握了变化和简单，就把握了天地万物之道。

的梁木。

土家族吊脚楼的建筑章法，一般来说，它是以一明两暗三开间作为"正屋"或"座子"，以"龛子"，当地均称"签子"，作为"横屋"或"厢房"的。

吊脚楼的真正意义其实是由龛子体现出来的。正屋与厢房的朝向均是面向来客的。

临河建造的吊脚楼，正屋是临街的，临河的吊楼实际上在正屋的背面。而到了河流这边，却又成了正面。它是水上漂泊者的精神寓所。

鄂西土家族吊脚楼的结构，最常见的是"一正一横"的"钥匙头"，当地人称之为"七字拐"。而且这种"钥匙头"的龛子一般都设在正屋右侧，这估计是从采光的角度来考虑的。

另外，俗称"撮箕口"的"三合水"，也就是中间正屋两边龛子的吊脚楼在民间也比较常见，至于"四合水""两进一抱厅""四合五天井"式的干栏建筑，即便是在被称为"干栏之乡"的湖北省咸丰县境内，恐怕也已不多见了。

鄂西土家族吊脚楼与其他干栏建筑最大的区别，或者说最大的发明在于：将正屋与厢房用一间"磨角"连接起来，这个"磨角"就是土家族人俗称的

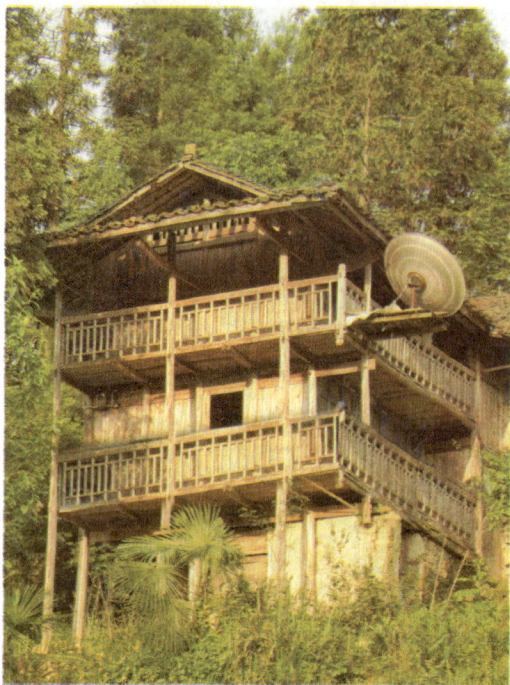
■ 土家族吊脚楼

千年悠韵的古村古居

干栏 是南方少数民族住宅建筑形式之一。又称高栏、阁栏、麻栏。分两层，一般用木、竹料作桩柱、楼板和上层的墙壁，下层无遮拦，墙壁也有用砖、石、泥等从地面砌起来的。屋顶为人字形，覆盖以树皮、茅草或陶瓦。此种建筑可防蛇、虫、洪水、湿气等的侵害，主要分布在气候潮湿地区。

"马屁股"：在正屋和横屋两根脊线的交点上立起一根"伞把柱"或叫"将军柱""冲天炮"，来承托正、横两屋的梁枋，虽然很复杂，但却一丝不苟。

就是这一根"伞把柱"成了鄂西吊脚楼将简单的两坡水三开间围合成天井院落的重要枢纽。以它为枢轴，房屋的转折变得十分合理、自然。

永顺转角吊脚楼有一正两厢、一正一厢、一字转角吊脚楼等形式。若一栋楼两侧、前后均为转角通栏吊脚，则称跑马转角楼。

转角吊脚楼的主构特征为吊脚转角，下吊金瓜，上挂猫弓眉枋。吊脚廊栏、门窗多"万"字花格。吊脚下栏廊枋多通雕"万"字浮雕花边。屋顶坡面小青瓦，飞檐翘角，翘角以雄为美。

土家族人选屋场，喜依山傍水，坐北朝南，前面视野开阔，后山雄伟林茂，左右有青山环抱；屋前屋后喜植树配风水；在天井坪外喜建朝门，赶吉利字头迎旺气。若前有不利之山或水，可在大门上挂吞口以辟邪纳瑞。

湖北省恩施土家族自治州咸丰县境内的吊脚楼具有典型的代表性，被人

吞口 是云、贵、川、湘等省一些少数民族地区挂在门楣上，用于驱邪的木雕，大多以兽头为主，也有人兽结合的，还有挂葫芦或木瓢的。是民间艺坛面具的变异，起源于图腾崇拜和原始巫教，是古代图腾文化与巫文化相结合，经历漫长的岁月后嬗变而成的一种民间文化的产物。

干栏式住宅

空中楼阁

转角吊脚楼

■ 湘西吊脚楼

们誉为"干栏之乡"的美称。

咸丰县的吊脚楼大多是飞檐翘角，回廊吊柱。在单体式的吊脚楼中，有的是四合天井三面回廊，有的是撮箕门东西或南北两厢房各三面回廊，有的是"钥匙头"两面回廊。

它们有的依山而建，有的临溪而立，有的悬在山边，有的矗在平坝……各具特色各显风采。

阅读链接

偷饭碗是土家族人吊脚楼里奇特的婚俗之一。当娶亲的队伍来到新娘家，经过妙趣横生的"拦门""讨粑"等过场后，主人便热情设宴款待来人。

午餐时，接亲者中间有几个人，互相把眼睛眨几眨，便把饭碗悄悄藏到胸口或腋下。到了男方家，"偷"者从身上取出"赃物"，大摇大摆走进厨房，乐滋滋等主人奖赏。

主人也满脸高兴，按偷得的碗的数量，每只碗奖赏一大坨猪肉，偷碗者也都皆大欢喜。原来土家族人称这偷来的碗为"衣禄碗"，偷得越多越好，表示新郎新娘今后生活富足，兴旺美好。

苗族人建造的吊脚楼

　　苗族人大多居住在高寒山区，山高坡陡，平整、开挖地基极不容易，加上天气阴雨多变，潮湿多雾，砖屋底层地气很重，不宜起居。因而，苗族人历来依山抱水，构筑一种通风性能较好的干爽的木楼，

苗族吊脚楼

即"吊脚楼"，世世代代居住。

据建筑学家说，苗族吊脚楼是干栏式建筑在山地条件下富有特色的创造，属于歇山式穿斗挑梁木架干栏式楼房。

一般建在斜坡上，把地削成一个"厂"字形的土台，土台下用长木柱支撑，按土台高度取其一段装上穿枋和横梁，与土台平行。

吊脚楼低的七八米，高者十三四米，占地十二三个平方米。屋顶除少数用杉木皮盖之外，大多盖青瓦，平顺严密，大方整齐。

吊脚楼一般以4排3间为一幢，有的除了正房外，还搭了一两个偏厦。每排木柱一般9根，即5柱4瓜。每幢木楼，一般分3层，上层储谷，中层住人，下层楼脚围栏成圈，作为堆放杂物或关养牲畜。

枋 横架在柱头上连贯两柱的横木，称为枋。我国传统建筑的枋以其位置之不同分为4种：在檐柱上的称为额枋；在金柱上的称为老檐枋；在五架梁上的称为上金枋；在脊瓜柱上的称为脊枋。穿枋是在进深方向上穿透柱身的。

■ 凤凰古城 是我国历史文化名城，曾被新西兰著名作家路易艾黎称赞为"中国最美丽的小城"。作为一座国家历史文化名城，凤凰古城的风景将自然的、人文的特质有机融合到一处，透视后的沉重感也许正是其吸引八方游人的魅力之精髓。

住人的为一层，旁边建有木梯，与上层和下层相接，该层设有约一米宽的走廊通道。堂屋是迎客间，堂屋两侧各间隔为两三间小间，作为卧室或厨房用。

这些被隔开的房间宽敞明亮，门窗左右对称。有的苗家还在侧间设有火坑，冬天就在这烧火取暖。中堂前有大门，门是两扇，两边各有一窗。中堂的前檐下，都装有靠背栏杆，称"美人靠"。这是因为姑娘们常在此挑花刺绣，向外展示风姿而得名。其实还用作一家人劳累过后休闲小憩的凉台。

■ 凤凰古城吊脚楼

凤凰古城的吊脚楼起源于唐宋时期，古城位于湖南省湘西自治州西南边。

685年，凤凰这块荒蛮不毛之地建县，吊脚楼开始有零星出现。凤凰古城开4门，坚固完好的城郭面积不足5万平方米，像一个漂亮精致的小木匣，里面住的多是官僚商贾及富人。

迁徙而来的贫穷外乡人在城中找不到栖身之处，只能在城外想办法立足。他们在沱江河、护城河的城墙外狭长地带垒窠筑窝，一半陆地一半水面地凌空架

沱江河 是古城凤凰的母亲河，她依着城墙缓缓流淌，世世代代哺育着古城儿女。沱江的南岸是古城墙，用紫红沙石砌成，城墙有东、北两座城楼，久经沧桑，依然壮观。沱江河水清澈，城墙边的河道很浅，水流悠游和，可以看到柔波里招摇的水草。

■凤凰古城建筑群

千年悠韵的古村古居

起简易住舍。

随着岁月沧桑，斗转星移，建筑物在日月轮回中不断翻新更替，致使后来凤凰古城的吊脚楼多是保留明清时代的建筑风格。

在沱江河岸上，那古古旧旧、高高低低的吊脚楼，一栋傍着一栋，一檐挨着一檐，壁连着壁，肩并着肩地高高地拥挤在河岸上。

这些吊脚楼一律黑色装束，一律青瓦盖顶，在背后南华山的衬托下，层次分明并整整齐齐地也东倒西歪地由西向东绵延。

在河岸上浩荡着数百栋的吊脚楼群每栋屋宇都隔有封火墙。封火墙，实为消防之用。

从古走来，凤凰城的先人们就十分懂得区域的防火法。封火墙的作用则是阻止火势蔓延。万一有失，损失也只是局部，不至于演绎成火烧连营。

南华山 位于湖南省湘西凤凰古城南面，共九峰七溪，最著名有虎尾峰、芙蓉岩，是城南一道天然屏障，被称作"南华叠翠"。山上草深林茂，野花地，树木参天，清泉冽冽，绿树莽莽，山秀水奇，是凤凰古城八景之冠。

由于封火墙作用重大，吊脚楼主们都对此墙备加呵护并极尽之美化。他们在每堵封火墙前后都装有凤凰鸟图案造型。远眺，只只凤凰引项朝天，气宇轩昂，令人心情振奋。这便可释解凤凰人对美的追求，对神鸟凤凰的崇尚。

凤凰古城河岸上的吊脚楼群以其壮观的阵容在中华国土上的存在是十分稀罕的。它在形体上不单给人以壮观的感觉，而且在内涵上不断引导着人们去想象，去探索。

凤凰鸟 是我国古代传说中的百鸟之王，雄的为凤，雌的为凰，总称为凤凰，不过也称为丹鸟、火鸟、鹝鸡、威凤等。凤是人们心目中的瑞鸟，天下太平的象征。古人认为时逢太平盛世，便有凤凰飞来。

干栏式住宅

空中楼阁

阅读链接

吊脚楼里居住有苗、汉、土家等民族。贫穷使他们和睦相处，唇齿相依。

据已故的凤凰宗教界名望人士田景光老先生述说：清朝末年，护城河岸的吊脚楼曾发生过一场大火，烧掉了两户人家，吊脚楼的人们于穷困中解囊赞助，硬是为两户人家扶起了屋宇。这些生活在社会最底层的人们尽管贫穷但品格却极其高尚，他们时时将国运视为己任。

1937年"七七"事变后，凤凰一支土著部队被改编为陆军第一二八师奉命开往浙江嘉善抗日前线，吊脚楼里就曾走出许多血性男儿，他们痛击日寇，马革裹尸，舍命疆场，为吊脚楼书写了一篇厚重的史诗。

吊脚楼在悲壮中走了近千年。它在凤凰古城人民心目中的分量是厚重的。伴随着国家改革开放，旅游事业在凤凰古城已风云鹊起，吊脚楼里的人们纷纷将自家的吊脚楼重新粉饰，开办了江边旅社、茶楼酒肆，热情服务于四方游客。

傣家竹楼的变迁

相传，在很久以前，傣族人那时候没有房子，下雨了就用芭蕉叶、海芋叶挡雨，困了就睡到树上。

一天，一个叫帕雅桑木底的青年正在睡觉，不知道什么时候天空下起雨来，他被雨点打醒后，看到人们纷纷用芭蕉叶、海芋叶挡雨。

■傣族村落

看到这些后，帕雅桑木底突然想，如果可以住在像芭蕉叶、海芋叶那样能挡雨的地方该多好呀！那样，就不会被雨淋了。

于是，帕雅桑木底就动手用一些面积较大的树叶盖了一间平顶叶屋，这就是最原始的"绿叶平顶屋"。房子建好后，可把帕雅桑木底乐坏了。

人们都来看帕雅桑木底的新屋子，都被他盖的屋子吸引了，后来，家家都开始盖这种屋子，而且大家你帮我，我帮你的，很是热闹。

但是，可是，这种屋子，一下雨就漏水，无法住人。帕雅桑木底也深有体会，为此，他整日思考解决的办法。

一天，帕雅桑木底看见一只猎狗坐地淋雨，屁股坐地、狗身像个斜坡前高后低，雨水打在猎狗身上循着狗身直往下淌。他突然受到启发，建盖了一种前高

■ 竹楼倒影

干栏式住宅
空中楼阁

天神 指天上的诸神，包括主宰宇宙之神及主司日月、星辰、风雨、生命等神。佛教认为，天神的地位并非至高无上的，但是却比人享有更高的福祉。

后低的称为"杜玛掀"的狗头窝棚。这样，屋子可以避雨了。这种"杜玛掀"虽然解决了屋顶的排水问题，但地上的水还是会涌进房子里面，致使屋子里面非常潮湿。

正当帕雅桑木底想改进"杜玛掀"而苦苦思索时，天神帕雅英被帕雅桑木底的精神所感动，于是，他决心给帕雅桑木底指点指点。

一天，下着雨，天王帕雅英变成了一只美丽的凤凰下凡到人间，落在帕雅桑木底面前，对他说："你看看我的两只翅膀吧，看它能不能遮风挡雨。"

凤凰立定两只长脚，把双翅微微向两边伸开，形成一个"介"字形的姿势。

帕雅桑木底听见凤凰会说话，吃了一惊。他双手合掌，对它拜了拜，并认真观察雨水是如何顺着凤凰双翅和颈毛、尾巴流下的。

■ 傣族人的竹楼

帕雅桑木底边看边想，他决心一定要盖一间像雨中站立的凤凰式样的房子。

帕雅桑木底砍来许多树木劈成柱子，割来茅草编成草排。这房子立在柱脚上，分上下两层，人住上层，不会受潮。屋脊像凤凰展翅，

傣族民居

左一厦右一厦，前一厦后一厦，都是斜坡形，可挡四面雨水。

这种高脚屋子果然能遮风避雨，帕雅桑木底住在里面，十分舒适，他给这种房子起个名字叫"轰恨"，"轰恨"是傣族语"凤凰起飞"的意思。

帕雅桑木底盖成了"轰恨"之后，傣族人家纷纷来向他学习盖房。从此，一家又一家，一寨又一寨的傣家竹楼就这样盖起来了，人们都从山洞搬进了高脚竹楼。

"轰恨"较好地解决了当时人类在林海中居住的许多环境问题。在帕雅桑木底创建"轰恨"的过程中，由于一次山洪暴发，他抢救了很多动物，所以在他重建竹楼时，得到了各种动物的帮助。

屋子结构中的"宁掌"就是大象献出了它的"舌头"，"琅玛"是狗献出了它的"背"，"钢苗"是猫献出了它的"下巴"，"苾养"是白鹭献出了它的"翅膀"等。所以竹楼的很多部分，后来都用动物来命名。

后来，傣族人民又将竹楼逐渐改造，才演变成为后来闻名世界的一种干栏式建筑傣族竹楼。

干栏式住宅

空中楼阁

■ 翘角的竹楼

火塘 又叫"火坑",也有的地方称"火铺"。是在房内用土铺成的一米见方的土地。主火塘里终年烟火缭绕,白天煮饭,晚上烤火取暖。燃料为木柴。在许多少数民族中,火塘是生活中非常重要的一部分,每年都要进行火塘祭祀,祈求家人安泰。

在竹楼的发展过程中,傣族人民以他们的聪明才智,不断完善其结构和优选其建材。他们在每根接触地面的柱子下面均垫上一块大的鹅卵石,使柱子不直接接触地面,阻断了热带潮湿地面水分上升与白蚂蚁向上筑蚁路,保护了竹木结构的房子。

据传说,这是勐罕镇的第一个土司,叫雅版纳发明的。对于非接触地面不可的站台柱子和埋入土壤的冲米臼,他们则选用那些耐腐蚀和白蚂蚁不容易啃食的木料,如重阳木、思茅豆腐柴和帽柱木。

对于房子各部分的木料的选用,傣家人均有丰富的经验,最重要的两根称为"梢岩""梢喃"的中柱要选用最粗大、标直的红毛树、山白兰等,既能承受重力,又不易受虫蛀,经久耐用。

为了使竹楼经久耐用,他们还创造了一些实用的、行之有效的竹木料的简单处理方法。

有些竹木材料在砍伐以后要放在河里或水塘里浸泡数月，溶去一些可溶性物质如木糖，使淀粉经发酵后变质，而不招惹蛀虫和减少微生物的寄生。

那些需直接埋进土壤的木材则用火烧，使其入土部分变硬、改性和有一层炭保护。此外在竹楼上设有不封闭的火塘，烧火时烟雾弥漫，起着防虫、抗腐的烟雾化学作用。

当然，竹楼最怕的是火灾。对此每个村社均有"用火"的乡规民约，在干季的白天均不准在家用火，如要用火则要到村外指定的地方。所以，村社的竹楼极少发生火灾。

竹楼下层高约两三米，四无遮拦，牛马拴束于柱上。上层近梯处有一露台，转进即为一长形大房，用竹篱隔出一个角来作为主人的卧室并兼重要钱物的存储处。

■ 傣族竹楼外观

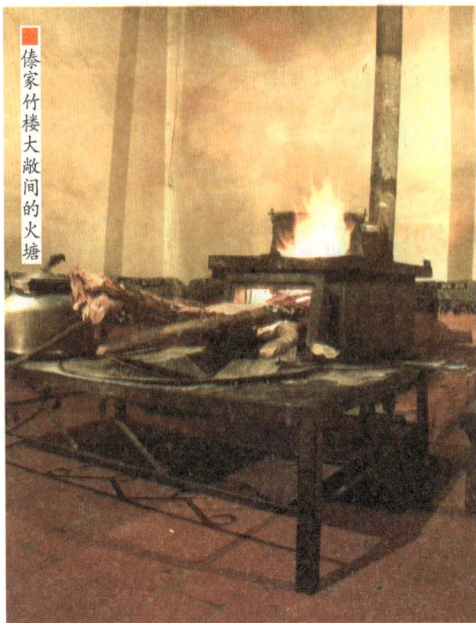
傣家竹楼大敞间的火塘

其余便是一大敞间，屋顶不是很高，两边倾斜，屋檐及于楼板，因此没有窗子。若屋檐稍高者，则两侧也有小窗，后面也开一门，楼的中央是一个火塘，无论冬夏，日夜燃烧不熄，煮饭烹茶，都在这火上。

屋顶坡度较陡，屋脊两端设通风孔。屋檐很低而且出挑深远，起遮阳避雨作用。廊下安装楼梯供人上下。

傣家竹楼均独立成院，并以整齐美观的竹栅栏为院墙，标出院落范围。院内栽花种果，有翠竹衬托，有果树遮阴，有繁花点缀，一栋竹楼如同一座园林。绿荫掩映的竹楼，可避免地下湿气浸入人体，又避免地表热气熏蒸，是热带、亚热带地区极为舒适的居室。

千年悠韵的古村古居

阅读链接

另一个传说是，有个名叫岩肯的傣家青年，他为了让傣家人能住上舒适的房子，请了99位老人一起商量了99天，最终还是没有把房子设计出来。

这时，三国蜀相诸葛亮来到这里，岩肯向他请教。他想了想，先在地上插上几支筷子，又脱下自己的帽子往上一放，说："就照这个样子盖吧！"

于是，后来所建的傣家竹楼就像顶支撑着的大帽子，晒台就像帽子的帽冠。

传说终归是传说，据考证，诸葛亮并未到过西双版纳，但是人们的各种传说，说明傣家竹楼来之不易，说明舒适的竹楼是聪明才智的傣家人世世代代辛勤劳动的结晶。

窑洞是黄土高原上特有的一种民居形式。当地百姓自古以来就有住窑洞的习惯。中华民族的祖先就是在窑洞中生存、繁衍和壮大起来的。

窑洞具有人与自然和睦相处、共生，简单易修，坚固耐用，冬暖夏凉等特点。它是黄土高原的产物，更是陕北农民的象征。

因此，窑洞在我国文明史上有着不可替代的重要作用，窑洞文明也成为了中华文明的代表性音符和元素。

窑洞式房屋
陕北窑洞

穴居演变成窑洞

《庄子·盗跖篇》中记载：

古者，禽兽多而人民少，于是民皆巢居以避之。昼拾橡栗，暮栖木上，故命之曰有巢氏之民。

意为：古时禽兽多于人，人不得已居于树上。白天满地捡拾橡栗果腹，夜间再到树上栖息，以此如

■ 庄子（前369—前286年），姓庄，名周，战国时期的思想家、哲学家和文学家，道家学说的主要创始人之一。庄子生平只做过地方漆园吏，因崇尚自由几乎一生退隐。庄子与道家始祖老子并称"老庄"，他们的哲学思想体系，被思想学术界尊为"老庄哲学"，代表作品为《庄子》。

禽筑巢，得名有巢氏。

■ 陕西民居

如此大约过了几百万年，人类的直系祖先取代了灵长类动物，才从树上跳了下来，双脚落在地上，开始了另一种形式的新生活。

这时候，人和野兽之间常常发生争斗，很多人被野兽吃掉。于是，人类用棍棒围捕驱赶了禽兽，占据了它们的洞穴。

这些蜗居能够抵御风寒雨雪，保护群落生民不受野兽毒虫侵害，还可以防洪、防湿、防潮、防瘴气等。穴居大约始于50万年前至100万年前，是人类发展史上的一次大飞跃。

当一次旷野大火燃起之后，原始人当中的智者发现了烧烤后的动物肉比生肉好吃，从此山洞里飘出肉香，人类结束了茹毛饮血的时代。

黄土高原 第四纪以来由深厚黄土沉积物形成发育具有特殊地貌类型的自然区域，是世界最大的黄土沉积区。位于我国中部偏北。包括太行山以西、青海省日月山以东，秦岭以北、长城以南广大地区。高原上覆盖深厚的黄土层，黄土厚度在50米至80米之间，最厚达150米至180米。

会用火，而且会把火种保存起来，才有可能在天然岩洞中定居下来。这"天然的石洞"即是原始人类最早的也是本能的居住选择，仍为"仿兽穴居"。穴居与火一样，使人从自然力量的支配中走进了农业生产。

农业生产的出现，迫使人们走出山洞，到平原或丘陵地带去开创更适合他们生存的田园式定居生活。他们先占山崖石洞，再掘地穴居。人工穴居大约始于旧石器时代晚期。这时人的智力和生产力，已经达到利用大型的尖状石器挖掘黄土洞穴的水平。

当母系氏族社会向父系氏族社会过渡的新石器时代来临时，随着人类文明的不断进步，生产工具的不断改进，人类已经进入了人工半穴居的居住阶段。黄土高原上窑洞不但开始出现，而且还发育得相当成熟，"吕"字形窑洞居室开始出现。

■ 轩辕黄帝 （前2717—前2599年），《史记》中的五帝之首，远古时期我国神话人物，被视为华夏始祖之一和人文初祖，少典之子，本姓公孙，生于轩辕之丘，故号轩辕氏。他以统一中华民族的伟绩载入史册。相传黄帝有25个儿子，之后的夏朝、商朝和周朝的最高统治者基本上都是黄帝的后代。

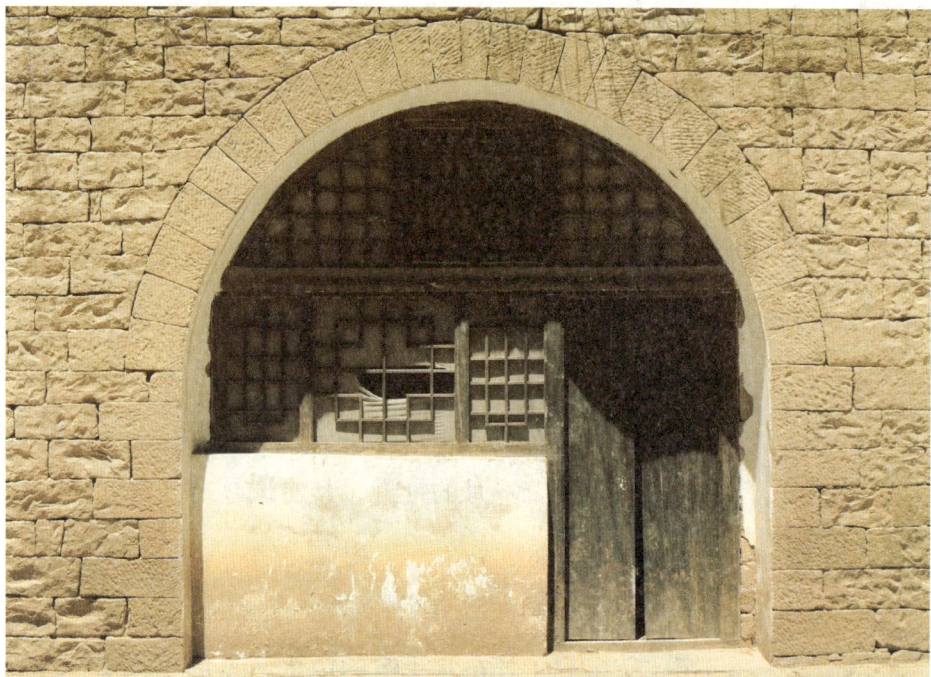

■ 窑洞近景图

新石器时代正如恩格斯所说的那样，从母权走向父权，是"人类所经历的最激烈的革命之一"，"一切文化民族在这一时期经历了英雄时代"。

此时正是传说中的炎黄时代。先民们就这样经历了从原始穴居到人工穴居、半穴居，最后酿成了土窑洞的出现。

陕北窑洞是人类最原始、最古老的民居之一。陕北高原有厚厚的黄土覆盖层，这里的土质黏性大，板结牢固，不易松散，有很强的支撑力，挖出来的窑洞不容易垮塌，正是开掘洞窟的天然地形。这使得掏洞挖穴变得较为简单容易。

窑洞是陕北建筑的主体，是城乡居民的主要宅所。秦汉以后，人们经过不断的摸索和改进，半地穴式窑洞逐渐发展成为全地穴式窑洞，也就是后来的土

炎黄 分别指我国原始社会中两位不同部落的首领，炎帝和黄帝。在当时中原地区的民族和部落中，黄帝族的力量较强，文化也较高，因而黄帝族就成为中原文化的代表。炎黄二帝就成为汉族的始祖。也被人们称为中华民族的始祖。因而，人们往往称中华民族是"炎黄子孙"或黄帝子孙。

先秦 我国历史学名词。指秦朝以前的历史时代，起自远古人类产生时期，至公元前221年，秦始皇灭六国为止。经历了夏、商、周，以及春秋、战国等历史阶段。在长达1800多年的历史中，我们的祖先创造了光辉灿烂的历史文明，其中夏商时期的甲骨文，是人类文明的历史标志。

窑洞。

至明朝中期，人们开始用石块砌成窑面墙。20世纪初，当地的人们仿照土窑的模式建起了石砌窑洞。从力学的角度看，用石头和砖块搭建的窑洞更坚固。

据研究，石窑出现不会晚于先秦时代。子洲、绥德、米脂、延安的许多窑洞建筑令人叫绝。

几千年来，陕北窑洞这种独特的民居，其建筑形式并没有发生很大的改变。其建筑理念是一脉相承的，但是随着岁月的推进，其建筑形式也相应发生了一些改变。

陕北窑洞大致有4种类型，即土窑、接口窑、石窑、砖窑。土坯窑是土窑的衍化，薄壳窑是砖窑的派生，砖石窑是两种建材的混合使用。

陕北窑洞有靠山土窑、石料接口土窑、平地石砌窑多种，一般城市里以石、砖窑居多，而农村则多是

■ 石窑正门

土窑或石料接口土窑。

土窑是陕北窑洞的原始形态，保留古代穴居的习俗。挖土窑必须选择在向阳山崖上土质坚硬，土脉平行的原生胶土崖上挖掘，避免在直立、倾斜土脉和绵黄土地段开挖。因为，土硬则实，土软则虚，虚则易塌陷。

通常，先剖开崖面，然后开一个竖的长方形口子，挖进去一两米以后，便朝四面扩展，修成一个鸡蛋形的洞，再用宽镬刨光窑面，抹上黏泥，有时为固顶，窑顶间隔用柳椽支撑作箍。

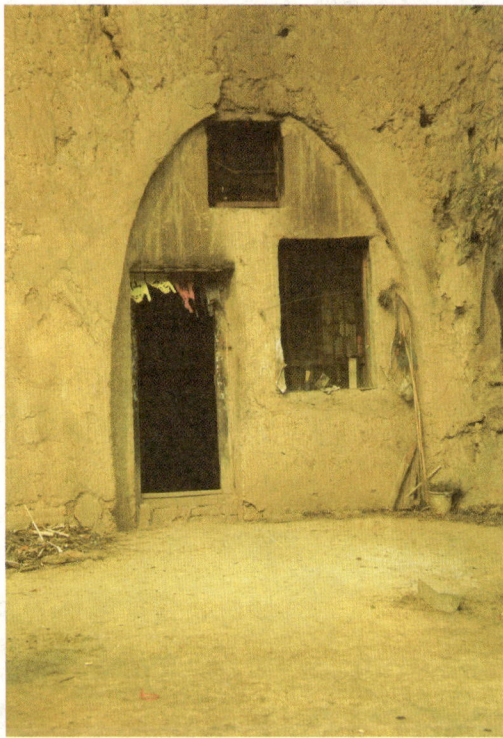

■ 土窑正门

土窑洞一般深七八米，宽3米，高3米多，最深者可达20米。窗户有两种：一种是小方窗，仅一平方米左右，光线甚暗；另一种是半圆木窗，约有三四平方米，不仅光线较好，透气性也大大提高了。

半圆形木窗的格局令人视觉舒展大方，专家指出，这也是《易经》中"天圆地方"理念的体现。

土窑充分体现陕北窑洞冬暖夏凉和省钱省料修造容易的优点。过去，对于贫苦的陕北人民来说，能挖一孔土窑是天大的福分。土窑也有光线昏暗、采光不利、空气流通差，窑内墙壁难以粉刷，窑面子容易风化雨蚀，山崩土陷易坍塌的缺点。

《易经》 也称《周易》或《易》，是我国传统思想文化中自然哲学与伦理实践的根源，对我国文化产生了巨大的影响。据说是由伏羲氏与周文王根据《河图》《洛书》演绎加以总结而来的。它是华夏5000年智慧与文化的结晶，被誉为"群经之首，大道之源"。

接口窑是在原土窑开扩窑口，按窑拱大小加砌两三米深，石头或砖作为窑面，新做圆窗木门。为加固内顶，用柳椽箍顶。然后用麦鱼细泥抹壁，土拱与石拱接口处抹平隐藏使其新旧两个部分浑然一体。

接口窑是过去土窑基础上的进步，其门窗变大以后，采光面积增大了不少，光线也强了，洞里既明亮又保温，窑面也坚固美观。

砖窑就是用砖和灰浆砌的拱式窑洞，结构及优点与石窑大同小异。石窑就是用石块，灰沙垒砌的拱形窑洞。窑面石料按尺寸凿方凿弧，砌面讲究缝隙横平竖直，窑面整体平整，拱圈圆缓。窑顶前加穿廊抱厦，顶戴花墙，尤显大方。

窑口安装有大门亮窗，窗棂的图案有简有繁，花样多变，主要有"朝阳四射式""蛇盘九蛋式""勾连万字式""十二莲灯式"，可由技艺高超的木匠设计。

小窗加玻璃，也有整个门窗安装里外双层玻璃，既可增加室内明亮度，又可加强保温性，也很美观。

陕北窑洞起源最早，历史悠长，出现了许多设

■ 砖窑正门

古老的陕北窑洞

计合理、功能完备、美观实用的典范之作，比如米脂窑洞古城和被誉为窑洞四合院的常氏庄园等。

米脂古城的窑洞开凿历史最早可追溯至元代，多数建于明、清两朝。窑洞四合院的形式据称由当地大户人家首创，后来普通百姓争相模仿，最终形成了当今世界绝无仅有的窑洞古城。

庄园分为上院、中院、下院和寨墙等几个部分，每层院落均由数个窑洞构成。最为讲究的当属主人居住的上院。一进院门，首先映入眼帘的是5间正窑，左右各3间厢窑肃立两旁。

只有靠近正窑才会发现，原来在正窑两侧还各隐藏着两间暗窑。这就是陕北最著名、最典型的"明五暗四六厢窑"式窑洞四合院。

"明五"，是指窑洞大院的正面之主体建筑是高大考究华丽的五孔砖石窑洞；"暗四"，是指五孔窑洞的两侧分别对置有稍稍藏进去的体量比较小的两孔窑洞；"六厢窑"，是指正面主体窑洞两侧"丁"字对称建筑的六孔窑洞。

庄园不但整体格局合理，而且各处细节安排妥当。高高门楼上精心雕琢着木刻"福寿图"，影壁前后有寓意吉祥的"鹤立鹿卧画"，

■ 米脂窑洞古城

院落中间巧妙利用水循环驱虫、散热的石床，充分展示了当时匠人的聪明才智和精湛技艺。整个院落可以说是我国民间建筑学、雕刻学、美学的一个展览馆。

姜氏庄园只不过是米脂窑洞古城众多窑洞四合院的一个优秀代表，这样的院落古城有数十个。

窑洞古城这一独特的我国生土建筑模式，充分发挥了本地自然材料特性的窑洞古城，具有低成本、低能耗、低污染的特点，具有很强的生态意义和"天人合一"的哲学思想。

阅读链接

常氏庄园位于米脂县城东北处高庙山柳树沟北侧，被誉为陕北"窑洞四合院"。

常氏庄园是1908年由常维兴动工兴建，常维兴没有建完就去世了，由他的长子常英经管并最后完成。其格局为上下两套四合院，气势虽不如姜氏庄园宏大，但更为紧凑，对称规范。

大门前平台场地300多平方米，两端为石拱门洞，沿坡由西而入。进入大门即底园，门两边有对称厅房、耳房，院西门内为石院磨坊，院东门内为马厩厕所。由底园拾级而上经两门直抵顶院，正面一线五孔石窑，高门亮窗，穿廊虎抱，正窑两边配双窑小院，主院两侧六孔石窑相对，呈典型"明五暗四六厢窑"式。两门内彩绘装饰古朴典雅，门前两侧影壁水磨砖雕松鹤竹鹿，祥云荟萃。

常家庄园结构严谨，宽敞明亮，"三雕"艺术十分精细。整个庄园富丽堂皇，出入方便，居住得宜。

土窑的建造方法

　　窑洞式民居是一种很古老的居住方式，因为它有施工简便，造价低廉，冬暖夏凉，不破坏生态，不占用良田等优点，从一出现便备受青睐。

　　在长期的生产实践中，人们进行了大量的探索，因地制宜地摸索

出了3种窑洞建筑形式：靠崖式、下沉式和独立式。

出了3种窑洞建筑形式：靠崖式、下沉式和独立式。

靠崖式窑洞顾名思义，就是背靠土崖或石崖，但以背靠土崖为多。主要有两种：一种是靠山式，一种是沿沟式。

靠山式窑洞多出现在山坡和土原的边缘地区。因此，就必然形成这样的自然环境：背靠山崖或原面，前临开阔的沟川和流水。而这样的自然环境又必然形成后土前水，后高前低，后实前虚的天然形态。

一家一户的窑洞组成院落，院落又组成村落。如此，窑洞——院落——村落构成了一个整体。

沿沟式窑洞是沿冲沟两岸崖壁基岩上部修造的窑洞，原面地区的"窑寨"也是这种背靠原面而面临冲沟或河沟挖掘的土窑。

这种窑洞靠近田地，利于耕作，窑垴不但可作

基岩 是一种不可破坏、不可开采的石块，主要用于在底部构造不可穿越的地层。风化作用发生以后，原来高温高压下形成的矿物被破坏，形成一些在常温常压下较稳定的新矿物，构成陆壳表层风化层，风化层之下的完整的岩石称为基岩，露出地表的基岩称为露头。

■ 窑洞

为上一层窑洞庭院，而且往往是麦场和大路。当然，可以是土窑，也有砖砌的接口土窑和石砌接口土窑，也有背靠后崖拍券箍成砖石拱窑者。

靠崖式砖石拱窑还有一个省料的地方，就是窑掌靠崖，可以不必砌掌，但也可以顺崖镶掌。反之，靠崖式土窑虽系土拱，为了防渗，也可以挂上石掌、砖掌。

靠崖式土窑的一个重要类型是接口土窑，即土窑面以出面石头或砖砌就，从外表看和砖石拱窑一样，一为土窑固定、结实；二为装饰，令其美观。

下沉式窑洞就是地下窑洞，主要分布在黄土塬区，也就是没有山坡、沟壁可利用的地区。

这种窑洞的建造方法是：先就地挖下一个方形地坑，然后再向四壁窑洞，形成一个四合院。人在平地，只能看见地院树梢，不见房屋。在平地向下挖，挖成一个凹的大院子，再向这个院子四周挖窑洞，这叫下沉式窑洞。

这种窑洞从远处看不到，就像是平地一样，只有走近才能看到地上一个个的凹坑，向坑里一看，下面是一户户的人家。

正如一首打油诗写的：

进村不见村，树冠露三分，麦垛星罗布，户户窑洞沉。

■ 独立式窑洞

千年悠韵的古村古居

独立式窑洞顾名思义，与靠崖式窑洞的最大不同是，没有"靠山"，不能直接利用天生的黄土作为窑掌，而是四面临空的窑洞，又叫"四明头窑"。

其所以俗称"四明头窑"，就是指前、后、左、右4头都不利用自然土体而亮在明处，四面都得人工砌造。由此可以看出，独立式窑洞实际上是一种掩土建筑。石拱窑、砖拱窑、泥墼拱窑和柳笆庵是独立式窑洞的主要形式。

修窑是一家中的大事，修窑前必请风水先生看地势、定方向、择吉日。修窑有挖地基、做窑腿、拱旋、过窑顶、合龙口、做花栏、倒旋土、垫垴畔、安门窗、盘炕、砌锅灶等工序。

修建时邻居和亲戚朋友互相帮工，修成后有合龙口的习俗，居住前有安土神的习俗，住新窑乔迁时有

风水先生 指专为人看住宅基地和坟地等地理形势的人。在我国民间，将风水术多称为"风水"，而把做此职业者称为"风水先生"，由于风水先生要利用阴阳学说来解释，并且人们认为他们是与阴阳界打交道的人，所以又称这种人为"阴阳先生"。

暖窑的习俗。

看风水，择地形还有不少讲究。窑洞的地形也基本是背风向阳，山近水依，出入方便，环境优雅的平展地方。

另外，还特别讲究"风水"，然而有好多地方出现了"风水石""风水树"，所以人们在造好的地址上，首先要请阴阳先生通过用摆罗盘的方式来取方定位。

按照风水理论，一块吉地大体上要具备这样一些特征：背山面水、负阴抱阳、前有明堂、后有祖山，最好再有"朝山""龟山""蛇山"。这种理想山势，在平原并不易找到，而在黄土高原的丘陵沟壑区很容易找到这样的"风水宝地"。

一般窑洞的座字是八卦中的乾、艮、巽、坤4字，一般不能占子、午、卯、酉4字，即正东、正南、正西、正北4个方向。因此方向位置"太硬"，只有庙宇、衙署才能在此修造，一般人家在此居住"服不住"因福薄运浅，强占会多灾多难，其他方位均可。

但还讲究面向要宽敞平展，背山要雄厚博大，左右要环山围堵，以此为能藏福聚财，争运固气，家丁兴旺。

另外还要避离庙宇、坟

合龙口 是陕西的风俗，即当窑洞即将修成时要举行的庆典。匠人在最中间的窑洞拱旋中央留下一块石头或一块砖，然后站在窑背上，将主人准备好的小馍馍和零钱，向院子中的人们撒去。抢到的就意味着福气大。在嬉笑声中，匠人将留下的那块石头或砖块砌上，合龙口就算完了。

■ 窑洞生活

地基 是指建筑物下面支承基础的土体或岩体。作为建筑地基的土层分为岩石、碎石土、沙土、粉土、黏性土和人工填土。地基有天然地基和人工地基两类。天然地基是不需要人加固的天然土层。人工地基需要人加固处理，常见有石屑垫层、沙垫层、混合灰土回填再夯实等。

墓、尖山、窄、弯、险崖深沟、左堵右塞、背山浅薄等，认为在此修造居住会后代不旺，财破福浅。有的住宅建成以后，在大门外安一块"泰山石"的小石碑，俗称"镇宅石"，意在辟邪。

窑洞的方位确定之后，就开始挖地基。挖地基前先确定窑洞类型。如果门前有沟洼，可用架子车把土边挖边推进沟里，这样扔土方便，就比较省力。

地基的大致形状挖成以后，就要把表面修理平整，当地人叫作"刮崖面子"。刮者的眼力、技艺、手劲和力气好的话就能在黄土上刮出美妙的图案。修崖面，崖面挖掘应略有坡度，并刮出波浪形图案。

地基挖成，崖面子刮好后，就开始打窑。打窑就是把窑洞的形状挖出，把土运走。打窑洞不能操之过急，急了土中水分大，容易坍塌。

窑洞打好后，接着就是镟窑，或叫"剔窑""铣窑"。把打好的窑洞进行细加工，使其形状规整，窑壁光洁。从窑顶开始剔出拱形，把窑帮刮光，刮平整，这样打窑就算完成了。

等窑洞晾干之后，接着用黄土和铡碎的麦草和泥，用来泥窑。泥窑的泥用干土和才有筋，泥成的平面光滑平顺。湿土和的泥性黏不好用。泥窑至少泥两层，粗泥一层，细泥一层，也有泥3

■ 窑洞装饰

层的。日后住久了，窑壁熏黑，可以再泥。

当窑洞拱形门正中最后一块砖放上去就要全部完工了。也叫合龙口。完工时要举行很隆重的庆贺仪式，主人要在窑里外贴红色的剪纸，门口贴对联，还要放鞭炮。村中亲朋好友将前来贺喜，主人则请他们喝酒吃肉，自有一番热闹。

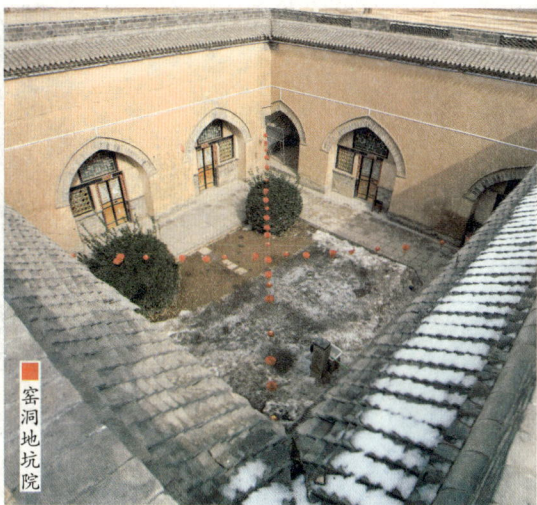

窑洞地坑院

合龙口一般在中窑举行，即在套顶时在中窑窑顶留下一块石头的缺口，谓龙口。

要在合龙口石头旁挂一双红筷子，一管毛笔，一锭墨，一本皇历，还有主人准备一个装有小麦、谷子、高粱、玉米和糜子的红布袋，以及五色布条、五彩丝线，这一切都有讲究，也就是祈求文星高照、家庭和睦、六畜兴旺、五谷丰登、丰衣足食等。

中窑两边贴红对联，多写"合龙又遇黄道日，修建正逢紫微星"，"风抬头三星在户，龙合口五福临门"等。

在此之前，主人还要跪在中窑口前进行"祭土"，也有叫"谢土"的，即主人端着放有香、黄裱、酒壶、酒盅、米糕奠酒、献食叩头。待时辰一到，匠人把准备好的物什放入合龙石下抹上砌好。

此时，鸣放鞭炮，也有吹奏唢呐助兴，匠人站在中窑顶上一边撒五谷杂粮、硬币、针包、糖、花生、很小很小如扣子大小的馍馍等，一边口中唱着合龙口的歌词，窑下的人群争着去捡拾，当地人称这为"撒福禄"。

据说抢到硬币的人将交上好运招财进宝，而捡到针包的人日后一

窑洞式房屋

陕北窑洞

■ 窑洞前的道路

千年悠韵的古村古居

定会成为绣花能手。

仪式结束后主人宴请工匠和帮忙的亲戚朋友，酬谢他们的辛劳和庆贺窑洞主体的竣工。饭罢主人给匠工一块被面，其他小工亲朋一件汗衫、线衣等纪念品。来客或送贺幛，或念祝词，或送喜钱。

合过龙口，才做窑头，也就是在窑洞顶部安挑桩、压水檐石板、垫垴畔、倒窑石旋土、裱窑掌、盘炕、做锅台、垫脚地、粉刷、安门窗。

窑泥完之后，再用土坠子扎山墙、安门窗，一般是门上高处安高窗，和门并列安低窗，一门二窗。安门窗讲究"腰三漫四"，一般讲究当天做好的门窗当天安装，而做好的门窗当日不安装，如果再安则要另择黄道吉日。

门窗安好后，主人贴红对联鸣炮祝贺。入住前，

献土 民俗称之为"安土神"。而土神，在民间又称之为"家神"，它的主要"任务"是保佑这家人的平安，若这家人万一有什么灾祸，就要靠土神来"搭救"，所以人们对新修的住宅，或是住了多年的旧居都要举行安土神仪式。

也有献土的风俗，在窑前焚香燃纸，叩头致诚。意为祈求窑洞平安、人畜太平。

接下来是盘炕和盘灶头。在进门一侧与山墙紧靠盘炕，如果是厨窑，灶头与炕相连相通，中间以木拦坎隔断，可利用做饭的余热烧炕，也可使炊烟通过炕排出烟囱。

门内靠窗盘炕，门外靠墙立烟囱，炕靠窗是为了出烟快，有利于窑洞环境，对身体好，妇女在热炕上做针线活光线也好。

新建窑洞内的炕、灶都修好后，在墙壁上还开挖一些方形的可以摆放物品的凹洞。在窑洞外用砖砌窗台和门。

下面一道工序就是装修了。传统的装修较为简单、朴素，门窗普遍以黑色为主，桐油漆之。崇尚

■ 窑洞的正门

窑洞远景图

文化者，门楣上多书有"耕读传家""耕读第"字样，门外挂白布门帘。白麻纸糊窗，炕上铺苇席，用炕围纸糊上炕围。

经过这几步的挖掘修整，窑洞基本挖成。窑洞拱顶式的构筑，符合力学原理，顶部压力一分为二，分至两侧，重心稳定，分力平衡，具有极强的稳固性。为了住着放心，也往往在窑洞里使上木担子撑架窑顶。经过几辈人，风雨过来，几易其主，修修补补，仍可以居住。

千年悠韵的古村古居

阅读链接

石窑的修建与土窑不同。石窑洞的修建通常以3孔窑洞或5孔窑洞为一组修建的较多，4孔、6孔较少，意在回避四六不成材的俗语。窑洞一般深8米至12米，宽高为3米左右。

选定窑址后，一般先劈山削坡，开出一片平地，作为工地和未来的庭院。随后依着山壁挖出深1.5米的巷道做地基，俗成窑腿子，如果是三孔窑就要挖4条窑腿子。一般中腿窄，边腿宽。然后用石头把地基砌起1.5米高的石头墙，也叫起腿子。

接着便用木椽搭建成半圆形的拱形架子作为窑坯子，在架子上放上麦秆、玉米秆等覆盖物，再抹上泥巴紧固，这道工序称为支穴。

另一种则是在依靠山坡底，生挖出窑洞形状的土坯子，然后在土坯子上插石修建，这种工序称为"饱穴"。

等到合龙口后，再慢慢挖出土坯子，称倒窑石旋，土挖尽新窑即成。接着在搭建好的坯子上插石头片子，即坂帮。最后搬掉木椽架子，石窑的雏形便显现。

窑洞的建筑装饰

窑洞以实用为主，建筑的布局、空间构成、尺度、防护性能、装修构造等都是从实用出发的。但随着实践的深化，人们逐步按照朴素的美学理念对其进行修饰，做到了实用性和艺术性的完美结合。

窑洞的装饰以农耕文化的古拙、淳朴为显著特点。

窑面的装饰，以拱头线分隔为两部分。拱头线多做简单处理。石头做成的拱头线以雕刻细纹显得稳固、大方；下沉式土窑拱头线多以草泥抹面，做成单边或双边，有的做成狗牙状，配在三角形或鸡心形的券口上，显得简朴别致。

窑面多种多样，能工巧匠多在窗棂上下功夫，以如意、万字、工字、水纹为基本纹样，追求吉

窑洞全景图

农耕文化 是指由农民在长期农业生产中形成的一种风俗文化，以为农业服务和农民自身娱乐为中心。农耕文化集合了儒家文化，及各类宗教文化为一体，形成了自己独特的文化内容和特征，但主体包括语言、戏剧、民歌、风俗及各类祭祀活动等，是我国存在最为广泛的文化类型。

利，做出许多花样，一为透光需要；二为美化。拱头线以上的窑檐多以石料或木料做出石板挑檐、木瓦挑檐、带柱廊檐等多种窑檐式样。

窑洞的细部装饰，从立面至平面，从大门至室内，实际上是一种匠工艺术。石作、砖作、木作、纸作是主要的几个方面。

石作和砖作从石狮、抱鼓石、石础、影壁，直至立面的拱头线、挑檐、女儿墙等，多精雕细刻成以福、禄、寿为题材的吉祥图案。木作则集中于门楼举架雕刻、窗棂纹样等方面。

这里所说的纸作是以窗花、窑顶花、炕围画、吊帘、门神等可临时更换的装饰。每遇春节，红色的对联、窗花等点缀在青灰色的背景间，另是一番景致。

窑洞民居的色调也是构成窑洞与大自然和谐美的重要一端。黄色和青灰色是窑洞的两种主色调。黄土本来是窑洞建筑的基本材料，长期以来，中华民族形成了黄土造人的黄土崇拜观念。所以黄色是窑洞建筑的主色调之一。

一般来说，窑洞院落，包括院墙、窑洞帮墙、背墙、窑背垴在内，不论是土窑，还是泥窑或

■ 青灰色墙面

■ 陕北窑洞院落

者砖拱窑，都完全由黄土"包装"而成。其原因，当然首先是有就地取材之利，但同时也包含着黄色为吉色的观念。这是一种类型。

由于经烧制的砖瓦和作为黄土高原有机组成部分的基岩为料的石块也是青灰色，所以聚落的主色调是青灰色也就非常自然了。

青灰色给人以坚固、沉稳、大气的视觉感受，在黄土和绿色植被的衬托下，显得协调统一。

窑洞民居大多独门独院，建筑装饰处理都集中在人们的视觉焦点上，其形式大多表现为木雕、砖雕、石雕、门窗、彩绘纹样、剪纸、炕围画等。

窑洞虽以土方建筑为主，但也有许多窑洞与木构结合和纯木结构建筑，其木雕装饰主要体现在梁枋、雀替、梁托、柁墩、斗拱、垂柱、花板、栏杆、门簪、垂花等部位。这些木构件在起到其本身的结构功

如意 其起源与我们日常生活中俗称为"不求人"的搔背工具有着密切的关系。最早的如意，柄端作手指之形，以示手所不能至，搔之可如意，故称如意，俗叫"不求人"。陕西扶风法门寺地宫中曾出土一柄佛僧如意，银质镏金，首为云头，柄为直柄。

■ 民居窑洞

瓦当 俗称为瓦头，是古建筑的构件，起着保护木制飞檐和美化屋面轮廓的作用。不同历史时期的瓦当，有着不同的特点。瓦当的图案设计优美，字体行云流水，极富变化，有云头纹、几何形纹、饕餮纹、文字纹、动物纹等，为精致的艺术品。

能外，其木雕饰又丰富了建筑形象，增加了建筑艺术的表现力，从而使技术与审美达到和谐统一。

窑洞木雕因其构件部位不同而采用相应的工艺表现与技法，采用各种变化丰富和精巧的图案，表现出雕饰的明快和木质的柔美风格。

窑洞的木雕图案主要以植物、动物、祥云、文字、琴、书等为内容，表现了人们对美好生活的向往和追求。如"狮子滚绣球"，象征人世的权势、富贵，也有镇宅驱邪之意，有喜庆、吉祥意念；"凤凰戏牡丹"象征荣华富贵；"草龙"象征了神圣、力量、吉祥与欢腾之意。

砖雕是模仿石雕而出现的一种雕饰类别，比石材质地软且相对较轻，易加工成型，而且比较经济，所以在民居建筑装饰中被广泛采用。窑洞主要用它做脊饰、吻兽、瓦当、墀头、影壁、神龛等建筑部位。

脊是民居屋顶上两个坡面顶相交而产生的高端的结合部和分水线，具有稳定房屋结构、防止雨水渗透的功能，除此之外，它还有协调房屋体量，增强建筑高大、端庄的视觉审美功能等作用。

脊端是以砖、瓦封口，为了避免长长的屋脊线带来的单调感，屋脊自然而然地就成为了户主、匠人们乐此不疲的装饰地。于是就有了"五脊六兽排三瓦，倒插飞檐张口兽"的说法，对脊饰装饰的繁简精细程度也能够反映出户主的社会地位和经济实力。

牡丹、莲花、蔓草、云纹、几何图案等纹饰常常是窑洞屋脊砖雕的主题形象。

吻兽，又称脊吻，是安放在正脊两端的兽形装饰物。我国传统古建筑在等制规模上有9样8种规格，在等级较高的建筑中，这种装饰物称为正吻，是张口向内的龙形。

吻兽 即螭吻，是龙生九子中之一，平生好吞，即殿脊的兽头之形。这个装饰现在一直沿用下来，在古建中，"五脊六兽"只有官家才能拥有。泥土烧制而成的小兽，被请到皇宫、庙宇和达官贵族的屋顶上，俯视人间。这些东西在老百姓眼里如凶神恶煞一般，是作威作福的象征。

435

窑洞式房屋

陕北窑洞

■ 正脊两端的吻兽

在较低等级的建筑中，才称为兽吻或吻兽，兽头向外。兽吻，本是建筑结构的一个部分，有防火之用。在古建筑上，一旦做上兽吻，就表示着整座建筑从底到顶全部完成。

据当地居民介绍，兽吻还有显示官位身份的装饰作用，即做官的人家，官位达五品以上，脊兽张口，五品以下者，则为闭口兽。

瓦当指的是屋面筒瓦最下端的一个防水、护檐构件，还兼具装饰作用。有的也用在墙体檐口上。窑洞民居中的瓦当形式单一，其雕饰图案以虎头、狮头饰样为主，少数刻有花饰图案。滴水安放在屋面青瓦最下端出檐处的一种排水构件。形似为下垂的如意形舌头，上面雕饰花纹图案。

墀头，专指房屋两山墙或大门两侧悬挑在外、经过涂饰的墙头。民居中墀头的装饰感和雕饰感极强，在门楼中是比较抢眼的装饰构件之一。实际上，墀头

千年悠韵的古村古居

■ 陕北窑洞

在建筑中有着不可忽视的结构功能——承重、传力。

墀头用砖砌成，根据陕北民居中墀头的形式，可分为戗檐、盘头、上身、下碱4个部分。戗檐，微向前倾斜，挑砖迭出，表面上贴一块方砖，是墀头的重点装饰部位，上面雕饰的都是带有象征意义的图案。

墀头局部的长短尺度因各家各户而有差异，有实力的人家还在盘头下部继续做雕饰，而且还相当讲究精细，宛如建造的小房子一般。细看饰有滴水瓦当，四角上翘，叠层刻有连花瓣、蔓草文的图案，中部主体三面雕刻，装饰图案内容多是寓意福禄祯祥、子孙兴旺、富贵不断的美好愿望。

窑洞影壁的造型可分为3部分，即壁顶、壁身、壁座，这里主要讲其砖雕装饰。壁顶的作用和房顶一样，一是作为墙体上面的结束；二是伸出檐口以保护壁身。

虽然壁顶面积不大，但上面依然铺筒瓦，中央有屋脊，正脊两端有脊兽，檐口以下有椽子和斗拱，具有与屋顶一样结构及其装饰。壁

■ 神龛里供奉的土地爷

祥云 古人认为，云是吉祥和高升的象征，是圣天的造物。从周代中晚期开始，逐渐在楚地形成了以云纹特别是动物和云纹结合的变体云纹为主的装饰风格。这股风气到秦汉时已是弥漫全国，达到了极盛。

身是影壁的主体部分，占整座影壁的绝大部分，是装饰的重点部位。

从整体装饰的内容来看，窑洞院落的影壁，主要有植物花卉、祥云、五蝠捧寿、各种兽体、几何纹样、象鼻砖雕斗拱等，题材广泛，内容丰富。所用的题材多和建筑的背景内容有关。

不管什么样的纹饰组合，大多是寄托户主美好的愿望，或是叙述故事，或取吉祥寓意。壁座是整座影壁的基座部分，考究者用须弥座的形式。

在窑洞，几乎家家都供奉有神龛，一般供奉在院落大门过道的侧墙上、影壁壁身的正中心或窑脸两窑口之间。神龛尺度不大，但造型大多比较讲究，雕工装饰精细，宛如一个缩小比例的建筑模型。

神龛里面供奉的是土地爷，在陕北，面朝黄土背朝天，祖祖辈辈依靠土地为生，粮食就是老百姓的命根子，再多的神灵庇护都不如土地神的现管来得实际，所以各家各户都热诚供奉土地神，祈望来年好收成。

因陕北黄土高原的特殊地质条件，而盛产绿砂岩和灰砂岩，其质地比花岗岩要软，质地细腻，较容易雕刻，所以古城的石刻均采用砂岩，很少出现青石和花岗岩，砂岩石雕在汉代已经被运用。

主要用于墓室的墓门和墓壁上，内容广泛，反映了当时的社会生活、迎宾拜谒、祈求吉祥、狩猎农牧、乐舞百戏、神仙鬼怪、珍禽灵兽等。

抱鼓石又称门枕石，是紧挨墙体，立于大门两立框之下的石墩。属建筑构件，在结构上起加固门框的作用。露在门外面的基石部分或加工为方体的雕饰石，或者雕成圆鼓形的抱鼓石。

其雕饰或朴素，或繁杂，讲究一点的大户人家，抱鼓石雕饰得相当精巧，鼓上雕刻两只立狮，鼓侧饰有"兽面衔环"，鼓面雕刻最为丰富，常见的主题有二龙戏珠、二狮滚绣球、麒麟、蝙蝠、老翁等。

须弥座，是石鼓的底座。须弥座基本采用浅浮雕

石鼓 也叫"陈仓石碣""岐阳石鼓"，是十座刻有文字的石墩，刻于先秦时期，627年发现于今陕西省宝鸡市的荒野，现保存在北京故宫博物院石鼓馆。由于鼓身上刻凿的文字珍贵，是我国现存最早的石刻文字，历代都极受重视。

窑洞式房屋

陕北窑洞

■ 窑洞生活场景

千年悠韵的古村古居

■ 窑洞的窗棂

铺首 门扉上的环形饰物，以金做的，称金铺；以银做的称银铺；以铜做的称铜铺。汉代寺庙多装饰铺首，以作驱妖辟邪。后人民间门扉上应用亦很广，为表示避祸求福，祈求神灵像兽类敢于搏斗那样勇敢地保护自己家庭的人财安全。

的方法，在它的各个部分都附有不同的石雕装饰，内容各家略有不同，少数人家在须弥座的束腰部分雕有角兽或花柱，狮子、猴子是角兽的主题形象。

窑洞多以木柱为竖向的支撑结构，为了防止柱脚湿腐蛀蚀，下端常设石质基础。虽然在尺度、体量上有高矮大小之分，石质有花岗岩、砂岩或石灰岩之别，但形状都与其上部的柱形协调一致。

柱础石的雕饰面是连续的，或是圆形，或是方形，或是六面体，表面都雕刻有花饰。简单的柱础石只做成基石，讲究一点的大户人家做成须弥座与裙褾与鼓的形制。裙褾的处理方式和抱鼓石的手法一致，裙面刻有夔龙，周边饰有"富贵不断头"的纹样。

在门匾上题刻，是我国传统建筑的一个重要特点，用文字艺术表现建筑。在门楣上用什么书体、雕刻什么内容，颇为讲究。

一般窑洞门匾题刻名目内容非常丰富：或显要门

第，如"武魁""进士""大夫第""功同良相""骑尉第"等；或取意吉祥或为展示追求，如"福禄寿""德寿轩""树德务滋""清雅贤居""安乐居"等。

窑洞铺首，被安置在门扇中央，适宜人手操作的高度上，是供来人叩门，主人锁门的实用性装饰构件。民居中常用铁制或铜制。

铺首的制作形式除了常用的"兽面衔环" 外，还做成"五福捧寿""日月同辉""如意纹"等花饰纹样的图案。

窑洞门窗形式是拱形门连窗的形式，其做工精细、朴素大方，两侧做固定式门扇或做窗扇。门窗的木格图案的繁简程度与窑的主次划分有关系，正窑的门窗格饰是最复杂的，也是最讲究的，其他窑面的门窗格饰相对简单。

窑洞独特的拱券形式造就了窗棂形式的多样化，由于它处于窑脸的最体面的位置，故又极重视其美化作用。门窗棂主要由木结构组成，陕北和晋西北窑洞的满拱大窗最讲究装饰。门窗棂纹样中的各种图形，纵横交错，千变万化，有正方格的、斜方格的，有灯笼形的，

陕西窑洞新房

花样繁多。主要形式有正方格、"工"字格、"万"字格。

我国的窑居村落有丰富的民俗文化，其中剪纸艺术是家家户户喜欢和最为普及的民间艺术。

窑洞的拱形屋顶上一个圆形的由一些花围着的大喜字剪纸，那是窑顶花。剪纸的种类有窗花、炕壁花、窑顶花、神龛剪纸、婚丧剪纸等花样，在不同时间和场合贴不同的剪纸。

窑洞的窗户是窑洞内光线的主要来源，窗花贴在窗外，从外看颜色鲜艳，内观则明快舒坦，从而产生一种独特的光、色、调相融合的形式美。尤其是喜庆婚娶的人家，窗花特别丰富、精彩。

炕周围的三面墙上约一米宽的地方，贴着一些绘有图案的纸和由各种烟盒纸拼贴的画，当地人称之为炕围子，十分好看。

炕围子是一种实用性的装饰，它们可以避免炕上的被褥与粗糙的墙壁直接接触摩擦，还可以保持清洁。为了美化居室，不少人家在炕围子上作画。这就是在陕北具有悠久历史的民间艺术——炕围画。也有剪纸能手，用剪纸来装饰炕围画的。

阅读链接

窑洞里盘炕就是造炕、打炕的意思。炕按大小和方位，有占窑洞一角而较小的棋盘炕，也有从窑窗至窑掌的顺山炕，但顺山炕是为了多住人，常供旅店、学生宿舍、兵营用。如盘掌炕，则窑多宽，炕多宽。

但炕之长短却有讲究："炕不离七（妻），门不离八。"也就是说炕长必为5.7尺，这讲究是为求吉利，一则"七"谐音为"妻"，昭示一家人生活和睦；二则"七"为奇数，为增长的数，寓子孙满炕，香火有人继承，故以"七"为吉，有些地方在炕面上留个"炕缝"，亦出于石榴多子的文化寓意。

蒙古包

蒙古包是蒙古族牧民居住的一种房子。建造和搬迁都很方便，适于牧业生产和游牧生活。

蒙古包充分反映了蒙古民族的审美文化。其色泽洁白，整个为圆锥形；陶脑与乌尼连接，呈日月射光状。这是蒙古族尚圆、尚白、尚日月的表现，蕴含着蒙古民族对天地日月的认识和崇拜。

蒙古包是北方少数民族的历史产物，它所具有的文物价值将会永载史册。

山洞演变蒙古包

根据《史记·匈奴列传》记载：早在唐尧虞舜的时候，匈奴人的先祖就居住"北地"，穿皮革，披毡裘，住穹庐。穹庐也就是毡帐的意思。

猿人住在天然山洞里，至古人时代，他们就改造利用现成的山洞居住，直至今人时代，他们才会自己制造"洞室"。

■ **虞舜**（约前2277—前2178年），也就是舜帝，三皇五帝之一，名重华，字都君，生于姚墟，故姚姓。舜，为部落联盟首领，以受尧的"禅让"而称帝于天下，其国号为"有虞"，故号为"有虞氏帝舜"。帝舜、大舜、虞帝舜、舜帝都是舜帝的王号，所以，后世以舜简称。他不仅是中华道德的创始人之一，而且是华夏文明的重要奠基人。

他们首先在地面上挖一个地洞，然后沿洞壁用木头、石头之类的东西砌成井壁，当井壁砌到快齐至洞沿时，再在洞中栽一排木杆，与井壁平齐，上面再搭一些横木用来封顶，这就成了洞室，当时人们称之为"乌尔斡"。

在洞顶要留一个豁口，从豁口处斜插一根粗木，一直通到洞底，上面刻一些简单的凹痕作为梯子，供人出入用。这个豁口同时兼有走烟出气、采光通风等多种功能，这些豁口后来就发展成为蒙古包的门和天窗。

■ 蒙古包的雏形

随着原始人类由采集向狩猎过渡，他们的活动范围也随之越来越大，同时也把一部分食草动物逐渐驯化成家畜，从此，畜牧业出现了。

畜牧业的出现，就要求有一种便于迁徙的居室，于是，窝棚之类的建筑便应运而生了。在狩猎采集时代，人们住在窝棚里，这种圆形拱顶的隐蔽窝以活树为支柱，用桦树皮覆盖，制作简单，便于遗弃。

紧接着，以打猎为主要生产方式的部落从森林逐步走向草原，向游牧生产方式过渡之时，他们必须经常根据季节变化和草场情况赶着畜群从一个草场迁向另一个草场，再加上由于经常需要躲避敌人的袭击和

匈奴 是历史悠久的北方民族，祖居在欧亚大陆的游牧民族。我国古籍中讲述的匈奴是在汉朝时称雄中原以北的一个强大的游牧民族。公元前215年被逐出黄河河套地区，历经东汉时分裂，南匈奴进入中原，北匈奴从漠北西迁，中间经历了约300年的时间。《史记》《汉书》等留下了匈奴情况的一些记载。

千年悠韵的古村古居

■ **勒勒车** 又名大
辘轳车、罗罗车、
牛牛车，"勒勒"
原是牧民吆喝牲口
的声音。勒勒车常
以草原上常见的桦
木制作，双轮轮高4
米多。其特点是车
轮大车身小，结构
简单，使用方便，
适于草地、雪地、
沼泽和沙漠地带运
行，载重数百千克
乃至1000千克，用牛
拉、马拉、骆驼拉
都行。

回鹘 我国古代西
北的少数民族，
原称回纥，唐德
宗时改称回鹘。
回纥部落联盟以
药罗葛为首，驻
牧在仙娥河和温
昆河流域。回纥
人使用突厥卢尼
文字，信仰原始
宗教萨满教。

掳掠，需要一种既便于运载、又较为舒适的住宅。于
是，就产生了被人们称之为"安装在车上的住宅"。

这种篷车就是蒙古包最早的形式，它在岩画中被
古人描摹得比较清晰。蒙古高原上曾经显赫一时的民
族，如匈奴、铁勒、高车、回鹘等都曾使用过篷车。

后来，游牧民族的建筑取得了发展，出现了土耳
其式蒙古包。这种蒙古包和后来哈萨克族使用的蒙古
包基本相同，只是有些部件的尺寸及使用的覆盖材料
不同而已。

它不是车上固定的住宅，而是在地上搭建，必要
时可以拆卸下来，分解成若干个部分，驮在牲畜上或
装在车上搬迁的房子。最适合游牧生活方式的住宅形
式蒙古包就此诞生了。

元代以后，蒙古民族广为吸收新疆各民族文化，
在建筑文化上吸收汉式建筑的营养，蒙古包的构造、
结构又有了明显改进。明清两代又出现了汉式固定建

筑，与蒙古包并存，形成了两种建筑有机结合的建筑特色。

蒙古包的最大优点是易拆易装，便于搬迁。一顶蒙古包只需要两峰骆驼或一辆勒勒车就可以运走，两三个小时就能搭盖起来。再就是可以就地取材，就地制造，民间手工艺人就能制作。

蒙古人用羊胃来形容自己的毡包，因为13世纪的蒙古包其形如此。蒙古包顶上圆中有尖，中间宽大浑圆，使草原上的沙暴和风雪，受到蒙古包的缓冲以后，会在它后面适当的距离，形成一个新月形的缓坡堆积下来。

这是因为蒙古包没有棱角，光滑溜圆，呈流线型形状。包顶是拱形的，形成一个强固的整体。大风来了，承受巨大的反作用力。上面的沙子流走了，下面的沙子在后面堆积起来。搭盖坚固的蒙古包，可以经

铁勒 是我国北方古代民族名。我国古代西北方民族。又称狄历、丁零、敕勒、高车。隋代起作为除突厥以外的突厥系民族的通称。语言、习俗均与突厥同。后契丹人统有大漠南北，铁勒一族逐渐消失。

447

草原的白莲花

蒙古包

■草原上的蒙古包

受10级大风。

蒙古包还有一功能，就是经得住草原上的大雨，这归功于它的形态构造。雨季蒙古包的架木要相对搭得"陡"一些，再把顶毡盖上，雨雪很难侵入。包顶又是圆的，雨水只能从顶毡上顺着流走。

但是，雨天蒙古包的压力会增加，而且蒙古包承受两三千千克的压力，是很寻常的事。蒙古包能承受这么大的压力，是因为蒙古人很懂得力学知识，架木制造得十分科学，把压力都分担了。

蒙古地方自古奇寒，然而蒙古人世世代代居住蒙古包，没听说一个冻坏的。因为其一，包内有火撑生火，牛羊的粪就是最好的燃料；其二，冬天毡包外面加厚，里面又绑毡子一层，挡风性能较好；其三，还可以在包内盘暖炕，加上皮褥皮被怎么会冷呢？

蒙古包冬暖夏凉。因为它系球体，通体发白，有

哈那 是由数个同样粗细、抛光后的木棍，用牛皮绳连接，构成可以伸缩的网状支架。哈那的木头是用红柳制作的，轻而不折。哈那的弯度要特别注意掌握。一般都有专门的工具，头要向里弯，面要向外凸出，腿要向里撇，上半部比下半部要挺拔正直一些。

千年悠韵的古村古居

■ 载于车上可以移动的蒙古包

■ 载于车上的蒙古包

较好的反光作用。其背面还可以开风窗，还可把围毡边撩起来。

蒙古包是东南向而设的。这与古代北方草原民族的崇尚太阳，有朝日之俗有关。但这种东南向习惯不仅是一种信仰，更多的是为抵御严寒和风雪，包含着草原人民适应自然环境的智慧和创造。

就是同一个类型的蒙古包也分大中小3个规格。如果是5个哈那的蒙古包，大型的就比小型的多10根椽子。在这些蒙古包中，牧民一般都喜欢住五六个哈那的蒙古包。

阅读链接

蒙古族的住房被称为"蒙古包"是在我国满族和蒙古族接触频繁以后。

满语称家为"博"，故满族把蒙古人的房屋称为"蒙古博"，"博"和"包"音相近，于是用汉字表达时，取其音和形，写作"蒙古包"。

蒙古民族住房蒙古包就这样开始一直延续下来了。

规范的架设方法

　　架设蒙古包有严格的次序。首先铺好地盘，然后依次竖立包门、支撑哈那、系内围带、支撑木圆顶、安插椽子、铺盖内层毡、围哈那毡、包顶衬毡、覆盖包顶套毡、系外围腰带、围哈那底部围毡，最后用绳索围紧加固的顺序进行。

蒙古包

　　蒙古包呈圆形，有大有小，大的可纳20多人休息，小的也能容10多个人。

　　简单来说，蒙古包的架设很简单，一般是在水草适宜的地方，根据包的大小先画一个圆圈，然后沿着画好的圆圈将哈那架好，再架上顶部的乌尼，将哈那和乌尼按圆形衔接在一起绑架好，然后搭上毛

■ 蒙古包的外观

毡，用毛绳系牢，便大功告成。

蒙古包主要是由架木、苫毡、绳带三大部分组成。制作原料非木，即毛，可谓是建筑史上的一大奇观，游牧民族的一大贡献。

蒙古包的架木包括套瑙、乌尼、哈那和门槛。套瑙分联结式和插椽式两种。要求木质要好，一般用檀木或榆木制作。

两种套瑙的区别在于：连接式套瑙的横木是分开的，插椽式套瑙不分。联结式套瑙有3个圈，外面的圈上有许多伸出的小木条，用来连接乌尼。

这种套瑙和乌尼是连在一起的。因为能一分为二，骆驼运起来十分方便。

蒙古包内的乌尼，就是我们通常所说的椽子，是蒙古包的肩，上连套瑙，下接哈那。其长短大小粗细要整齐划一，木质要求一样，长短由套瑙来决定，其数量，也要随套瑙改变。这样蒙古包才能肩齐。

毡包 我国北方少数民族居住的蓬帐。古代文献中多称穹庐、毡帐。蒙古族居住区称蒙古包。一般为圆形，多用条木结成网壁与伞形顶，上盖毛毡，用绳索勒住，顶中央有圆形天窗，易拆装，便游牧。同时还指兽毛编织的或用毛毡缝制的包，外出时用来盛放衣物。

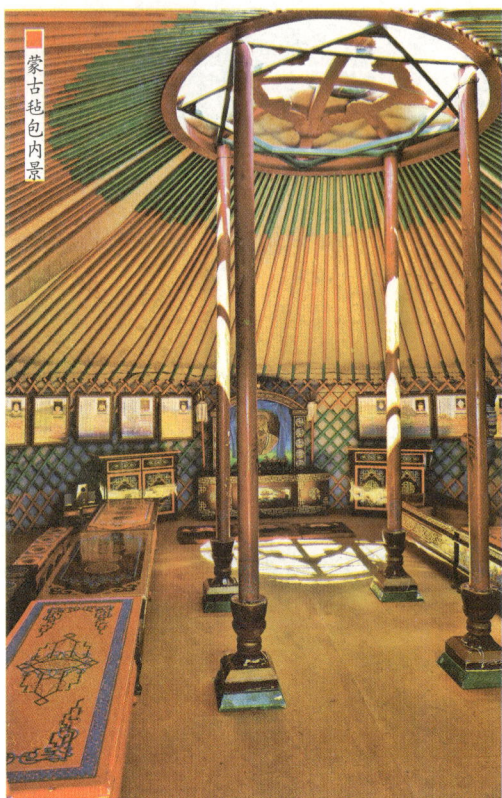

蒙古毡包内景

乌尼为细长的木棍，椭圆或圆形。上端要插入或连接套瑙，头一定要光滑稍弯曲，否则造出的毡包容易偏斜倾倒。下端有绳扣，以便于哈那头套在一起。

粗细以哈那决定，一般卡在哈那头的丫形叉子中，上端平齐为准。乌尼一般由松木或红柳木制作。

制作哈那的时候，是把长短粗细相同的柳棍，以等距离互相交叉排列起来，形成许多平行四边形的小网眼，在交叉点用皮钉钉住。这样蒙古包可大可小、可高可矮。

雨季要搭得高一些，哈那的网眼就窄，包的直径就小。风季要搭得低一些，哈那的网眼就宽，包的直径就大。蒙古人四季游牧，不用为选蒙古包的地基犯愁，由于哈那的这一特性，决定了它装卸、运载、搭盖都很方便。

哈那承套瑙、乌尼，定毡包大小，最少有4个，数量多少由套瑙大小决定。

哈那有神奇的特性：

其一，是它的伸缩性。高低大小可以相对调节，不像套瑙、乌尼那样尺寸固定。一般习惯上说一个哈那有多少个头、多少个皮钉，不说几尺几寸。

皮钉越多，哈那竖起来越高，往长拉的可能性越小；皮钉越少，

千年悠韵的古村古居

哈那竖起来越低，往长拉的可能性越大。头一般有十五六个不等。增加一个头，网眼就要增加，同时哈那的宽度就要加大。这一特点，给扩大或缩小蒙古包提供了可能性。

其二，是巨大的支撑力。哈那交叉出来的丫形支口，在上面承接乌尼的叫头，在下面接触地面的叫腿，两旁与别的哈那绑口叫口。哈那头均匀地承受了乌尼传来的重力以后，通过每一个网眼分散和均摊下来，传到哈那腿上。这就是为什么指头粗的柳棍，能承受两三千千克压力的奥妙所在了。

其三，是外形美观。哈那的木头用红柳，轻而不折，打眼不裂，受潮不走形，粗细一样，高矮相等，网眼大小一致。这样做成的毡包不仅符合力学要求，外形也匀称美观。

哈那的弯度要特别注意掌握。一般都有专门的工具，头要向里弯，面要向外凸出，腿要向里撇，上半部比下半部要挺拔正直一些。这样才能稳定乌尼，使包形浑圆，便于用3道围绳箍住。

453

草原的白莲花

蒙古包

■ 白云下的蒙古包

千年悠韵的古村古居

哈那立起来以后，把网眼大小调节好，哈那的高度就是门框的高度。门由框定。因此蒙古包的门不能太高，人得弯着腰进。毡门要吊在外面。

蒙古包上了哈那后就要顶支柱。蒙古包太大了，重量增加，大风天会使套瑙的一部分弯曲。连接式套瑙多遇这种情况。

蒙古包里都有一个圈围火撑的木头框，在其四角打洞，用来插放柱脚。柱子的另一头，支在套瑙上加绑的木头上。柱子有圆、方、六面体、八面体等。柱子上的花纹有龙、凤、水、云多种图案。王爷一般才能用龙纹。

顶毡是蒙古包的顶饰，正方形，四角都要缀带子，它有调节空气新旧、包中冷暖、光线强弱的作用。顶毡的大小，以正方形对角线的长度决定。

裁剪时，以套瑙横木的中间为起点，向两边来量，四边要用驼梢毛捻的线缝住，4条边和4个角纳出各种花纹，或是用马鬃马尾绳两根并住缝在4条边

■ 蒙古包的顶毡

蒙古包的门

上，4个角上钉上带子。

顶棚是蒙古包顶上苫盖乌尼的部分。每半个像个扇形，一般由三四层毡子组成。里层叫其布格或其日布格。以套瑙的正中心到哈那头的距离为半径，画出来的毡片为顶棚的襟，以半个横木画出来的部分为顶棚的领，把中间相当于套瑙那么大的一个圆挖去，顶棚就剪出来了。剪领的时候，忌讳把乌尼头露出来。

苫毡的制作讲究看吉日。

裁剪的时候，都分前后两片，衔接的地方不是正好对齐的，必须错开来剪。这样才能防止雨水、风、尘土灌进去。

里层苫毡子在哈那和乌尼脚相交的地方必须要包起来，这样外面的毡子就不会那么吃紧，同时也使蒙古包的外观保持不变。

顶棚裁好后，外面一层周边要镶边和压边。襟要镶4指宽、领要镶3指宽。两片相接的直线部分也要镶边。这样做，可以把毡边固定结实，同时看起来也比较美观。

围绕哈那的那部分毡子叫围毡。一般的蒙古包有4个围毡。里外3层，里层的围毡叫哈那布其，围毡呈长方形。

外罩用蒙古语叫胡勒图日格，是顶棚上披苫的部分，它是蒙古包的装饰品，也是等级的象征。

门，原指毡门，用三四层毡子纳成。长宽用门框的外面来计量。4个边纳双边，有各种花纹。普通门多白色，蓝边，也有红边。门头和顶棚之间的空隙要用一条毡子堵住，有3个舌，也就是凸出的3个毡条，也要镶边和纳花纹。

蒙古包的带子、围绳、压绳、捆绳、坠绳的作用是，保持蒙古包的形状，防止哈那向外炸开，使顶棚、围毡不致下滑，可以保证人的安全性。总之，对保持蒙古包的稳固坚定和延长寿命都有很大关系。

这种蒙古包能够经受大自然的考验，非常适合游牧民族的生产、生活方式。

千年悠韵的古村古居

阅读链接

蒙古包后面总是立着一根光秃秃的木头杆子，人们十分敬重它，平常不准外人走近。

据说，汉朝的苏武出使匈奴，被匈奴王流放在北海边。他刚到不久，降将李陵便奉命来劝苏武投降，结果他被苏武痛骂一顿，还要举节棒打他，吓得他慌忙逃走。

从此，匈奴王不给苏武饭吃，苏武便自己开荒种粮食。不论是放羊打草、种地做活，还是行居坐卧，出使的节棒一时没有离开过苏武，日久天长，节棒上的飘带和旄球都磨掉了，他还是带在身边。

当地牧民见了，都非常敬佩他。苏武被汉朝迎接回国后，当地人民为了怀念他，便都在蒙古包后边，立了一根光溜溜的木杆，作为苏武当年时时留在身边的节棒的象征。

讲究的包内位置

由于蒙古包是毡子搭的，外面有什么动静，在里面的人很容易知道。尤其是深夜，外面发生了什么事情，牧民都知道得一清二楚。

蒙古包内部摆设按平面可划分为9个方位。

正对顶圈的中位为火位，置有供煮食、取暖的火炉。火位周围的

蒙古族牧民柜橱

方位 方位是各方向的位置。四方位或基本方位就是东、西、南、北，相对方位是前、后、左、右。一般有下面几种含义。一种是风水学上的宅方位的吉凶方位；一种是舞蹈学上的舞步，舞姿在舞步结束时面对的方向；另外一种意思是星系上，星球对角的距离。

方位还根据室内的面积、形状和高低等不同情况，摆设适宜的箱子、框子、桌椅和板架等家具。这些家具上均饰以美丽的民族图案花纹，构图丰满端庄，色彩明快凝练，极富民族特色。

蒙古族对花纹图案的用色也有自己的讲究。譬如，他们喜欢红、黄、蓝、白颜色，因为红色象征生活快乐和美满；黄色是金子的颜色，象征爱情、理想和希望；蓝色是天空的颜色，象征永恒的安宁，真诚和善良；白色则表示纯洁、平安等。箱柜前面，铺着厚厚的毛毡。

进门正面及西面为家中主要成员起居处，东面一般是晚辈的座位及寝所。

自古以来，蒙古人对于坐包就有清楚的划分。

很古的时候，男人坐西面，女人坐在东面。当时在东面是尊位。古代蒙古人有过一个母权制的氏族社

■ 蒙古包的内景

会时代。那时的人崇拜太阳，把太阳升起的方向看得特别神圣，因此把东方让给了占统治地位的女性。

■ 蒙古包内的牧民生活

当社会发展到了父权时代，又把西方当成了尊位。这样虽然男女的座位没变，但尊卑关系实际已经颠倒过来了。家中的男人们，按照辈分高低，岁数大小在西面由北向南排坐。东面的女人也如此类推。

北面和南面又有特殊的划分：毡包的正北，当地人称作金地，是一家之主的座位，即使是自己的子弟，也不能坐于正北或西北。只有当他成为一家之主或建立新家的时候，才能继承或取代父亲的座位。

如果父亲年事已高，就要把家里的权力交给已经成家的儿子，让其坐在正北面，自己坐在西北面。如果父亲早逝，儿子不论大小，母亲也要让他坐于正面。蒙古包的门口铺木板，不放东西，只供人们出

氏族社会 即以血缘为纽带结成的社会基层单位，亦是社会经济的基本单位。是由血缘关系结合起来的，一个氏族有十几个人，由共同的祖先繁衍下来。他们居住在一起，使用公有的工具，共同劳动，共同分配食物，没有贫富贵贱的差别。

草原的白莲花 蒙古包

千年悠韵的古村古居

■ 移动式蒙古包村落

哈达 类似于古代汉族的礼帛。蒙古族人和藏族人表示敬意和祝贺用的长条丝巾或纱巾，多为白色、蓝色，也有黄色等。此外，还有五彩哈达。蓝色表示蓝天，白色是白云，绿色是江河水，红色是空间护法神，黄色象征大地。五彩哈达是献给菩萨和近亲时做彩箭用的，只在特定的情况下才用。

入。西北面放佛桌，上面放佛像和佛龛。佛像有时装在专门装佛爷像的小盒中。

佛龛中主要安放佛像，有时也在里面或上面放经书或招福的香斗、箭等。

佛龛前要放香烛、佛灯、供品、香炉。佛龛平时不开，佛爷像也不取出来。供奉佛爷的时候，要将佛爷像请出来，在怀前举灯敬香，供奉食品。扯起几条哈达，从乌尼上吊住，上面悬挂彩带流苏之物。

本来，藏传佛教格鲁派的佛像应供奉在正北方。因为蒙古族一直以西北为尊，古代的神物一直供奉在西北。黄教进来以后，便在西北供奉起佛爷来了。

蒙古包的西半部分是男人用品摆放的位置。套马杆上的套索也吊在同样的地方。凡是马鞍具，都怕人从上面跨越。凡是人踏过的地方套索都不能放，这也说明蒙古人对马的热爱。

蒙古包西南是放酸奶缸的地方，酸奶缸前后，哈那的头上挂着狍角或丫形木头做的钩子。上面挂着马笼头、嚼子、马绊、鞭子、刷子等物。

嚼子、扯手等在悬挂时要盘好，对着香火，好像准备拿走似的。嚼子的口铁不能碰着门槛，挂在酸奶缸的北面或放在马鞍上。

放马鞍的时候，要顺着墙根立起来，使前鞍鞒朝上，骑座朝着佛爷。如果嚼子、马绊、鞭子分不开，笼头、嚼子要挂在前鞍鞒上，顺着左首的鞍鼻向着香火放好，鞭子也挂在前鞍鞒上，顺着右手的鞍垂下去。马绊要挂在有首捎绳的活扣上。

西南面正好是门后面，这里不放东西，在靠后可以放酸奶缸之类。本来捣奶子是妇女的活，怎么放在西边呢？原来在蒙古人的历史上，挤马奶和做酸奶是

■ 蒙古包内景

锦缎 一般指经纬丝先染后织，色彩多于三色，以经面缎、斜为地、纬起花的提花熟织物，即色织绸。我国早在春秋以前就已经生产锦类织物，《诗经》中说："锦衣狐裘"，"锦衾烂兮"。发展到唐时，锦多为重经组织的经锦，唐代以后有了纬重组织的纬锦。近代的织锦缎、古香缎等品种，则是在云锦的基础上发展起来的色织提花熟织绸。

■ 独具特色的蒙古毡包

男人们的事。

在北面放狮子八腿被桌。儿子要成家的时候一定要做一张这种桌子。这种桌子，铺着专门制作的裁绒毯子，上面绣3种式样的双绲边花纹，两头分别横放一个枕头，中间是新郎新娘的衣服和被褥。

新郎的枕头放在被桌的头部，新娘的枕头放在被桌的尾部。枕头向着香火，其面用四方的木头制作，用蟒缎蒙皮，也就是织有龙形的锦缎，库锦饰花，四角用银子镶出来。新郎的枕头自家准备，新娘的枕头从娘家带来。

被桌上放衣服的时候，袍子的领口一定要朝着佛爷。袍子的胸部放在上首，男人的衣服放在上层，女人的衣服放在下层。一向在叠垛衣服的时候，如放在北面，领口就要朝西，如放在西面，领口就要朝北，但不能朝门，因为死人的衣服才这样放。

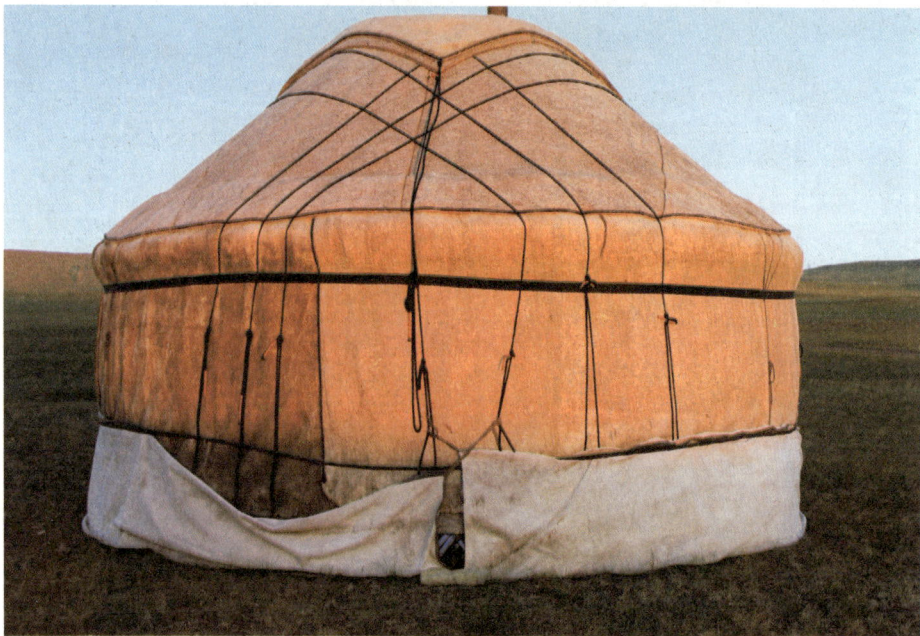

■ 雪地里的蒙古包

　　紧挨被桌的东北方，是放女人的箱子的地方，一共一对，是从娘家用骆驼运来的，里面有女子的四季衣服、首饰、化妆品等用具。

　　毡包的东墙是放碗架的地方。碗架有好几层，可以放许多东西，各有各的地方：碗盏、锅灶、勺子、茶、奶等。

　　放置也有规矩：肉食、奶食、水等不能混放，尤其是奶食和肉食不能放在一起。因为奶里混进荤腥容易发霉，对做酸奶不利。此外，也跟蒙古人崇尚白色有关。还有就是奶、茶要放在上面，水桶要放在地上或碗架的南头。

　　盘碗中间最尊贵的是条盘，这是用来盛放羊背的，放在东边最尊贵的上首，也就是靠北放。

　　蒙古人家有3个福圈：家、院，野外共3个。家中的就是条盘。条盘放在东横木靠前，碗架上面或挂在哈那头上。除了主人外别人不能动它。一切口朝上的

库锦 云锦四大类品种之一。又称"织金"，在缎地上以金线或银线织出各式花纹丝织品，故名。尚有"二色金库锦"和"彩花库锦"两种，多织小花。前者是金银线并用，后者除用金银线外还夹以两三色彩绒并织。云锦原为清代贡品，织成后送入内务府入"缎匹库"，故名库锦。

■ 有草原白莲花之称的蒙古包

笊篱 是我国传统的一种烹饪器具，用竹篾、柳条、铁丝等编成。像漏勺一样，有眼儿。在烹饪时，用来捞取食物，使被捞的食品与汤、油分离，即过滤、筛分、滴水，跟漏勺的作用差不多，但又有不同用途。主要用于捞面。

器皿一定要口朝上放置，不能倒扣。但是锅、筐、箩头3样东西，在外面可以扣过放置。

家中最尊贵的是奶桶，不能乱扔乱放。这是因为先白后红的饮食习惯造成的。勺子、铲子、笊篱之类也不能倒扣，柄向着香火朝上放置。如果挂起来放置的话，面朝着香火。

锥子、斧子放在碗架的下层。这两种东西是捣砖茶用的，什么时候也不能离开。另外茶是饮品之尊，所以捣茶的工具也不能乱放。

毡包东南上放的东西，比起其他地方来说，能够随着季节作相应的变化。

春天除放水、牛粪以外，把刚生的牛犊在这里拴一两个月。夏秋要增加酸奶缸，要盖泥灶支锅生火做奶皮子。冬天放水缸、牛粪、多出的火撑子。

门槛东边的不远处，什么时候都放着狗食桶。东南近火撑子的地方，放着牛粪箱子。牛粪是用来生火的，人们进出时都要把袍子撩起来，不能让袍边扫着牛粪箱子。火剪子之类的东西碰到脚下，也要拿开，不能从上面跨越。

按照传统习惯，草原牧民的作息时间，通常是根据从蒙古包天窗射进来的阳光的影子来判断确定。

后来，据专家研究，面向东南方向搭盖的4个哈那的蒙古包，门楣上有4根椽子共有60根椽子，两个椽子之间形成的角度为6度，恰好与现代钟表的时间刻度表完全符合。

这不仅说明在生活实践中掌握了几何学原理的蒙古族手工艺者的高超技艺，同时也说明这些能工巧匠已将天文学应用到了生活实际中。

阅读链接

蒙古族人通过对日出日落的长期观察，按着太阳照进蒙古包的日影来计算时间。

蒙古族人使用日晷大概很久。据学者考证，从匈奴时代开始，蒙古包就向着太阳升起的地方搭盖。计算时刻最标准的蒙古包应是4个哈那，60根乌尼，门向东南开。

蒙古族人根据日光照进套瑙外圈、乌尼头儿、乌尼中间、哈那头儿、哈那中间、被桌、正座垫子、东面垫子、碗架腿子等来划分时间。

根据这种划分的时辰，可以有钟点、有秩序地安排一天的营生。总之，在家的人从蒙古包看日影，外面的人看太阳照在自己身上的影子，晚上看月亮和星星。

蒙古包计算时辰是从卯时开始的，到酉时才结束。因此蒙古包本身就是日晷。生活在蒙古包里的人，至今还是靠看日影过日子的。

蒙古包文化习俗

    蒙古包从其产生就与游牧民族的信仰，与他们心中的神是分不开的。如果说，起初是信仰建构了蒙古包门的开向、形状、颜色、装饰和内部格局分布。那么，在这些都形成以后，信仰赋予毡帐的神圣品质和力量，又以一种宗教文化的力量对生活在其中的人产生着巨大作

蓝天下的蒙古包

草原上独具特色的蒙古包

用，使历史上形成并流传下来的关于宇宙的知识、对生命的态度以实物的形式，世代相传。

萨满教是一种多神崇拜的宗教，有天神崇拜、祖先崇拜、火神崇拜、日月星辰等自然物和自然现象的崇拜。它们的意义又折射在毡帐的形状、结构、内部布局、装饰等实物上，赋予毡帐的神圣品质和力量。

灶火是蒙古包内最为重要的神圣场所之一。由于他们崇拜火神，把火作为一个家庭存在和延续的重要标志，是一个家庭兴旺繁荣的象征。

信仰萨满教时，蒙古包内供奉的是"翁衮"，"翁衮"是用木材、羊皮、毛毡等制作成的祖先的象征，是附有灵魂的保护神。人们怀着崇敬的心情制作它，并通过仪式祭祀它，以求得它保佑着生产和生活的顺利和兴旺，为人们带来利益和护佑。

13世纪开始，蒙古族社会中景教、道教和藏传佛教传入。据记载，蒙古王子阔瑞皈依佛门，信奉藏传

萨满教 是在原始信仰基础上逐渐丰富起来的一种民间信仰活动，出现时间非常早，很可能是世界上最早的宗教。它的历史可能与现代人类出现的时间一样长久，甚至在文明诞生之前，即当人们还用石器打猎时这种宗教就已经存在。它曾经长期盛行于我国北方各民族。

■ 具有民族特色的蒙古包

千年悠韵的古村古居

阿勒坦汗
（1507—1582年），阿拉坦是其名字，意思为"金子"。他是著名的政治家、军事家。16世纪后期蒙古土默特部重要首领，孛儿只斤氏，成吉思汗黄金家族后裔，达延汗孙。阿勒坦汗，又译作"阿拉坦汗""俺答汗"。在他的领导下，蒙古土默特部称雄草原，征服青海，与明修好，促进了蒙古经济文化发展。

佛教，导致了藏传佛教开始传入蒙古，但并没有被民间接受。

1576年，北元阿勒坦汗与索南嘉措会晤，藏传佛教在土默特部和鄂而多斯蒙古部及蒙古北部地区传播。在这一时期，由于在蒙古地区藏传佛教格鲁派大为盛行，庙宇林立，每家每户都祭祀神像。

萨满教逐渐走向衰落，人们供奉的翁衮被藏传佛教的佛像所取代。从此，藏传佛教格鲁派就一直影响着这里的人们。

蒙古包建筑不仅是生活技术的建构，也是文化意义的建构。蒙古包作为一个民族的族徽仍然印在现代化的各类建筑物上。在居住在蒙古包里的人们的生活中，也形成了诸多禁忌。

进入蒙古包时不能踩门槛，不能在门槛垂腿而坐，不能挡在门上，这是蒙古包的三忌，这种风俗自古就有。

进别家蒙古包的时候，首先要撩毡门，跨过门槛进去。因为门槛是户家的象征。踩了可汗的门槛便有辱国格，踩了平民的门槛便败了时运。所以都特别忌讳，令行禁止。

后来这种法令虽然成了形式，但不踩门槛一事，却因为每个人都自觉遵守而流传了下来。尊重主人的客人，不但脚不踩门槛，连毡门也不能从正中而入，而要轻轻地撩起祥云帘子，从毡门的东面进去。把右手向上摊开，用手指头肚触一下门头，才能进去。

这样做的用意是祝福这家太平吉祥。

平时为了尊重门户，不但脚不踩门槛，手不抓门头，连顶毡也不能随便触动。在苏尼特嘎林达尔台吉的传说中，就写着"不可触动顶毡、灶台、有顶的帽子"等字句。蒙古包的帽子就是顶毡，所以不许随便触动。

早晨拉顶毡的时候，须用右手拉住顶毡的带子，并从胸前顺时针

现代式的蒙古包

蒙古包坠绳

转一圈转到西面拉开。等到晚上盖顶毡的时候，用右手在胸前转一圈，拉回到东面。

在天窗正中用来固定蒙古包的拉绳也叫坠绳。拉绳的带子夹在蒙古包东横木以北第四根哈那头上搭的乌尼里。

坠绳先从套瑙和乌尼之间垂下弓形的一截，再将其端从乌尼旮旯里穿进去，在乌尼上打一个吉祥活扣掏出来。

春秋季节刮起大风的时候，用力把拉绳揪住，或者把它固定在外面北墙根的桩子上，可以防止蒙古包被风刮走。

蒙古人认为坠绳是保障蒙古包安宁、保存五畜福分的吉祥之物。没有坠绳的蒙古包不存在，没有坠绳就不能算蒙古包。

千年悠韵的古村古居

阅读链接

蒙古族认为水是纯洁的神灵。忌讳在河流中洗手或沐浴，更不许洗女人的脏衣物，或者将不干净的东西投入河中。

草原干旱缺水，逐水草放牧，无水则无法生存。所以牧民习惯节约用水，注意保持水的清洁，并视水为生命之源。

牧民家有重病号或病危的人时，一般都要在蒙古包的左侧挂一根绳子，并将绳子的一端埋在东侧，这就说明了家里有重患者，不便待客。

到牧民家做客时，要在蒙古包附近勒马慢行，待主人出包迎接，并看住狗后再下马，以免狗扑过来咬伤人。千万不能打狗、骂狗，擅自闯入蒙古包。